先進事例で学ぶ

地域経済論×中小企業論

Nagayama Munehiro
長山宗広
［編著］

ミネルヴァ書房

はしがき

地域経済論と中小企業論の教科書はすでに数多く出版されている。それにもかかわらず今回改めて新しい教科書を企画したねらいは次の3つである。

第1には，地域経済と中小企業がいずれも大きな注目を集めているからである。グローバル経済が進むほどに，地域の重要性がクローズアップされている。以前にも増して「Think Globally, Act Locally（地球規模で考えて，地域から行動をおこそう）」という標語は説得力を持って広まっている。また，21世紀は「中小企業の時代」といわれるほど，世界的に見ても中小企業は重視されている。2000年のEU「欧州小企業憲章」，そして2010年の日本版「中小企業憲章」に示されたように，今や「Think small first（小企業を第1に考える）」という時代となった。

第2は，近年，地域経済と中小企業の研究領域における重複が増えたこと，そして，依って立つ理論や研究スタンスにも共通性が見られるためである。かつて，地域経済論と中小企業論はいずれもマイナーな「応用経済学」と捉えられていた。主流派の近代経済学では，経済を社会から分離し，非経済的要素を排除した純粋な経済現象として経済を捉えた。そして，一国モデルの国民経済を主に扱い，数理モデルにより演繹的に厳密な論理や法則性を解明してきた。20世紀の工業化社会においては，生活の場と経済活動の場が分離しがちであったので，純粋な経済現象の一般性を解明するだけで足りたのかもしれない。しかしながら，21世紀の現代経済において，特に人口減少下の日本経済においては，多様な人間の創造性・能力の発揮とその環境づくりに重大な論点があり，非経済的要素を包含した研究アプローチが欠かせない。現代経済における「地域」と「中小企業」という場は，一国の国民経済下の一要素として画一的に捉えられるものではなく，いずれも多様性や固有性が認められる。また，両者ともに，そこでの学習を通じた主体形成において発展可能性があるものと捉えられる。

第3は，地域経済論と中小企業論を一緒に学ぶことのできる教科書がないからである。地域経済論の立場から中小企業に言及するもの，逆に，中小企業論の立場から地域経済に言及するものは，すでに数多く出版されている。しかしながら，地域経済論と中小企業論を一冊で一緒に同時に学習できる教科書は見当たらない。専門書として地域経済と中小企業の重複領域で研究成果を出すものも散見されるが，やはりどちらか一方の理論に偏っていることが多い。当たり前のことであるが，異なる2つの理論を一体的に学ぶことは難しい。ただ，上記2点のとおり，地域経済と中小企業がいずれも注目を集め，その重複領域の研究が進んでいるなか，不完全だとしても両者を統合的に理解し，さらには発展させる学習ツールが必要となろう。

地域経済論と中小企業論を統合的発展的に学ぶため，本書の内容には以下のような特徴や工夫がある。

第1の特徴は，現代経済のなかで先端的な動きを見せる10の事例を取り上げていることである。いずれの事例においても，地域経済論と中小企業論の重複領域に該当するテーマとなっている。先進事例の分析を通じて，地域経済と中小企業の両者に共通の諸理論や概念を学ぶ。さらには，先進事例の分析から導出された発見事実によって，地域経済研究と中小企業研究の重複領域における新境地を開く。本書は教科書のつくりになっているが，実は10の先進事例の章にはいずれも学術論文と同様の独自な研究成果を含んでいる。

第2には，事例分析の方法である。地域経済という存在，中小企業という存在は，いずれも歴史的な概念であり相対的な概念でもある。そこで，10の先進事例の章においては，時間軸（歴史的な視点）と空間軸（グローバルな視点，地域間比較の視点）からの総合的な分析アプローチをとっている。また，先進事例の実態把握においては，執筆者が自ら現場で摑んだ1次情報源を重視する。「調査なくして発言権なし」といわれる現場主義の実証的な研究姿勢を貫いている。それは分析対象である地域経済と中小企業がいずれも多様性や固有性を持つためである。既存の理論では解くことのできないユニークな地域経済と中小企業のケースを先進事例として取り上げ，そこで発見された事実の背後のメカニズムについて帰納法的に解明する。

第3は，地域経済論と中小企業論の重複領域において，理論，実態，政策を一貫して学ぶことができる点にある。10の事例の章においては，いずれも各章の第1節で実態を解明し，第2節で既存理論・概念の紹介と最近の議論を取り入れて独自の分析を加えている。また，序章において，地域経済論と中小企業論の双方を学習するうえで必要な基礎的な理論や概念を解説する。終章においては，地域政策と中小企業政策の双方の歴史的変遷を整理し，特に重複領域の解説を詳しく行っている。

このようなユニークな内容の教科書をつくった執筆メンバーにも特徴が見られる。編者を含めた9名の執筆者はいずれも大学で「地域経済論」「地域産業論」「中小企業論」「ベンチャービジネス論」「アントレプレナーシップ論」といった講義を担当している。そして，地域経済研究と中小企業研究の重複領域の1つといえる「産業集積」に関する研究業績を持っている。さらに言えば，執筆者は同じ学会に所属している。地域経済研究としては日本地域経済学会・経済地理学会，中小企業研究としては日本中小企業学会であり，執筆者はその両方の学会に所属している。わけても編者は，地域経済学と中小企業論の「二刀流」「両利き」の研究者であると自任している。

本書の構成は，次のとおりである。

「序章　地域経済論と中小企業論」では，本書で取り上げる地域経済と中小企業について，どのような捉え方をするのか，これまでの研究史を振り返り，地域経済研究と中小企業研究の接点を見出し，両者の重複領域に関する諸理論や概念について，各章のサマリーを交えて概説する。

「第Ⅰ部　グローバル経済下の産業集積と中小企業」では，グローバル経済の進展により変革期の局面を迎えた産業集積と中小企業について，「第1章　北海道十勝地方における食関連の産業集積」「第2章　岩手県盛岡・水沢の南部鉄器産地」「第3章　福井県鯖江市の眼鏡産業集積」という3つの事例を取り上げて分析し，実態解明と今後の発展可能性を見通す。第Ⅰ部では，地域経済研究と中小企業研究の重複領域に関する諸理論や概念として，「チューネンの農業立地論」「ウェーバーの工業立地論」「マーシャルの産業地区・外部経済性」「ピオリ＆セーブルの柔軟な専門化」「グローバル価値連鎖（GVC）モデル」などを取り上げて説明している。

「第Ⅱ部　中小企業ネットワークの多様性と地域経済」では，イノベーション，事業承継問題，地域社会への貢献，といった中小企業の問題性や発展可能性に関わるテーマを取り上げる。そのテーマに対応した中小企業の多様なネットワークや地域コミュニティの先進事例を分析する。具体的には，「第4章　横浜市金沢産業団地発祥のコマ大戦」「第5章　墨田区の印刷業」「第6章　台東区のモノマチ（モノづくりのまちづくりイベント）」の3つの事例を取り上げて分析した。ここで紹介する諸理論・概念としては，「下請制」「ネットワーク組織論」「都市型中小企業論」「小規模企業論」「ファミリービジネス論（スリーサークル・モデル）」「パットナムのソーシャルキャピタル」「アレンのゲートキーパー」「山崎のコミュニティデザイン」「アンダーソンのメイカーズ」などである。

「第Ⅲ部　産業クラスターと地域イノベーションシステム」は，地域経済研究と中小企業研究の重複領域として最も広がりを見せているテーマである。「第7章　長野県飯田・下伊那地域がめざす航空宇宙産業クラスター」と「第8章　静岡県浜松の地域イノベーションシステム」の2つの事例を取り上げて分析した。ここで紹介する諸理論・概念としては，「ポーターの産業クラスター論」「サクセニアンの地域ネットワーク型産業システム（シリコンバレーモデル）」「チェスブロウのオープン・イノベーション論」「野中・竹内の組織的知識創造モデル」「中村の比較地域的制度アプローチ」「長山のスピンオフ・ベンチャービジネス論」「リレーションシップ・バンキング」などである。

「第Ⅳ部　アントレプレナーシップと地域プラットフォーム」は，企業組織よりもむしろアントレプレナーという個人を研究対象にして，地域コミュニティへの参加と学習を通じた起業活動の仕組みを分析している点に特徴がある。「9章　ハワイの移住企業家コミュニティ」と「第10章　神奈川県鎌倉におけるアントレプレナーシップ促進の地域プラットフォーム」といった海外と国内の2つの事例を取り上げて分析した。ここで紹介する諸理論・概念としては，「バーノンのプロダクトサイクル論」「ゴビンダラジャンのリバースイノベーション」「ウェンガーの実践コミュニティ」「ティモンズなどのアントレプレナーシップ論」「地域コミュニティ・ビジネス」などである。

「終章　地域政策と中小企業政策」では，本書で取り上げる地域経済と中小企業について，地域問題と中小企業問題として時代を区切って振り返り，それぞれの時代における地域政策と中小企業政策の展開を順を追って整理していった。その重複領域が大きくなっており，地域問題と中小企業問題が複合化している様相を捉えることができた。特に，地域政策と中小企業政策の接点としての「産業クラスター」などの地域産業政策については詳しいレビューを行った。そして，新たな潮流として基礎自治体単位での地域産業政策の可能性を示すとともに，「地域プラットフォーム」の理論的検討を加えている。

第1章〜10章までの各章の構成は，まず，第1節で「ケースを見る」と題して，先進事例・典型事例について定量的・定性的な情報を包括的・客観的に紹介する。続く，第2節では「ケースを解く」と題し，第1節で取り上げた事例の分析結果を示す。その際，当該ケースに関連した既存の理論や概念をいくつか取り上げて解説する。ここで取り上げる理論や概念は，地域経済論と中小企業論の重複領域での研究を進める際に必要となってくる。章末には，「研究コーナー」を設け，新しい理論や概念，ユニークな論点や分析視角，執筆者の独自性ある研究成果などを紹介し，読者のより高いレベルの知識関心を刺激する。また，「演習問題」「文献案内」「参考文献」を提示することで，地域経済論と中小企業論を一緒に学ぶ教科書としての役割を果たそうと心がけた。

本書は，中小企業論と地域経済論の教科書ないしは副読本として利用されることを想定している。本書では，地域経済論と中小企業論を一緒に学びながら，経済学と経営学も一緒に学ぶことができる設定となっている。経済学と経営学を学ぶ人ならば誰にとっても何らかの参考となる点が含まれているので，ぜひ手にとってもらいたい。学生だけではなく，地域経済または中小企業に関わる政策担当者・実務家，専門家や研究者においても広く読まれ，活用してもらいたい。

最後に執筆者各位のご協力に感謝したい。また，本書のような挑戦的な教科書づくりの機会を与えてくださった㈱ミネルヴァ書房東京の本田康広氏に感謝を申し上げる。

2019年9月

編者　長山宗広

先進事例で学ぶ

地域経済論×中小企業論

目　次

第Ⅱ部　中小企業ネットワークの多様性と地域経済

第Ⅲ部　産業クラスターと地域イノベーションシステム

第Ⅳ部　アントレプレナーシップと地域プラットフォーム

MAP: CraftMAP
http://www.craftmap.box-i.net/

序　章

地域経済論と中小企業論
——統合的発展的な学習に向けて

本章のねらい

本章では，まず最初に地域経済論と中小企業論を一体的に学ぶための前提として，「地域／地域経済」および「中小企業」の捉え方を明示する。そのうえで，地域経済研究と中小企業研究のこれまでの蓄積を振り返りながら，両者の接点や重複領域について確認していく。特に，両者の重複領域として広がりを見せた「産業集積」に関する研究を取り上げ，地域経済論と中小企業論を一緒に学ぶことの意義を明らかにする。そして，次章以降の10の事例研究を取り上げ，そこでの重複を避けながら，産業集積を分析する際に必要となる諸概念をサマリーする。従来の地域経済論と中小企業論を足して2で割るにとどまらず，両者を統合して更には発展させることを目指す本書の入り口としての役割を担いたい。

(1)「地域」とは,「地域経済」とは

「地域」という言葉を耳にした時，どのようなイメージを持つだろうか。まず，その範囲はどうだろう。町内や集落，市区町村，都道府県，道州ブロック，さらには一国を超えてEUやアジアといった地域をイメージする人がいるかもしれない。グローバル化が進んだ現代経済においては，市場が均質化・統合化されていくので，そもそも「地域」という存在自体が意味を持たないといった見解を持つ人も出てくるかもしれない。いずれにしても，「地域」という言葉はそれぞれの人によって意味や捉え方の異なった多義的なものといえるだろう。「地域の活性化」「地域の再生」「地域づくり」といった流行りに乗ろうとしても，「地域」という言葉の解釈が曖昧なままでは，議論が深まることなく，誤解を招く恐れすらある。

一般的に，地域とは，「任意に区分された地表上の部分」，すなわち，「行政区や選挙区など便宜的に設定された区画」として認識されている。それを「形

式地域」という。また，地理的事象の実態にもとづいて画定された「実質地域」という見方もある。実質地域は，住宅地区や工業地帯といった土地利用や機能などの各種指標の同一性・類似性にもとづく地域区分（＝等質地域）と，通勤圏や商圏といったある中心を軸とした人・モノ・カネ・情報の流れにもとづく地域区分（＝結節地域，機能地域）として捉えられる。地域をこうした空間的な捉え方とすれば，地域経済とは，国民経済さらには世界経済の1つの構成部分としてのみ理解される。地域経済という小さな経済単位を重層的に積み上げていけば国民経済さらには世界経済となる。市町村や都道府県といった単位の地域経済は，いずれも一国の経済のワンピースにすぎないといった見方である。こうした上からの中央からの立場から地域経済を捉えると，一国の国民経済の課題の有り様をリアルに映し出す鏡のような錯覚に陥る。そうなると，都市と農村，大都市圏と地方，そこでの過密・過疎の問題，地域間の格差の問題といった，地域経済の問題性に視点を置くことになる。そして，地域経済の問題は国民経済に直結する問題であるから，その解決にあたっては国が主導して政策展開することになる。戦後日本の地域政策とはそうした立場から，地域開発を国土開発計画ないしは産業立地政策として展開されてきたといえる。

本書における「地域」の捉え方は，画一的・均質的な抽象的空間としてではなく，そこに固有性や多様性を認めていく。統計データ分析だけから見た「地域」の平均的な姿は幻想にすぎない。ここでは中村（2004）の立場に依拠し，地域を「人間の生活の場」として捉える。人間は場所ごとに異なる独自の生活様式と文化を生み出す。その人間が社会的・主体的に生きる場（生活の基本的圏域）として地域を捉える。それゆえに，地域とは，自然環境・経済・文化（社会・政治）という3要素の複合体といえる。本書ではそのような学問的意味を持つ地域の経済を地域経済という。したがって，地域経済の分析においても総合性の視点を持つことになる。市場システムに限定せずに，公共部門を含め，環境などの外部性をも総合した政治経済学的アプローチをとる。経済成長のみの関心で地域開発を進めれば，公害や自然破壊などをもたらし地域を衰退させる恐れがある。生産活動を中心に地域経済を分析するだけではなく，生活の質（QOL：クオリティ・オブ・ライフ）の向上など地域住民に寄り添った地域経済分析が求められる。地域問題として古くから都市と農村の対立が言われてきたが，ここでは都市と農村のそれぞれの魅力，固有性や多様性を認め，都市と農村が共存し結びつくといった総合性の視点を持ちたい。

(2) 「中小企業」とは

「中小企業」という言葉についてはどうであろうか。暗くてマイナーな弱者として捉える人が多いかもしれない。逆に，IT 系ベンチャーのような華々しい企業を想像する人もいるだろう。しかし，そのような画一的なイメージを持つべきではない。中小企業は多様な産業に存在し，多様な製品やサービスなどを提供している。中小企業は企業数の 99.7%（2016 年）を占めており，多くの産業は中小企業なしでは成立しない。また，従業者数の約 70%（2016 年）を占めており，中小企業は働く場の多数派といえる。中小企業とは「異質多元」な存在に対する総称として捉えられる。その意味では，中小企業に共通する要素は「大企業ではないこと」だけである。

中小企業とは大企業に対置する相対的な概念であり，「中小規模」事業者の総称である。中小企業の量的な定義は，「中小企業基本法」による資本金・従業員数の基準で決まる（たとえば，製造業ならば資本金 3 億円以下または従業員数 300 人以下。正確には終章 表終-3 を参照）。中小企業の質的な特性は，大企業と比べて，①経営資源（ヒト・モノ・カネ・情報的資源）が過小，②マーケットシェアが低く市場競争の影響を受けやすいリスキーな存在，③所有経営者による意思決定の裁量が大きい，といった点が挙げられる。

では，なぜ，中小企業を大企業と区別して認識する必要があるのだろうか。それこそが中小企業研究の原点でもある。実際，戦後復興期から高度成長期にかけて，中小企業は，「過小過多」「多産多死」の状況にあり，過当競争や倒産・廃業の問題性を抱えていた。そもそも経営資源が過小で財務構造が脆弱な中小企業は，大企業と比べて，間接金融に依存せざるを得ず，資金調達に困難がある。設備投資も難しいので，技術も遅れ，製品の品質が低く，付加価値も生産性も低くなり，経営不安に陥りやすい。低賃金で労働条件も悪いので，人材の確保も難しい。さらには，下請けの中小企業に起きているような取引関係上の不利を強いられるといった問題もある。中小企業とは，このような問題性を共通に抱える存在として捉えられる。

そして，この中小企業の問題性は，大企業と対置させながら，一国の国民経済の問題として捉えられる。先進国へのキャッチアップを目指して近代化や産業構造の高度化を進めるような時代背景でもあれば，なおさら中小企業が抱える共通の問題性は一国経済のシステム全体の問題としてクローズアップされることとなる。こうして上から中央から国が主導的になって中小企業問題の解決に向けての中小企業政策を展開していくこととなる（詳しくは，終章を参照)。国の政策対象となった中小企業という存在に対する見方（中小企業観）は画一的なものとなる。問題性のある存在として悲観的な認識の一色に染まってしまったのだ。有沢広巳が提起した「二重構造」概念はその典型である。ただそれは，官庁統計による表面的な静態的分析から捉えた「中小企業観」であり，事実認識を欠いた一面的なものであった。「二重構造」概念は，中小企業の存立形態を「従属型」として捉えている。従属型の中小企業は，系列化や下請け制のもと，独占資本の大企業による直接的・間接的な収奪から資本蓄積力を削減され，二重構造の底辺に滞留する。中小企業の成長はあり得ず，中小企業と大企業の間には絶えがたい断層が存在する。その断層とは，生産性や賃金等の諸格差として示される。1963 年の旧「中小企業基本法」の政策目標は，こうした格差の是正にあった。

(3) 「ベンチャー企業」と「中堅企業」

一方，「積極評価型」中小企業観にもとづき，「ベンチャービジネス（Venture business)」という用語がつくられた。日本において「ベンチャービジネス」という言葉が使われ始めたのは 1970 年代初頭である。ベンチャービジネスは，「Small business（小企業)」と「Venture capital（ベンチャー・キャピタル)」を合成した和製英語である。清成・中村・平尾（1971）『ベンチャー・ビジネス―頭脳を売る小さな大企業』によって，ベンチャービジネスという概念が日本で普及した。その著書ではベンチャービジネスを「研究開発集約的，又はデザイン開発集約的な能力発揮型の創造的新規開業企業」と定義している。また，新規開業企業との違いについて，「小企業として出発するが，独自の存在理由をもち，経営者自身が高度な専門能力と才能ある創造的な人々を引きつけるに足る魅力ある事業を組織する起業家精神をもっており，高収益企業であり，かつ，この中から急成長する企業」としてベンチャー企業像を示した。著者らは「二重構造論」を批判し，当時認識されていた問題型中小企業とは異質の新しいタイプの中小企業像としてベンチャービジネス概念を提示したのである。その後，清成忠男が再定義した「知識集約型の革新的中小企業」であるベンチャービジネス概念は，工業化時代と大企業体制の批判への対抗軸として存在意義を高めていった。

中小企業の存立形態は従属型と独立型に区分されるが，ベンチャー企業は後者の企業層から検出されたものといえる。独立型の中小企業という形態は，ベンチャービジネス論よりも10年ほど先に「中堅企業」として中村秀一郎(1964) により提示された。やはり二重構造論に対抗し，中堅企業論では，「企業成長によって脱中小企業化しつつも，いまだ大企業まで至らない独立企業」として提示されたのである。実際に，下請け企業⇒ OEM ⇒自社製品の開発・販売⇒脱下請けといった段階を経て成長する中堅企業が高度成長期に見受けられた。かつて小宮山琢二『日本中小工業の研究』が問屋制⇒新問屋制⇒下請制といった従属型中小工業の発展段階を動態的に示したが，中堅企業論はこれを援用してさらに中小工業の従属形態から独立形態への発展段階を捉えたものといえる。このような存立形態の独立性を強調する点において，中堅企業とベンチャービジネスの概念形成の出発点には共通性があり，いずれも積極評価型中小企業観に依拠する。

ただし，両者に違いも見られる。中堅企業が工業に限定されるのに対して，ベンチャービジネスは業種・業態のいかんを問わない。ベンチャービジネスの範囲には，典型的な研究開発型の製造業（ハイテク・ベンチャー）のみならず，サービス産業における革新的企業（ニュービジネス）も包含している。そこには，都市の外部経済性を活かして新しいビジネスを展開する「都市型中小企業」も含まれる。この両者の違いは時代背景に起因する。中堅企業論は，高度経済成長期における社会的分業の深化の過程で，中小企業から大企業に向かっての上昇と規模拡大を目指す志向を概念化したものといえる。一方，清成らのベンチャービジネス論では，1970年代からの安定成長期における産業構造の転換過程で，大企業体制の限界性を問題意識においていた。脱工業化・脱大規模組織を示す「異色」な企業として，大企業体制に終焉を告げるシンボルとして，ベンチャービジネス概念を示したのである。

近年のベンチャー企業の捉え方としては，大企業と対置するのではなく，中小企業一般と区別して違いを明示する。たとえば，松田（1998）では，「成長意欲の強い起業家に率いられたリスクを恐れない若い企業で，製品や商品の独創性，事業の独立性，社会性，さらに国際性をもった，何らかの新規性のある企業」としてベンチャー企業を定義している。こうなっていくと，ベンチャービジネス概念もまた画一的な中小企業のイメージを与えた格好になっている。中小企業のなかの特定の層であるベンチャー企業だけが国民経済の発展に貢献しているような印象を与えやすい。「積極評価型」中小企業観においても「問題性型」中小企業観と同じく，中小企業を偏見的に捉える点で同罪である。実際，1999年の改正「中小企業基本法」では，ベンチャービジネス概念を受け入れて，「積極評価型」中小企業観のもと，中小企業を国民経済のダイナミズムの源泉と捉えている。そして，政策理念を「多様で活力ある独立した中小企業者の成長発展」に置き換えた。そこでは，中小企業の抱える取引関係上の「不利」の問題には完全に目をそらしてしまった。

(4) 現代経済における地域経済と中小企業の捉え方

ここまでで，「地域」「中小企業」という言葉はいずれも，単なる日常用語ではなく，学問的な概念であることは確認できただろう。また，相対的な概念であり，歴史的な概念でもあることが分かったであろう。戦後から高度成長期にかけては，地域間の不均等・格差の問題といった，地域経済の問題性に視点を重き，そこでの問題性は国民経済に直結する問題と捉え，国が地域開発を主導した。同じ文脈で，中小企業の問題性は，大企業との格差，二重構造問題として認識されると，それが国民経済の問題として捉えられ，国が中小企業政策を展開していった。経済成長一辺倒の時代背景のもと，「地域」も「中小企業」も落ちこぼれの「問題性」のある存在として画一的なイメージを押し付けられ，全国的な視角からの地域政策ならびに中小企業政策が展開されたのである（詳しくは，終章を参照）。問題の対象が違うので，地域政策と中小企業政策には接点がない。国土交通省（地域政策）と経済産業省（中小企業政策）が縦割りで，それぞれ違う政策目的を持ち，それぞれ異なる政策資源を投入してきた。こうした時代背景ならば，地域経済の研究者と中小企業の研究者が交流する機会はなかったであろう。ましてや，本書のコンセプトにように，地域経済論と中小企業論を一緒に学ぶ必要性もなかった。

1970年代からの安定成長期からは両者の接点が少しずつ増えていく。この時代に登場したベンチャービジネス概念は，「イメージ」や「認識」の議論はさておき，「シリコンバレーモデル」「産業クラスター」「地域イノベーション」といったその後の重要な概念の礎となっている。これらの概念は，後述するが，中小企業論と地域経済論の重複領域にあたる。本書では，ベンチャー企業について，起業家・企業家によるアントレプレナーシップ（起業活動）と革新性・新規性・創造性の溢れるイノベーションを実現して急成長する中小企業の特定層として捉えている。そこでの鍵概念は，「イノベーション（詳しくは，第8章参照）」と「アントレプレナーシップ（第10章参照）」である。

前者のイノベーションについては，シュムペーター（1934）のいうように資本主義発展の原動力であり，「新結合」と捉えらえる。また，イノベーションは，プロダクト・イノベーションとプロセス・イノベーションに大別される。前者は「製品ライフサイクルの導入期，新製品開発・新市場開拓，創造性，ラディカル（急進的）」といった特徴があり，一方，後者は「成長期以降，QCD（品質・コスト・納期）の改善，生産性向上，インクリメンタル（漸進的）」といった特徴がある。ベンチャー企業の存在意義は，プロダクト・イノベーションの実現にある。工業化社会におけるイノベーションの担い手は，独占的大企業であった。ドラッカー（1968）のいうように，知識経済時代におけるイノベーションの担い手はアントレプレナーとなる。アントレプレナーとは，アントレプレナーシップ（起業活動）を実践する人であり，日本語に訳すと「起業家」ないしは「企業家」となる。新しい事業を起こす人を「起業家」とすれば，それに加えて，既存組織の中でもイノベーションを実現する人を「企業家」と捉えることができる。

このイノベーションの源泉となる知識は，アントレプレナーという個人に体化された「暗黙知」である。暗黙知は，「形式知」と比べてモビリティが低くポータビリティに欠ける。この個人の「暗黙知」を共有・移転するには，対面接触による相互作用の場（創発場）における「共同化」の過程を要する。ここから，対面接触が容易な「地域」という場における暗黙知の共同化がイノベーションに結び付くといった議論が出てくる。そして今まさに，「地域」における知識の交換や学習の主体形成に注目が集まり，起業家・企業家の地域協働的な行動に関するアントレプレナーシップとイノベーションについて，地域経済研究と中小企業研究の双方から活発な研究が行われているのである（本書の10のケースはいずれもそれに該当する)。「イノベーション」と「アントレプレナーシップ」に関する諸理論や概念は，経済学のみならず，経営学として理解し学習すべきものである。地域経済論と中小企業論を一緒に学ぶということは，結果的に経済学と経営学を表裏一体で一緒に学ぶことに通じるだろう。

では，現代経済における地域経済の捉え方，中小企業の捉え方はどうであろうか。いずれも歴史的な概念であるために，時代背景によってその捉え方や視点が変わっていく。中村（2004）の指摘のとおり，現代の知識経済時代においては，市場経済の効率性や成長性だけの議論ではなく，知識を創造し活用する人間，複雑で主体的に行動する人間を基本に据えた経済を見ていく必要がある。工業化・近代化の時代と違って，生活の場と経済活動の場が空間的に分離せずに，近接・一致する傾向も見られてきた。地域経済は，そうした活動主体の多様な人間が出会い，対立・矛盾を乗り越えて協働的に学習し，非経済的価値と経済的価値を統合・創造する実験の場となる可能性を持っている。

また，本書では，中小企業について，冒頭に記したように，中小企業を「異質多元」な存在として捉えている。中小企業は固有の発展性を内在させているが，一方で，固有の問題性も課せられている。中小企業を発展性と問題性の統一物と捉える「複眼的中小企業論（黒瀬［2012］)」の立場を支持する。中小企業は「多数の人々が働くことを通して自己実現する場」であると捉え，「リスキーだが多様な可能性のある存在」といった見方（渡辺・小川・黒瀬・向山［2013］）で一致する。

現代経済における「地域」と「中小企業」という場は，一国の国民経済下の一要素として画一的に捉えられるものではなく，いずれも多様性や固有性が認められる。また，両者ともに，そこでの学習を通じた主体の形成において発展可能性があるものと捉えられる。以上のとおり現代経済のもと，「地域／地域経済」と「中小企業」という学問的な意味のある言葉の捉え方が同じような文脈で変わってきたといえる。そうなれば，両者を統一的に理解するための学術的ツール，分析的ツールも求められてこよう。そこで，以下では，地域経済研究と中小企業研究のこれまでの蓄積を少し振り返り，両者の重複領域における諸理論・諸概念について見ていき，両者を統合的発展的に理解するための準備を始めていく。

(5)　地域経済研究と中小企業研究の系譜と接点

日本独自の中小企業研究は100年の伝統を持つと言われる。その研究蓄積の一端は，『日本の中小企業研究』と題して刊行されている。1980年に設立した日本中小企業学会のメンバーが中心となり，第1次（編集代表：瀧澤菊太郎）の『日本の中小企業研究』は85年に刊行された。以降，第2次（1980–89　編集代表：小川英次・佐藤芳雄），第3次（1990–99　編集代表：小川英次），第4次（2000–2009　編集代表：三井逸友）と，10年ごとに研究成果をまとめる形で刊行が重ねられている。いずれも，第1部「成果と課題」，第2部「主要文献解題」，第3部「文献目録」といった3巻構成となっている。中小企業研究レビューの基本的な対象領域は，第1次の「瀧澤分類」を継承しながらも今日的な研究課題を加えており，たとえば第4次では次のような分類となっている。

Ⅰ．総論的研究（理論・本質論的，政策的，経営的，歴史的，国際比較的）

Ⅱ．環境・市場の変化と中小企業に関する研究（生産・技術，市場・流通，雇用・労働，金融，経営管理，情報化社会，社会的責任，地域経済，まちづくり，グローバリゼーション，ライフサイクル，組織化・連携，イノベーション）

Ⅲ．中小企業の業種・業態別研究（製造業，商業，サービス業，建設・運輸・その他，下請・系列企業，小企業，ベンチャー企業）

上記のとおり，地域経済と中小企業との重複領域の研究蓄積は，中小企業研究者の立場から取りまとめて整理されたものがある。一方，経済地理学会においても『経済地理学の成果と課題』が第Ⅰ集（1967年）から第Ⅷ集（2018年）まで刊行されており，そこに経済地理学の立場からの中小企業研究レビューが収められている。いずれも，「中小工業・製造業」を対象とする研究レビューを主に取り上げており，80年代には「地場産業・産地」，90年代には「産業集積」，2000年代には「産業クラスター」をテーマとする研究において多くの接点が見られる。

先に少し触れたように，中小企業論における本質論的研究といえば，中小企業（群）の共通の問題性を明らかにすることであった。中小企業（群）の問題性の把握には，一国の経済構造のもとでの時間軸（歴史的研究）・空間軸（世界各国経済との比較研究）からの総合的分析と統一的理解が欠かせない（三井［1991］)。中小企業の問題性の有り様は同等・不変ではなく絶えず変化するため，日本経済・世界経済のそれぞれの時代背景を踏まえての観察が不可欠である。中小企業研究では「調査なくして発言権なし」といわれる実証的な研究姿勢が貫かれている。初めから独自に完結した体系的な「中小企業学」という枠組みや方法がないので，中小企業の多様な問題性の把握にあたっては，諸分野の研究成果や専門理論が取り入れられ応用されてきた。「中小企業論は経済学の応用問題」「応用経済学としての中小企業論」といわれる所以である（巽・佐藤［1988］)。中小企業という対象ありきの中小企業論ともいわれる。

一方，本書でいうところの「地域経済論」，それはすなわち「地域政治経済学（中村［2004］)」と同じ立場であるが，実は学界においての少数派である。これまで地域経済研究の主流派は，新古典派経済学に空間概念を導入して生まれた「新古典派地域経済学」であった。そこでの空間概念とは，距離（輸送費をともなう）であった。輸送費最小立地を求める「農業立地論（チューネン)」や「工業立地論（ウェーバー)」はここに該当する（第1章を参照）。ただ，新古典派地域経済学では，マーシャルのいう「集積の外部経済性（第2章を参照)」の解明は困難であった。近年登場した主流派は，ノーベル経済学賞を受賞したクルーグマンらの「空間経済学」である。空間経済学では，集積の外部経済性（自己増殖的性質）について，産業組織論をベースとする収穫逓増モデルを用いて数理的に解明することを可能とした。空間経済学は，「国際経済学」「地域経済学」「都市経済学」の3つを統合し体系化することで，対象ありきではなく方法から規定する学問として昇華した。そこでの「地域経済学」とは，経済空間のスケールをリージョナルな広域空間と捉え，地域内部や地域間の空間利用を扱うものとしている。ただ，このような空間経済学の数理モデル分析においてさえ，マーシャルが集積利益として重視した「知識の伝播」までを十分に解明できていない。その点については，世界的な経営学者のポーターが「産業クラスター論（第7章を参照）」を提示し，学界からの注目を集めた。産業クラスター論では，集積論に競争戦略の概念を導入し，イノベーションを集積利益として重視した。「シリコンバレーモデル（第8章を参照）」という実態面からの説得力もあり，イノベーションの地理的集中とそれによる一国の経済成長が政策論としても注目を集めた。これまでマイナーであった地域経済研究の領域は，クルーグマンとポーターの華々しい業績に引き寄せられ，経済学，経営学の双方からの学者の参入が世界的に活発となった。

戦後日本における地域経済研究の主流派は，経済地理学の「地域構造学派」であった。1970年代に矢田俊文が提起した「地域構造論」は，産業配置論，地域経済論，国土利用論，地域政策論の4部から構成される。産業配置論では，国民経済の地域構造を規定する産業部門・諸機能の配置を解明する。地域経済論では，国民経済空間のマクロ的な把握が重視され，そのうえで地域間の関係や地域内部の構造を分析する。国土利用論は，土地利用，資源，災害・公害，環境といった人間と自然との関係を扱う分野である。地域政策論は，地域間の格差，過疎・過密，地域経済の衰退といった地域問題の解決を目指す国土政策や地域開発政策が研究対象である。中村（2018）の指摘にあるように，ここでは，国民経済を1つの空間システム，すなわち地域構造とみなし，地域経済はその一切片として位置づけられた。個々の地域の固有性や多様性は認めないスタンスである。国民経済の地域的分業論は，東京を頭（中枢管理機能），地方を手足（生産現場）とする有機体を生み出した。この有機体は，キャッチアップ経済時代における国内完結型フルセット産業モデルとしての意義はあった。しかし，グローバル化，アジア経済化，そのもとでのフラグメンテーションによる工程間国際分業が進むと，手足（生産現場）の機能を担っていた地方の地域経済は衰退の一途をたどる。このような現象は，多国籍企業の立地行動をモデル化したバーノンの「プロダクト・サイクル論（第9章を参照）」など，「企業の地理学」によれば既に分かっていたことである。その後，グローバル化対応に限界のある「地域構造学派」が空間経済学へと接近していくのは自然な流れであった。

日本における地域経済研究のもう1つの立場は，1980年頃に宮本憲一により提起された「内発的発展論」である。ここでの内発的発展論とは，域外資本に依存する外来型開発に対置した地域開発の理念である。内発的発展という言葉自体は，70年代半ばの国連報告において，経済成長優先型の発展に代わる「もう1つの発展」という概念を提起した際に使われたとされる。西川潤によれば，内発的発展とは，①経済学の経済人モデルに代えて，人間の全人的発展を目的におく，②他律的・支配的発展を否定し，人間解放など共生の社会づくりを指向する，③参加，協同主義，自主管理の組織形態，④地域分権と生態系重視にもとづく自立性と定常性，を特徴としている。これを踏まえた，宮本憲一の「内発的発展論」とは，従来の外来型開発を批判し，地域に根差した人間的な発展を実現していくための住民主体の地域開発論であった。内発的発展の4原則として，①地域開発が大企業や政府の事業としてではなく，地元の技術・産業・文化を土台にして，地域内の市場を主な対象として地域の住民が学習し計画し経営すること，②環境保全の枠の中で開発を考え，自然の保全やアメニティ，福祉や文化が向上するような地元住民にとっての総合的目的をもつこと，③産業開発を特定業種に限定せず複雑な産業部門にわたるようにして，付加価値があらゆる段階で地元に帰属するような地域内産業連関をはかること，④住民参加の制度をつくり，自治体が住民の意思を体して，資本や土地利用を規制しうる自治権をもつこと，を挙げた。宮本憲一は成功例を農村に見出し，農村の文化に学んで都市の文化をつくりだす考え方であった。これに対し，中村（2004）は，金沢やポートランドなど都市の事例に学び，内発的発展を理念モデルから政策志向の実践的モデルへと押し上げている。本書でいうところの「地域経済論」は，こうした内発的発展論を引き継ぎ，地域の固有性，多様性，主体性，自立性，総合性，持続可能性といったテーマをもって地域発展の可能性を論じていく。そうなると地域経済という対象に規定された地域経済論となる。中小企業研究と同じ方法であるが，現場主義の帰納法的アプローチにより，多様な地域経済の実態を地道に捉えていくしかない。先進的な事例をつかまえて，比較研究を実証的に行い，そこから何らかの法則性やメカニズムを解き明かす。その意味では，本書の地域経済論は，中小企業論もそうであるが，最先端の潮流を捉えて未来を見通す極めて政策的志向の強い実践的な研究といえよう。

さて，中小企業論と地域経済論との接点であるが，その1つは産業集積研究に見て取れる。日本の中小企業研究者による産業集積研究の系譜は，1つに「下請け制」評価論にある。「下請け制」評価論は，中小企業の問題性の把握，いわゆる「問題性型」中小企業認識論を源流とするものである。戦後日本の中小企業問題の象徴といえば，資本主義工業化段階における都市での過剰労働力と低賃金労働を背景とした小零細企業群の「過小過多」「多産多死」に見られた。それは，不安定な社会的階層としての中小企業問題であり，大企業と対置した中小企業問題でもあった。高度経済成長開始時には，資本蓄積過程での大企業の支配と収奪による，中小企業の不利が問題視された。政府は経済成長政策と中小企業近代化政策を一体的に展開し，下請・系列による大企業と中小企業との連携・発展が目指された。ただ，この「下請け制」に関する評価をめぐっては，戦時中の「藤田・小宮山論争」に代表されるように，下請中小企業の技術的低位の要因が大企業による収奪によるものとの見方があった。それを踏まえて，中小企業研究においては下請け制の「効率性」の評価を巡ってさまざまな議論が展開された（詳しくは第4章を参照）。この時点において，中小企業像の認識自体を本質論として研究する意義は薄れていく。そのうち，特定の下請企業の取引関係・下請け分業構造という議論の狭さに限界が見え，もっと全体的な「社会的分業構造（渡辺，1997）」の把握を重視するようになり，産業集積研究へと研究領域が広がっていく。

日本の産業集積研究のもう1つの流れは，70年代の先進国経済が成熟化した段階における「大企業体制・大量生産体制」批判といった国際的な研究動向と軌を一にする。シューマッハーの「スモール・イズ・ビューティフル」論やドラッカーの「脱工業化・ポスト資本主義社会」論などが挙げられる。中小企業は「規模の経済性」が働かない分野において存立し得る。経済が成熟化して市場の細分化が進むと「範囲（多角化）の経済性」が働くようになり，大企業よりもむしろ中小企業が優位となる。「中小企業ルネッサンス」「中小企業の時代」の到来と盛り上がる。こうした見方は「積極評価型」中小企業観と呼ばれ，「ベンチャービジネス論」として展開されていく。地域経済研究における積極評価型中小企業論との接点は，生態学的な「地域主義（玉野井［1979］）」に見て取れる。やはり70年代から80年代にかけて，「地方の時代」と呼ばれ，地域経済の発展可能性に光が当てられるようになった。「もう1つの工業化」「内発的発展」の理念とも結びつき，地域の担い手となる中小企業の企業家活動への期待も高まった（清成［2010］）。さらには「第3のイタリア」における専門的中小企業の柔軟なネットワーク論（Piore & Sabel［1984］）」が世界的な注目を集める。それまで，中小企業研究としての「地場産業・産地」調査は，過小過多な中小企業（群）の組織化問題に関心があった。ピオリとセーブルの「柔軟な専門化」論を契機にして，地場産業・産地に対する関心は，不確実性の高い市場のもとでの多品種少量生産体制のメリット（取引コストの削減など）に集まるようになった。

(6) 産業集積の分析アプローチ——地域経済研究と中小企業研究の重複領域

以上の2つの流れが重なって，中小企業研究者は，中小企業の取引関係や生産分業ネットワークに焦点を当てた研究を進め，その事例研究の対象を求めて，地域というフィールドへ足を踏み込んでいった。90年代には「産業集積」をテーマとする研究で重複領域が広がる。実際，大田区における機械金属加工の産業集積研究など，中小企業研究者と地域経済・経済地理研究者の双方において共有すべき多くの成果が見られた。当時，経済地理学の立場はどちらかといえば演繹的方法により集積を空間的に鳥瞰し，一方，中小企業論の立場はどちらかといえば帰納的方法により集積内の実態を把握するものであった。事例研究の対象である産業集積については，そのルーツや形成プロセスといった時間軸や，他の国内外の事例比較といった空間軸から総合的に分析していく必要があった。その際，自然環境・経済・文化（社会・政治）という3要素の複合体として地域を総合的に捉える地域政治経済学的アプローチを取り入れることが有効である。こうして中小企業研究と地域経済研究は，産業集積という重複領域において複合化された分析ツールの開発をそれぞれ進めていった。

2000年代に入ると，いずれの研究もグローバル化の進展に伴う「産業の空洞化」問題を踏まえて，海外の研究成果から学び，「シリコンバレー・モデル（Saxenian［1994］）」や「産業クラスター（Porter［1998］）」をテーマとする研究に傾斜していった。中小企業研究者は，産業集積に立地する中小企業，産業クラスターに立地するベンチャー企業の「点」の視点，ないしはその取引関係・ネットワークの「線」の視点，さらには社会的分業構造･地域産業構造の「面」の視点から分析を進めていった。さらにはそこにグローバルな視点を加えていった。たとえば，渡辺（2011）の場合，「産業の空洞化」問題という見方を否定し，日本の産業集積の変容について，「日本国内を範囲とした（国内完結の）地域分業生産体制」から「東アジア大の地域分業生産体制（東アジア化）」への転換にすぎないといった点を帰納的方法で実証している。それは集積内企業の実態調査，グローバルな視点からの取引関係・ネットワークの分析によって導出された中小企業研究の成果といえる。また，産業クラスターの研究においては，経済地理学にもとづく国際的な企業家ネットワークの実証研究の成果も出てきている（たとえば，Saxenian［2007］，松原［2013］，與倉［2017］）。産業クラスターのようにイノベーションを鍵概念とする研究テーマにおいては，ベンチャー企業における競争と協力のネットワーク分析が重要である。ICT を活用すればイノベーションの知識フローは国境を超えることも難しくなくなる。そうなるとグローバルな視点からの取引関係・ネットワークの分析が欠かせなくなる。このように，グローバルな分析視角から産業集積・産業クラスターの研究が進んでいくにつれて，中小企業研究と地域経済研究の新結合というべき相互作用が見て取れる。

(7)　本書の 10 の事例研究——地域経済論と中小企業論の重複領域研究の鍵概念

以上のとおり，近年は，地域経済論と中小企業論の重複領域における研究成果が出てきている。本書では，次章以降において 10 の事例を取り上げ，重複領域を研究する際に基盤となる既存の諸理論・諸概念を紹介している。さらには，各章それぞれで取り上げた研究対象の事例について，時間軸（歴史的な視点）と空間軸（グローバルな視点，地域間比較の視点）から分析し，当該事例の先進性や事実発見を示す。先進事例の分析と仮説の導出においては，既存の理論や概念をそのまま当てはめる訳にはいかない。既存のものとは違う，何らかの新しい理論や概念を用いて，それを媒介項とし，事実発見した事象の一般化・普遍化を試みる。本書では，こうした研究成果を出すプロセスで引用する比較的新しい理論や概念についても紹介する。次章以降は，個々の先進事例の分析

図序-1　地域経済論と中小企業論の新結合

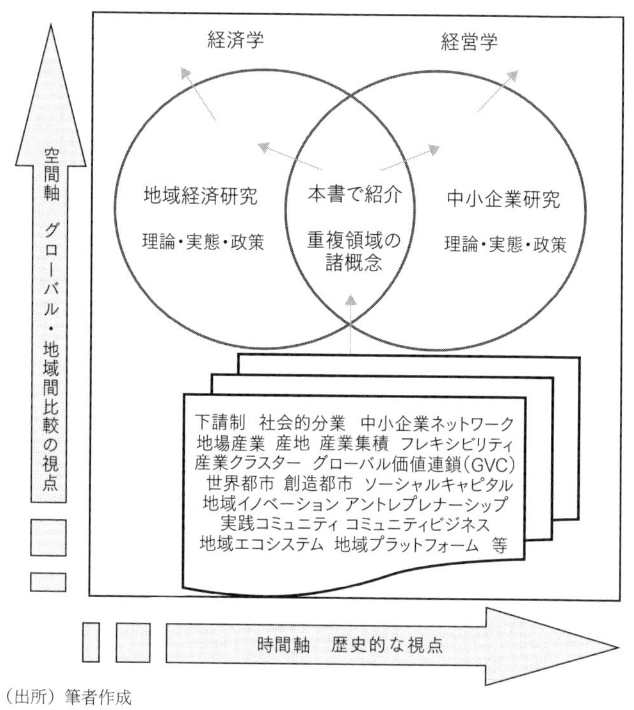

（出所）筆者作成

に役立つ諸理論・諸概念を列挙していくもので，決して体系的なものとはいえない。ただそれでも地域経済論と中小企業論の重複領域をカバーする分析道具とは何かを示すことにはなるだろう。全体をカバーしてから深めるのではなく，深いところから始めていき全体に広げていくといった学習スタンスである。各章で紹介する理論や概念を学ぶと，産業集積など重複領域のテーマの学びとなり，それが地域経済論と中小企業論を一緒に学ぶこと，ひいては経済学と経営学の修得にもつながると考える（図序-1）。

第１章（奥山）では，「北海道十勝地方における食関連の産業集積」の事例を取り上げる。当該事例に関する既存の研究として，チューネンの「農業立地論」，ウェーバーの「工業立地論」といった概念を紹介し，適用可能性を示す。そのうえで，多様な農作物を生産する複合化した産地の実態，農商工連携による小麦の地域内加工の実現，生産・加工・流通・販売が結びついたバリューチェーンといった事実発見を示す。こうした事実発見は，既存の農業立地論や工業立地論だけでは説明できない。そこで，「グローバル・フード・ネットワーク（GFN）」という近年の新しい概念を取り上げ，それを媒介項にして，地域性や生産・流通プロセスの独自性を重視した「オルタナティブ・フード・ネットワーク（AFN）」という「十勝型フードシステム」の一般化・普遍化を試みている。

第2章（山本）では，「岩手県盛岡・水沢の南部鉄器産地」の事例を取り上げ，マーシャルの「産業地区・外部経済性」，ピオリ・セーブルの「フレキシビリティ論（柔軟な専門化）」，日本の「産業集積類型化論」，「地場産業論」といった概念を説明している。そして，産地の形成・発展・縮小の歴史的変遷を紹介したうえで，現在の新たな動きを事実発見として示す。カラフルな鉄瓶（ティーポット）の開発や，中国・ヨーロッパ向けの輸出に成功しているユニークな産地企業の実態調査結果である。この産地企業の成功要因を分析し，産地縮小のもとで新製品開発や海外の販路開拓に取り組む産地中小企業のモデル（イノベーション研究）として一般化・普遍化を試みている。

第3章（遠山）では，「福井県鯖江市の眼鏡産業集積」の事例を取り上げ，「集積の経済性」など既存の産業集積論を広く見渡す。そして，世界3大眼鏡産業集積の1つに数えられるにいたった鯖江産地の歴史的変遷を定量的・定性的に紹介する。生産・卸売・小売の全てを担う大企業の台頭，大手小売チェーンや海外資本による集積内企業の買収とサプライチェーンへの組み込みといった実態を捉え，グローバル競争下の産業集積の有り様について事実発見を示す。取引関係や分業システムの分析を主とする既存の産業集積論だけではこの新しい事実を解明できない。そこで，進化経済学の手法を取り入れた「産業集積のライフサイクル・アプローチ」を援用して，「集積の経済性」とそれに対置する「分散の経済性」を統合的に分析する。また，生産と流通を垂直的に統合した「SPA経営モデル」や，「グローバル価値連鎖（GVC）モデル」も援用して，新たな事実の解明を試みている。

第4章（長谷川）では，「横浜市金沢産業団地発祥のコマ大戦」の事例を取り上げ，中小企業のイノベーション・ネットワークについて分析する。まずは，中小企業の取引関係に関する既存理論として，中小企業の「下請制」に関する先行研究を詳しくレビューする。さらには，ピオリ・セーブルの「フレキシビリティ論（専門的な中小企業の柔軟なネットワーク論）」の紹介，異業種交流などの「ネットワーク組織」の類型化と整理を行う。ここでは，中小企業論の研究領域から地域経済論の研究領域へと，理論的にも実体的にも時代を追って広がっていく様を示している。コマ大戦の事例については，共同開発や共同受注を共通目的におく従来型の異業種交流組織と異なり，参加メンバーの多様性にユニークな事実発見がある。この新たなタイプの中小企業ネットワークについて，イノベーションと地域社会との関係に着目し，地域学習と主体形成・人材育成の観点から分析結果を見出している。

第5章（中島）では，「墨田区の印刷業」の事例を取り上げ，中小企業の事業承継問題について分析する。墨田区の地域産業である印刷業について歴史的変遷をたどり，市場や技術の変化と後継者不足による廃業増加，集積の量的質的な縮小過程を描く。併せて，「都市型産業論」および「都市型中小企業論」，「小企業企業論」および「ファミリービジネス論」といった中小企業研究領域の諸理論をレビューしている。そのうえで，墨田区の後継者塾，塾の修了生による新事業転換，わけても異業種との協業ネットワークによる新事業転換に注目し，後継者育成と第二創業による事業承継問題の地域協働的な解決モデルを示している。本章は，現代中小企業の固有の問題性を示すと同時に，そこで働く人の自己実現の場として発展可能性を示した実証研究となっている。

第6章（許）では，「台東区のモノマチ（ものづくりのまちづくりイベント）」を事例に取り上げ，新たな地域コミュニティの形成による地域活性化モデルを提示する。ここでの事実発見は，台東デザイナーズビレッジ（ファッション産業に特化したインキュベーション施設）の村長・入居者・卒業生，台東区の地場産業である革小物製造業やジュエリー関連の地域事業者，地域の住民，モノマチの来場者，といった異なるコミュニティに属する人々の新たなつながりにある。モノマチの開催を重ねる中で，こうした新たな地域コミュニティが形成され，地域が活性化された様子を丁寧に描く。このユニークな事例の分析にあたっては，パットナムの「ソーシャルキャピタル論」，グラノベッターの「ネットワーク論（弱い紐帯の強さ）」，アレンの「ゲートキーパー」概念，山崎の「コミュニティデザイン」概念，アンダーソンの「メイカーズ」といった，経済学と経営学さらには社会学の領域にまたがる理論・概念を駆使している。本章は，非経済的価値と経済的価値を統合する場としての地域経済と中小企業の発展可能性を示した事例研究となっている。

第７章（河藤）では，「長野県飯田・下伊那地域がめざす航空宇宙産業クラスター」を事例に取り上げ，ポーターの「産業クラスター論」，競争優位性のダイヤモンド分析を用いて分析を行う。分析の結果，航空宇宙産業クラスターの形成要件とそこでのイノベーション促進の要因を実証している。さらには，飯田・下伊那地域における産学官協働の連携体制に着目し，地域資源をベースとした航空宇宙産業クラスターの成立要件を検討する。地域の連携体制づくりの条件について，産業クラスター論に重ねて，「制度経済学」や「ソーシャル・キャピタル」「コミュニティ・キャピタル」の理論を導入し解明を試みている。

第８章（長山）では，「静岡県浜松の地域イノベーションシステム」を事例に取り上げる。浜松の地域産業の歴史的変遷について，繊維・ピアノ・オートバイ，自動車と振り返り，近年のソフトウェアと光電子分野の産業クラスター，医工連携による地域イノベーションに注目する。サクセニアンの「シリコンバレー・モデル」論を援用し，浜松の光電子分野のハイテク型産業クラスターの特徴を「地域ネットワーク型産業システム」の概念から明らかにする。それとの比較として，既存産業である輸送用機械（軽自動車），スズキを頂点とする企業城下町型産業集積について「独立企業型産業システム」として特徴づける。さらには，国の産業クラスター政策を振り返り，各地で失敗した要因として，「日本的経営システム」のもとでの「組織的知識創造モデル（野中・竹内)」への経路依存性を指摘する。そして，浜松地域における「独立企業型産業システム」から「地域ネットワーク型産業システム」への経路修正を事実発見とし，そこからの政策的含意を与えようとする。その際，チェスブロウの「オープン・イノベーション」概念を媒介項におき，「比較地域的制度アプローチ（中村)」を導入して，労働・技術・金融の各領域から見た制度的仕掛け（地域的な実験）の実証的な解明を試みている。

第９章（吉田）では，「ハワイの移住起業家コミュニティ」を事例に取り上げる。移住起業家に関しては「アントレプレナーシップ」「事業創造」の既存理論，国際経営に関しては「プロダクトサイクルモデル（バーノン）」「トランスナショナル経営論（バートレットとゴシャール）」「メタナショナル経営論（ドーズら）」などの基本的な理論を概説する。サンヌードル社と創業者のケーススタディを詳細に行い，海外移住起業家が事業創造に成功するポイントとして，現地でのゼロベースからの開発と日本人特有の強みを活かしたハイブリッド経営モデルを提示する。さらには，「Local for Global（グローバルに発展する現地発イノベーション）」「リバース・イノベーションモデル（ゴビンダラジャン）」という比較的新しい概念を導入しながら，日本中小企業の海外展開モデル構築を試みている。

第10章（長山）では，「神奈川県鎌倉におけるアントレプレナーシップ促進の地域プラットフォーム」を事例に取り上げる。日本のアントレプレナーシップの低水準な状況に対して，ベンチャー企業に偏重した日本の創業支援策をレビューして批判する。最近の「起業無関心者」向けの創業普及啓発事業（創業機運醸成事業）に注目し，その先進事例として鎌倉のカマコンを分析対象に置く。カマコンへの参与観察の結果を踏まえ，地域活性化と創業機運醸成を両立させる仕組みを解明する。カマコンの仕組みの解明にあたっては，レイヴとウェンガーの「正統的周辺参加（LPP）」，ウェンガーほかの「実践コミュニティ（COP）」「コミュニティビジネス」の諸概念を用いる。そして，ローリスク・ローリターン型のアントレプレナーシップ（起業活動）と地域協働的な起業学習モデルを提示する。さらには，基礎自治体単位における創業支援モデルとして，創業機運醸成によるアントレプレナーの主体形成とコミュニティビジネス創出を促す地域プラットフォームづくりを提案する。

参考文献

植田浩史・桑原武志・本多哲夫・義永忠一・関智宏・田中幹大・林幸治［2014］『中小企業・ベンチャー企業論（新版）』有斐閣コンパクト。

岡田知弘・川瀬光義・鈴木誠・富樫幸一［2016］『国際化時代の地域経済学（第4版）』有斐閣アルマ。

清成忠男［2010］『地域創生への挑戦』有斐閣。

清成忠男・中村秀一郎・平尾光司［1971］『ベンチャー・ビジネス――頭脳を売る小さな大企業』日本経済新聞社。

黒瀬直宏［2012］『複眼的中小企業論』同友館。
経済地理学会［2010］『経済地理学の成果と課題 第7集』日本経済評論社。
経済地理学会［2018］『経済地理学の成果と課題 第Ⅷ集（経済地理学年報 64 巻別冊）』日本経済評論社。
サクセニアン，A.（大前研一訳）［1995, 原著 1994］『現代の二都物語』講談社。
サクセニアン，A.（本山康之・星野岳穂監訳）［2008, 原著 2007］『最新・経済地理学』日経 BP 社。
シュンペーター，J.A.（塩野谷祐一・中山伊知郎・東畑精一訳）［1977, 原著 1934］『経済発展の理論』岩波書店。
巽信晴・佐藤芳雄［1988］『新中小企業論を学ぶ』有斐閣。
玉野井芳郎［1979］『地域主義の思想』農山漁村文化協会。
中小企業事業団・中小企業研究所編［1985］『日本の中小企業研究』有斐閣。
中小企業事業団・中小企業研究所編［1992］『日本の中小企業研究 1980–89』同友館。
中小企業総合研究機構編［2003］『日本の中小企業研究 1990–99』同友館。
中小企業総合研究機構編［2013］『日本の中小企業研究 2000–2009』同友館。
ドラッカー，P.（林雄二郎訳）［1969, 原著 1968］『断絶の時代』ダイヤモンド社。
中村剛治郎［2004］『地域政治経済学』有斐閣。
中村剛治郎［2018］「現代地域経済学の構築を求めて（1）」『龍谷政策学論集』Vol.7（1・2）。
中村秀一郎［1964］『中堅企業論』東洋経済新報社。
ピオリ，M.J. & セーブル，C.F.（山之内靖ほか訳）［1993, 原著 1984］『第二の産業分水嶺』筑摩書房。
ポーター，M.E.（竹内弘高訳）［1999, 原著 1998］『競争戦略論 Ⅰ・Ⅱ』ダイヤモンド社。
マーシャル，A.（馬場啓之助訳）［1966, 原著 1890］『マーシャル経済学原理Ⅲ』東洋経済新報社。
松原宏［1999］「集積論の系譜と新産業集積」『東京大学人文地理学研究』13 号。
三井逸友［1991］『現代経済と中小企業』青木書店。
宮本憲一・横田茂・中村剛治郎［1990］『地域経済学』有斐閣ブックス。
矢田俊文編［1990］『地域構造の理論』ミネルヴァ書房。
矢田俊文・松原宏［2000］『現代経済地理学』ミネルヴァ書房。
山本健兒［2005］『産業集積の経済地理学』法政大学出版局。
與倉豊［2017］『産業集積のネットワークとイノベーション』古今書院。
渡辺幸男［1997］『日本機械工業の社会的分業構造』有斐閣。
渡辺幸男［2011］『現代日本の産業集積研究』慶應義塾大学出版会。

第Ⅰ部

グローバル経済下の産業集積と中小企業

第1章

北海道十勝地方における食関連の産業集積

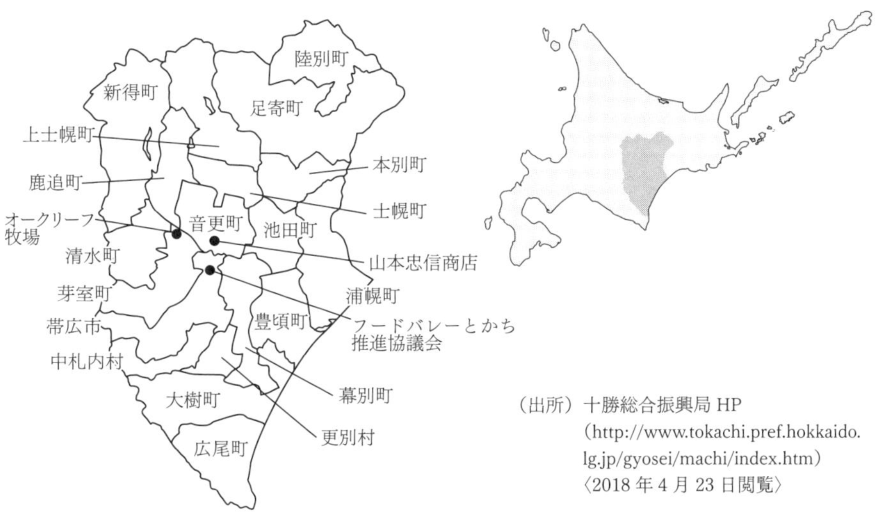

（出所）十勝総合振興局 HP（http://www.tokachi.pref.hokkaido.lg.jp/gyosei/machi/index.htm）〈2018年4月23日閲覧〉

十勝地方（帯広市など19市町村）のプロフィール

●日本最大の食料基地

●人口343,436人（2015.10.1現在）

●自然・地理・歴史

道東に位置し，面積は10,831.62㎢（東京都の約5倍）。亜寒帯気候区に属し，太平洋岸を除き大陸性気候。冬は，大陸性寒冷高気圧により低温となるが，日高山脈で雪雲が遮られることから降雪量は少なく，年間を通じて日照時間が長い。

●主な産業・産業構造：農業，食品製造業の集積

●代表的な企業・機関：フードバレーとかち推進協議会（事務局：帯広市産業連携室）

キーワード：農業立地論／工業立地論　6次産業化　グローカルビジネス

本章のねらい

我が国の食産業は大きな岐路に立っている。世界的な物流網の確立，TPP（環太平洋パートナーシップ協定）などによる関税削減・撤廃は，グローバルな食糧生産・供給ネットワークを生み出し，食産業におけるグローバル競争が加速している。こうした中，各地域の食産業がその存続と発展を図っていくためには，輸入品からの保護という「守り」から，輸入品に対する競争優位だけでなく輸出をも拡大しようとする「攻め」への変貌が課題となっている。

本章では，「日本最大の食料基地」といわれる十勝を取り上げ，その歴史的経路，集積構造などを農業および工業立地の伝統的理論を交えて概観しながら，こうした理論の実際への適用可能性を検討するとともに，農業分野のイノベーションや工業との連携による集積の拡充など，食産業集積の質的な成長を考察する。

1　ケースを見る：日本最大の食産業集積の形成

(1)　十勝の概要と特徴

十勝地方（以下「十勝」）は，人口は35万人弱と北海道全体の6.4％を占める。北海道全体と比べて出生率はやや高く，死亡率はやや低い（表1-1）。第1次産業14.5％，第2次産業16.9％，第3次産業64.2％であり，産業構造としては第1次産業の割合が比較的高い。農業では，経営耕地面積はおよそ23haと広大で，全国の約5％，北海道の22％強を占める。しかし田は少なく，ほとんどは畑と牧場で構成されている。畑は全国の約12％，北海道全体の約27％を占める。乳牛・肉牛の飼養頭数は約43万頭（全国の11％）となっている。十勝には24の農業協同組合（農協）があり，その取扱高は3300億円余りと北海道全体の約3割を占めている。まさに，「日本最大の食料基地」といえる。2013年におけるカロリーベースの食料自給率は1100％（約400万人分）に達する。

十勝における農業の耕地面積，農家戸数，農業人口の推移をみると，耕地面積は1990年をピークにやや減少傾向にある。一方，農業戸数および農家人口は大幅に減少しており，1戸あたり耕地面積は一貫して拡大している。また農家人口1人あたり生産農業所得，耕地10aあたり生産農業所得ともに上昇し，労働生産性だけでなく土地生産性も向上した（表1-2）。

表 1-1　十勝の概要統計

区　分	項　目	調査時期	十　勝	北海道全体	北海道全体に占める割合（%）	統計出所
人　口	人口（千人）	2015.10.1	343	5,381	6.4	国勢調査（総務省）
	出生率（人口千対） 死亡率（人口千対）	2014	7.4 10.9	6.9 11.2		北海道保健統計年報（北海道保健福祉部）
産業３区分別就業者数	第１次産業（%） 第２次産業（%） 第３次産業（%）	2015.10.1	14.5 16.9 64.2	7.0 16.9 70.6		国勢調査（総務省）
土地面積	面積（km²）	2017.10.1	10,831	83,423	13.0	国土地理院
地目別土地面積	田（km²） 畑（km²） 牧場（km²）	2016.1.1	20 2,414 296	2,417 8,998 1,649	0.9 26.8 17.9	固定資産の価格等の概要調書（北海道総合政策部）
民間事業所	事業所数 従業者数（千人）	2016.6.1	16,153 140	225,300 2,176	7.2 6.5	経済センサス活動調査（総務省・経済産業省）※1
農　業	農家数 うち，販売農家数 経営耕地面積（km²）	2015.2.1	5,544 5,423 2,352	44,433 38,086 10,504	12.5 14.2 22.4	農林業センサス（農林水産省）
工業（従業者数４人以上）	事業所数 従業者数 製造品出荷額等（億円）	2016.6.1	428 12,750 4,902	5,801 170,136 65,481	7.4 7.5 7.5	経済センサス活動調査（総務省・経済産業省）
商業（卸売・小売業）	商業事業所数 従業者数 年間商品販売額（億円）	2016.6.1	3,340 25,477 9,657	46,282 390,952 179,996	7.2 6.5 5.4	経済センサス活動調査（総務省・経済産業省）
観　光	観光入込客数（千人） うち，宿泊客数（千人）	2016 年度	25,214 1,725	140,992 9,557	17.9 18.1	観光入込客数調査（北海道経済部）

注）　※１　経済センサスでは，農林漁業を行う個人経営のもの（農家・林家・漁家）は含まれていない。
　　　※２　農家とは，経営耕地面積が 10 アール以上の農業を営む世帯又は調査期日前１年間の農産物販売金額が 15 万円以上あった世帯をいう。
　　　※３　販売農家とは，経営耕地面積が 30 アール以上の農業を営む世帯又は調査期日前１年間の農産物販売金額が 50 万円以上あった世帯をいう。

(2)　十勝食産業の形成期

十勝は，17 世紀中ごろには松前藩の知行制度のなかに組み込まれ，鹿の狩猟だけでなく，粟や稗の栽培，あるいは昆布や干鮭などがこの地で水揚げ，生産されていた（帯広市『帯広市史』）。なお，「十勝」という地名は，十勝川をさすアイヌ語「トカプチ」（「乳」を意味し，川口が２つ乳房のように並んでいることに由来）とされる（十勝総合振興局 HP）。十勝川は延長 156km，北海道第３位の長さを誇り，このほか十勝平野には大小 200 あまりの河川が流れ込む。

表 1-2　農業：耕地面積，農家戸数，農業人口の推移（十勝）

項　目	単位	1970	1980	1990	2000	2010	2015年
耕地面積	千 ha	220	244	261	259	255	255
1戸あたり耕地面積	ha	12	17	22	28	35	42
農家戸数	戸	16,239	11,705	9,954	7,582	6,116	5,544
内専業農家戸数	戸	11,338	8,640	7,217	5,087	4,479	4,462
専業農家率	%	70	74	73	67	73	80
農家人口	人	83,509	54,646	47,126	35,373	27,566	24,281
農業産出額	千万円	4,960	17,124	22,112	23,048	23,800	32,330
農家1戸あたり生産農業所得	千円	1,416	6,022	7,403	11,889	14,132	23,814
農家人口1人あたり生産農業所得	千円	275	1,290	1,564	2,548	3,135	5,437
耕地 10a あたり生産農業所得	千円	10	29	28	35	34	52

注：2010 年以降の農業産出額は，十勝管内農協取扱高。
2010 年以降の農家1戸あたり生産農業所得，農家人口1人あたり生産農業所得，耕地 10a あたり生産農業所得は，北海道内の所得率（生産農業所得 / 農業産出額）を用いた生産農業所得の推計値にもとづき計算した。
（出所）十勝総合振興局「農畜産物に係る十勝管内農協取扱高（概算）」各年版，十勝総合振興局「2017 十勝の農業」，農林水産省「生産農業所得統計」各年版より筆者作成。

1869 年，明治新政府は蝦夷地を北海道と改めて開拓使を設けた。十勝は十勝国となり，開拓使長官であった黒田清隆のもと，アメリカをモデルとした開拓が始まる。ただし，北海道の他地域の開拓が屯田兵を中心として官主導で進められるなかで，十勝の開拓は無願開墾（正規に土地貸し下げを出願せずに未開地を開墾すること）を中心とした民間主導で行われた。1882 年に静岡県出身の依田勉三は民間の開拓団として晩成社を設立し，翌 1883 年から入植，富山，岐阜などの民間の開拓移民も加わり開拓が進められた。寒冷地で低湿地がなく，水はけのよい火山灰土のため水田には適していないこの地で，晩成社はさまざまな畑作農業をはじめ，木工場や澱粉製造などにも挑戦した。しかし，そのほとんどは失敗し，唯一の成功といえるものは大豆などのマメ類であった。

このマメ類が十勝に大きな富をもたらすことになる。そのきっかけとなったのは 1905 年の釧路・帯広間の鉄道の開通である。鉄道という輸送手段を備えたことによって移出が盛んとなり，帯広には大豆，小豆，エンドウ豆といった

表1-3　十勝における農産物作付面積等の推移

品　種	項　目	単　位	1970	1980	1990	2000	2010	2015年
水　稲	作付面積	ha	3,770	1,400	478	165	19	15
小　麦	作付面積	ha	6,490	23,900	38,800	43,000	45,300	44,700
馬鈴薯	作付面積	ha	18,800	22,900	25,200	24,700	22,900	21,800
大　豆	作付面積	ha	7,420	12,600	3,660	3,420	4,010	7,530
小　豆	作付面積	ha	22,500	13,800	15,200	12,500	12,500	13,835
いんげん	作付面積	ha	44,700	14,400	14,300	8,600	8,440	7,974
てん菜	作付面積	ha	24,700	27,000	31,600	30,600	26,800	25,800
スイートコーン	作付面積	ha	9,910	23,800	18,600	16,200	19,697	22,981
牧　草	作付面積	ha	80,600	99,800	98,700	104,100	69,762	61,188
乳用牛	総頭数	10頭	10,657	17,145	19,420	20,680	23,528	22,403
肉用牛	総頭数	10頭	566	6,286	11,160	15,950	19,967	22,457
豚	総頭数	10頭	2,280	5,880	5,910	4,490	5,098	6,321
採卵鶏	総羽数	1000羽	870	996	1,037	1,199	1,021	1,023

（出所）十勝総合振興局「2017十勝の農業」より筆者作成

マメ類を扱う雑穀商が数多く進出し，春先になると農民に肥料や農具・日用品などを貸し付け，収穫物により決済して利益を得た。

(3)　農作物の複合産地への道

マメ類が軌道に乗ると，甜菜や麦など他の作物の生産も徐々に広がりをみせる。加えて，畑作が中心であった十勝は，数年に一度は休耕し，たい肥を入れる必要がある。そこで休耕を兼ねた酪農（乳牛飼育）が振興され，主要産品の1つとなっていく。他方，農業においては，生育の安定性と生産性によって品種が変化，拡大していく。1950年代には冷害に弱いマメ類に代わり馬鈴薯や甜菜など根菜類の比率が高まった。さらに機械化が進展した1970年代からは，省力化で先行した小麦の生産量が増加した。十勝は，広い耕地に機械を活用した大規模農業を主体とした多様な農作物を生産する複合産地となる。とくに，1980年以降，肉用牛の飼養頭数は増加傾向を示しており，1990年代当初の牛肉貿易自由化（輸入枠の撤廃および関税引下げ）以降も増加している（表1-3）。

ここで，地域で肉用牛の拡大がどのように図られてきたか，乳用牛から肉用牛へと転換した企業の事例によってみていこう。

オークリーフ牧場（芽室町）は，牛の育成販売，養鶏，果樹の生産販売などを手掛けている。現在の主力製品は肉用牛である。明治時代に岡山県から十勝に入植し，畑作が中心であったが，1950年代より酪農も手掛けるようになった。しかし，酪農は搾乳など毎日が重労働の連続であることから，現経営者が高校生のとき，当時の経営者であった父に肉用牛への転換を提言した。当時は肉用牛を手掛ける農家は極めて少なかったという。1973年から約5年間の移行期間を経て，酪農副産物である雄牛の飼養をすすめ，肉用牛の素牛農家へと転換した。素牛農家とは，生まれたての牛をおよそ7カ月半飼養し，肥育農家へ販売する肉用牛農家の一形態である。しかし，肉用牛は乳牛と比べて1頭あたり5分の1程度の単価で内地（本州）に販売していたこともあり，同社は肉牛転換によって大きな損失を出した。その当時，地域の酪農家には，肉用牛への転換を図った同社に追随する者はいなかったという。

現経営者が24歳の時，父親が突然他界したため事業を継承し，事業に関わる莫大な債務返済に直面することとなった。経営者は，ここで数値管理の大切さを思い知らされる。農業は，一般的に企業的数値管理が遅れているといわれるが，同社は数値による徹底したコスト管理を実施し，経営を立て直していく。すると，徐々に肉用牛を取り扱う農家が地域に増えていく。

経営が軌道に乗った1990年代以降，美味しくて安全な牛肉を求める消費者のニーズは高まっていく。とくに，2000年代当初に発生したBSE（牛海綿状脳症）や，BSEを起因とした国の買い取り制度を悪用した産地偽装など牛肉をめぐる社会問題が発生したのを機に，コストをかけてでも消費者が求める安全でよりおいしい牛肉づくりを目指すこととなった。2004年には，素牛だけでなく，食肉加工する対象となる肥育までを一貫して行う体制を確立，高品質化の理念に賛同してくれる同業者とともに，抗生物質無添加・非遺伝子組み換えの飼料の使用，徹底した衛生管理など厳しい条件をクリアした肉用牛を肥育し，独自のブランド化を図っている。ここに，地域における肉用牛肥育に対する規範の変化（安全性，高品質，ブランド化）がみられるようになる。

十勝にとって，乳用牛から肉用牛への転換は一種のイノベーションというべきものであり，時代のニーズに合わせた品種転換や生産品種の多様化こそ，十勝の食産業集積としての発展の最大の要因といえる。同社は肉用牛への転換を

表1-4　製造業：産業中分類別事業所数，従業者数，製造品出荷額等，付加価値額（抜粋）

2016年	十　勝				北海道全体に占める割合（%）			
従業者4人以上の事業所	事業所数	従業者数（人）	出荷額等（億円）	付加価値額（億円）	事業所数	従業者数	出荷額等	付加価値額
製造業全体	428	12,750	4,902	1,563	7.4	7.5	7.5	8.9
食料品	148	7,330	3,359	980	7.6	9.3	15.2	16.3
飲料・飼料等	20	383	274	61	9.9	9.9	10.0	9.3

（出所）総務省・経済産業省（2017）「平成28年経済センサス活動調査」より筆者作成

図り，それが地域の他企業へと波及した。行政や農協も民間の動きに呼応し，畜舎や自動給餌機等の導入支援，肥育技術の指導による素牛から肥育までの一貫経営への移行推進など肉用牛農家への支援を強化した。

(4)　食品製造業の立地と農商工連携・6次産業化

十勝では，農業の発展に伴い，食品製造業（工業規模で食品・飲料等の製造を行うもの）の立地も進んだ。1919年に北海道製糖，1920年に（旧）日本甜菜製糖という2つの製糖工場，1923年には味噌・醤油工場，1928年には練乳工場，そして1933年にはバターを生産する北海道製酪販売組合連合会帯広工場（のち，北海道興農公社に委譲）が相次いで設立された。戦後，明治乳業など大規模工場の進出も相次いだ。1962年には帯広工業団地の造成が開始され，十勝畜産公社食肉処理施設，六花亭製菓が入居した。さらに，馬鈴薯を原料に加工食品を生産するカルビーポテト帯広工場が1997年に設立された。

このように，十勝にはいくつかの大規模工場が立地するものの，農業に比べて食品製造業の集積は進んでいない。前述のとおり，農業では北海道全体の約3割（農協での取扱高）を占めるのに対し，「平成28年経済センサス活動調査」における「食料品製造業」では，出荷額等で約15%を占めるにすぎない（表1-4）。地域の所得につながる付加価値を高めるためには，地域で生産された農作物の付加価値を高める食品製造業の立地促進や振興，さらにはそれを販売する商工・サービス業の振興が課題となっている。

近年，地域内で加工が活発化した農作物に小麦がある。十勝は小麦の産地であり，その生産量は約20万t，国産小麦の約4分の1，北海道産小麦の約4割となっているものの，十勝からはほとんど玄麦（未精白の麦）のまま出荷され，大半は地域外で加工される。また，小麦は1999年まで統一価格の管理流通制度の下にあり，栽培しやすい品種が優先され，その大半は付加価値の比較的低いうどん用として出荷されていた。

転機が訪れたのは2000年からの民間流通の開始である。2009年には，独立行政法人食品・産業技術総合研究機構の北海道農業研究センターが13年かけて開発した小麦が優良品種に認定され，「ゆめちから」として品種登録された。「ゆめちから」は強力系の小麦であり，ブレンドすることでパンに適した品質となる。これを機に，帯広市を中心に結成された帯広市食産業振興協議会が「ベーカリーキャンプ」を開催し，全国のパン製造会社やパン職人との交流を実施した。こうしたなか，豆を中心に取り扱う地元食品商社の山本忠信商店（音更町）は，大手パン製造会社などとともに，農林水産省が立ち上げた「ゆめちから」の実用化を目指す食品開発プロジェクトに参画した。同社は，中小企業団体で培った地元小麦生産者とのネットワークを活かして地元小麦生産者と大手パン製造会社とのつなぎ役を果たし，「ゆめちから」を使用した全国流通のパンへと道を開くとともに，自らも十勝では初となるロール式製粉工場を新設して小麦粉の製造を開始した。大手パン製造会社もこうした動きに呼応するように2012年より「ゆめちから」を使用したパンを試験的に販売，2013年からは通年販売とし，最大手企業に対する差別化の大きな武器となった。さらには地域にも「ゆめちから」を原料とするこだわりのパン工房（製造小売業）がいくつも生まれ，今やパンは，チーズや牛肉と並んで「とかちブランド」を代表する食品の1つとなった。十勝では，緊密な農商工連携によって小麦の地域内加工の拡大を実現したのである。このように「1次産業としての農林漁業と，2次産業としての製造業，3次産業としての小売業等の事業との総合的かつ一体的な推進を図り，地域資源を活用した新たな付加価値を生み出す取組」を6次産業化という（農林水産業の定義による）。

また，極寒の冬がある十勝の中心街には，屋台が広がっており，観光名所ともなっている。その先駆けとなった「北の屋台」は借り受けた民有地の上に固定の施設として設置された新しいタイプの屋台施設である。店舗の種類は多く，地元食材を使った和食・洋食・中華・イタリアンなど多様なメニューを楽しめるようになっている。屋台の役割の大きなものは，飲食店のインキュベーションとしての役割である。契約は１期３年（更新可能）としており，店を開けるときは必ずオーナーが店に立つことを要求している。屋台を卒業した店は2017年現在36軒となっており，帯広市内だけでなく札幌市内で独立開業している店もある。地域の食材を活用した飲食店の集積を実現した「北の屋台」も，6次産業化の一形態と位置づけることができる。

(5)　揺れ動く日本の食産業と「とかちフードバレー」の取組

日本の農業は，国内の人口減少や高齢化の進行に伴う市場縮小に加え，TPPに代表される貿易の自由化による競争激化もあり，まさに「内憂外患」の状況にあるといえる。こうした状況の中で，十勝においても食産業集積を対象とした振興策が数多く打ち出されてきたが，19市町村にまたがる十勝全体の振興策を協議する場がないことや産業に関する共通ビジョンがないことから，成果につながりにくい状況にあった。

そこで2011年，十勝の食産業集積を推進する中心的な役割を担う組織として，十勝管内の関係自治体や試験研究機関，農林漁業団体，商工団体など41団体で構成する「フードバレーとかち推進協議会」が設立された。「フードバレーとかち」の使命は，地域の構成員が，自らの意思と責任にもとづき地域経済を確立していくため，十勝が持つ「価値」を再認識し，「食」と「農林漁業」を柱とした経済活動を行うことである。その具体的取組は，以下の３つに集約される。第１に，安全安心で良質な農畜産物の生産を推進し，１次産業（農林漁業）を成長産業にすることである。第２に，原材料の研究拠点に加え，加工を通じた付加価値の高い生産拠点として，魅力ある商品開発，ブランド力の向上などを推進し，食の価値を創出することである。そして第３に，十勝の物産の販路拡大や観光の魅力を積極的に発信することにより，十勝の魅力を売り込むことである。

2　ケースを解く：なぜ，産業は偏在するのか
——農業立地，工業立地の理論と実際

(1)　農業立地理論からみた十勝の農業

①チューネンの農業立地論

農業立地における J. H. フォン・チューネン（Johann Heinrich von Thünen）の理論を紹介しよう。チューネンは，①自然条件，肥沃度一定，②中心に市場（都市）が１つ，③交通路はなく農民は直線で市場に向かう，④外周部は荒れ地で終わり他地域と分離，⑤この市場圏内で自給自足，という５つの条件を満たした「孤立国」を想定し，この「孤立国」において，農業が最も合理的に経営されるときにはどのような土地利用となるかをモデルとして示した。

いま，

Y：土地１単位あたりの生産量

P：生産物１単位あたりの価格

C：生産物１単位あたりの生産費（原価）

T：生産物１単位・距離１単位あたりの輸送費

D：市場までの距離

とおくとき，土地１単位あたりの収益 R は

$$R=Y(P-C)-YTD$$

となる。

R は農作物の種類によって異なる。それぞれの価格，生産費が異なるだけでなく，農作物の重量や体積，腐敗しやすさなどによって輸送費が異なるからである。農業生産者は，合理的な農業経営をしようとすれば，それぞれの土地で R が最大化する農作物を生産することになる。R は結局のところ，農業生産者がその土地の所有者に最大支払ってもよい地代（付け値地代）を示している。

現代の農業に置き換えて考えると，市場（たとえば都市部）の周辺では，土地１単位あたりの生産量と価格が高く，単位あたりの輸送コストがかかり鮮度が要求される葉物（近郊農業），都市部から離れた地域では米，さらに離れた地域では，生産物１単位あたりの価格が比較的安いいも類などが生産されること

になる。

②十勝の農業立地の実際

では，上で示したチューネンの農業立地論を念頭に，実際の十勝の農業立地についてみていこう。ここでは，十勝の主要な農作物を3つのカテゴリ（①野菜・果実他，②穀・豆・いも類，③畜産）に分けて考察する。一般的に，土地生産性は高いが保存がききにくく輸送費がかさむのは①野菜・果実他であり，土地生産性は高くないものの輸送費が低いのは②穀・豆・いも類や③畜産である。

これらを十勝管内の19市町村別の産出額割合でみると，十勝の中心部である帯広市や芽室町では①野菜・果実他の割合が高く，その隣接部である更別村などでは②穀・豆・いも類の割合が高くなっている。一方，帯広市から遠い新得町，上士幌町，陸別町，足寄町，大樹町，広尾町，清水町などでは③畜産の割合が大きい。このように，産出品種の生産性や輸送費によってその立地が一定程度規定され，同心円的な立地分布が確認できる（図1-1および1-2）。

(2)　工業の立地条件と輸送費要因

①ウェーバーの工業立地論

工業も，農業と同じように，工場を営む企業がその収益を最大化できる場所を選定する。A. ウェーバー（Alfred Weber）は，工場立地に関する一般理論の中で，自然環境や工業用水の整備状況等その場所が持つ特定の立地条件（地域的因子）のほかに，①輸送費，②労働費，③集積要因の3つに着目した。ここでは，そのうち輸送費について考えてみよう。

いま，

T_M：製品1単位，距離1単位あたりの原料の輸送費

T_P：製品1単位，距離1単位あたりの製品の輸送費

D_M：原料産地から工場までの距離

D_P：工場から消費地までの距離

とおくとき，製品1単位あたりの総輸送費Vは

$$V=T_M D_M+T_P D_P$$

となる。

原料産地から消費地までの直線上のいずれかの土地に工場が立地するケー

図 1-1　十勝各地域の品種別農業産出額の構成（単位：%）

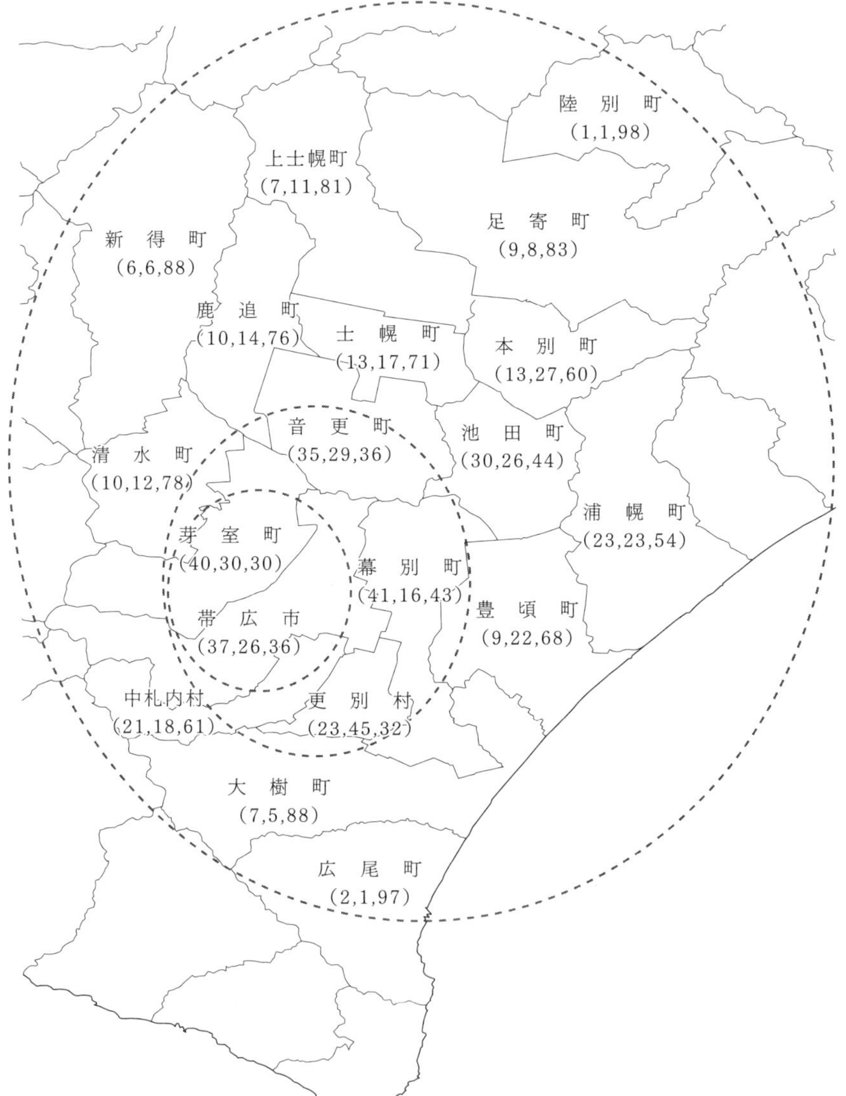

いずれも産出額構成比（%）（野菜果実他，穀豆いも類，畜産）
十勝全体＝（22,19,59）

（出所）十勝総合振興局「2017 十勝の農業」のデータをもとに筆者作成

図 1-2　農業立地論からみた十勝の農業立地

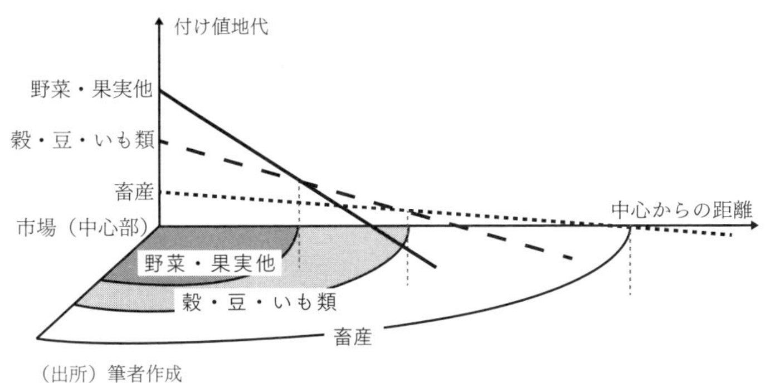

（出所）筆者作成

スを考えると，D_M+D_Pは一定なので，$T_M > T_P$ならばD_Mを最小にする地点，$T_M < T_P$ならばD_Pを最小にする地点において，それぞれVが最小になる。つまり，$T_M > T_P$であれば工場は原料産地近くにに立地し（原料地指向），$T_M < T_P$ならば工場は消費地近くに立地する（消費地指向）。

このことからウェーバーは，工場の立地は使用する原料の地域分布と利用様態によって決まるとした。まず原料を普遍原料（ある程度どこにでも存在し常に供給されるもの）と局地原料（局地的な分布を示す原料），さらに局地原料を局地・純粋原料（原料の重量が失われず，そのまま製品に移行する原料）と局地・重量減損原料（原料の重量の一部が生産過程において失われる原料）に分け，次のように工場立地が決まることを示した。

①主に普遍原料を使う場合，消費地に近い立地が有利

②主に局地・重量減損原料を使う場合，原料産地に近い立地が有利

③主に局地・純粋原料を使う場合，立地は原料産地と消費地との間で一義的には決まらない（どちらが有利かわからない）。

たとえば，日本において製鉄所が港の近くに立地している理由は，この理論である程度説明できる。鉄鋼の原料である石炭と鉄鉱石をほぼ輸入に頼っており，かつ鉄鋼の輸出が盛んな日本では，製鉄所が港に立地することによって輸送費を最小化できるからである。

②十勝の工業立地の実際

ウェーバーの輸送費要因の理論を十勝の食品製造業に当てはめて考えてみ

図 1-3　輸送費要因からみた工業立地

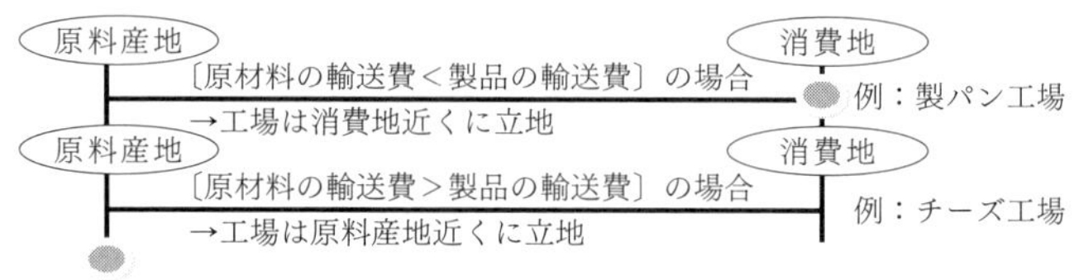

（出所）筆者作成

よう。ここで2つの食品を考えてみる。1つはチーズ，もう1つはパンである。チーズは，一般的に生乳にレンネット（子牛の胃からとった酵素）やスターター（乳酸菌）を加えて固め，ホエイ（水分）を取り除いて作る。通常，チーズをつくるためには，その約10倍の量の生乳が必要になる。製造段階において生乳の水分を飛ばすため，チーズにとってその主原料である生乳は「局地・重量減損原料」である。このため，原料産地に近い立地が有利となり，チーズ製造工場は，輸送費要因のみを考えた場合には十勝に立地することが有利であるといえる。

一方，パンは，小麦から小麦粉を挽き，水，イースト菌，調味料などを混ぜて発酵して膨らませて製造する。食パンの場合，小麦粉のおおよそ1.5倍の重量となる（容積はもっと膨らむ）。この場合，小麦粉は小麦とほぼ重量は変わらないため，製粉工場は原料産地でも消費地でも有利不利はそれほどないが，製パン工場は，水という普遍原料も重量を構成する原料となるため，消費地に近い立地が有利となる。十勝では，前節の統計でみたとおり，農業に比べ食品製造業の集積が薄いが，このことは輸送費要因によって説明できる。食品製造業において，原料産地立地（十勝）ではなく，消費地立地（東京や札幌）のほうが有利な場合が少なくないからである（図 1-3）。

③十勝の食品製造業をどのようにして拡充するか

では，立地に関する理論をもとに，十勝がより多くの食品製造業を立地させるための振興策を検討してみよう。たとえば，1つはチーズのような原料産地立地が有利な産業をターゲットとして，企業の誘致あるいは地域内創業を進めていくことである。もう1つは，その場所が持つ輸送費以外の立地要因，労働費要因や集積要因，労働費が比較的高い日本においては，とくに集積要因によって輸送費要因の不利を克服していくことである。集積要因として，ウェーバーは技術的設備の拡充，労働組織の拡充，経済組織全体への適合の促進，インフラの整備の４つを指摘している。また，A. マーシャル（Alfred Marshall）が技術伝播や補助産業の発達，設備の有効利用，熟練労働力の集中などを挙げ，ウェーバーも労働力や工場間の協力によって費用の節約がなされるとした。また，比較的新しい集積理論では，A.J. スコット（Allen John Scott）は，柔軟な分業における取引費用の節約などを挙げる。さらに，M. ストーパー（Michael Storper）によれば，取引以外の個人的な相互依存関係（関係性資産）もまた地域産業の発展に重要な役割を果たす。

ここで，前節で紹介した製粉事業を地域内で展開する山本忠信商店の事例を振り返ってみよう。パンにおいて，その原料となる製粉工場であれば，原材料（小麦）と製品（小麦粉）とで重量や容積が大きく変化しないため，小麦農家と製粉工場との相互のメリットを高めれば，その集積要因により十勝（原料産地）への立地も可能である。では，同社はいかにして製粉工場を地域内に実現させたのであろうか。

その原動力となったのは，「十勝産の小麦でパンを作りたい」と願う小麦農家と同社とのネットワークを基礎とした相互協力であった。小麦農家は，大手パン製造会社の工場で自分たちが生産した小麦が全国流通のパンになる工程を見学した際，強い達成感からか，「顔つきが変わった」という。地域内に製粉工場を先駆けて設立した同社の「十勝産の小麦でパンを作る」という目標が集積内の各アクター（企業や組織）に共有され，その実現に向けた連携・協力関係とそこから生み出される自己実現やブランド価値が相互のメリットとなり，プラスの集積要因を生み出したといえる。

(3)　十勝にみる日本の食産業集積の未来

前節で紹介した「フードバレーとかち」では，十勝の特性・優位性や蓄積されてきた産業基盤を活用し，「オール十勝」で産業振興に取り組み，生産・加工・流通・販売が結びついた十勝型のフードシステムをつくりあげていこうとしている。

従来，農業分野では工業や商業を中心とした地域産業論にみられるようなイノベーションと集積との関係についてはあまり議論されて来なかったように思われる。一方，工業や商業の分野では，地域性や生産・流通プロセスの独自性を重視した供給ネットワークの構築という視点が十分ではなく，農業分野の研究の知見を活用すべきである。今後は，食産業だけでなく他分野でも，1次産業から3次産業までを統合して地域産業を考える視点が重要であろう。

近年，食料（食糧）経済学の分野では，進展するグローバル化に伴う標準化されたグローバル・フード・ネットワーク（GFN）に対し，地域性や生産・流通プロセスの独自性を重視したオルタナティブ・フード・ネットワーク（AFN）という考え方が注目されている。そもそも品質の考え方は世界共通ではなく，歴史的経路や消費者および生産者の相互作用によって形成されてきたものであり，多様性を持つことや，GFN で起こりうる食の安全性などの諸問題への懸念などが AFN の背景にある。

十勝の取組は，十勝独自の AFN の構築と捉えることもできる。すなわち，肉用牛でみたように品種転換・多様化に向けたイノベーションを重視しながら，小麦でみたように業種の垣根を超えた相互の関係性をつくり出して集積の充実を図り，ブランド力を生かした「十勝型フードシステム」の構築である。

農業も食品製造業も「産業」である限り，競争から逃れることはできない。他方，GFN で世界中の量的・質的需要を網羅することもまた不可能である。重要なのは，農業，工業，商業の垣根を越えた連携のもと，地域性や生産・流通プロセスの独自性を重視したフードシステムを構築することである。日本の他地域と十勝では，もちろん産業の規模や条件が異なるが，こうした十勝の取組は，グローバル化の中で揺れ動く日本の食産業集積の未来に向けた範例となるであろう。

3　研究コーナー：グローカルビジネス論——地域産業のグローバル化

(1)　グローカルビジネスとは

日本の農業の厳しい状況も見方を変えれば，アジアなど海外では人口増加や経済成長に伴う市場の成長が見込まれており，これをビジネスチャンスとして

表 1-5　主要な品目の輸出額の推移（北海道）単位：百万円

品目		2012	2015	2016年
水産物・水産加工品		32,424	68,873	58,574
	ホタテガイ	10,776	44,336	38,676
	サケ・マス	5,415	6,132	5,888
農畜産物・農畜産加工品		1,774	3,794	4,153
	ながいも	1,199	1,852	1,834
	たまねぎ	1	566	880
その他加工食品		1,698	4,598	7,484
	スイーツ	926	3,169	5,472
	パスタ・麺類	112	116	121
合計		35,895	77,264	70,211

（出所）北海道（2017）「北海道食の輸出拡大戦略推進状況報告書：平成 28 年輸出実績／平成 28 年度取組状況」より筆者作成

捉えることが可能である。まさに国内の農家を保護しようとする「守りの農業」から，品質の高い農作物を武器に，企業家精神を発揮して発展を成し遂げようとする「攻めの農業」へと転換する時期でもある。十勝は，こうした「攻めの農業」のモデルとして日本の農業をリードしていくことが期待されている。

近年，市場のグローバル化とアジア経済の台頭，日本文化への世界的評価の高まりなどを背景として，国内各地域における独自の資源（地域資源）を活用し，主に当該地域の市場をターゲットとしていた中小企業が，アジアを中心とした海外市場へと事業を展開する動きが活発となっている。地域資源とは，国内各地域における独自の資源であり，特産品や地域ブランド品など，製品・サービスの特徴に直結するものをいい，「中小企業による地域産業資源を活用した事業活動の促進に関する法律（中小企業地域資源活用促進法)」では①農林水産物，②鉱工業品及びその生産技術，および③観光資源をその３類型としている。十勝を含む北海道でも，様々な地域産品の輸出が活発となっている（表 1-5)。

「グローカルビジネス」とは，「地域資源を活用した製品・サービスによる，グローバルな市場をターゲットとしたビジネス」である（表 1-6)。ここでは，「地域ビジネス」から「グローカルビジネス」へと展開していく際の特有のマネジメントを明らかにしていく研究について紹介する。グローカルビジネスは，各地域にとって新たな移出財となるだけでなく，外国人旅行客向けの酒

表 1-6　本研究における「グローカルビジネス」の概念

		特定地域の地域資源の活用，地域性	
		な　し	あ　り
ターゲット市場	地域・国内	国内ビジネス	地域ビジネス
	海外・グローバル	グローバルビジネス	グローカルビジネス

（出所）筆者作成

蔵ツアーや果物の収穫体験につながるなど，インバウンドとの相乗効果も期待され，地域活性化の有効な方策の１つである。グローカルビジネスがターゲットとする市場は海外各国を視野に入れたグローバル市場であり，ここでは直接輸出や海外拠点への直接投資のほか，間接輸出や海外フランチャイズなど多様な展開形態をも広く含む。

(2)　十勝の事例　――十勝の焼肉が香港に

第１節で紹介した，乳用牛から肉用牛へと転換したオークリーフ牧場は，六次産業化の一環として焼肉店を併営している。本店は十勝・芽室町で，赤煉瓦倉庫だった建物を改装した焼肉店として 2008 年にオープンした。この焼肉店は，ミシュランガイドのビブグルマン（5000 円以下で食事ができるおすすめレストラン）に選定されている。2013 年に，香港の大手外食グループから「オークリーフ牧場の焼肉店を香港で出店したい」とのオファーがあった。当初は断ったそうだが，2016 に再オファーを受けて，フランチャイズのようなかたちで出店した。レシピ，肉はすべて十勝から持ち込み，十勝の店の味をできるだけ忠実に再現する。店内設備，備品も十勝の店舗の雰囲気を持たせるようにした。価格は十勝店の 1.5 倍程度と高いが，香港の日本式（日式）焼肉店の相場から考えればリーズナブルであるという。一方，香港の市場ニーズに合わせる部分も必要である。たとえば，メニューには香港で人気のある「焼きしゃぶ（すき焼きスタイル)」を採り入れている。

十勝では，他にも多様な地域産品が海外展開に成功している。たとえば帯広市西部を中心とする「十勝川西長いも」は，アメリカ，台湾を中心に輸出が盛んであり，さらに現在では，海外で好まれる「4L サイズ」の大型長いもの生産に取り組んでおり，「攻めの農業」の代表例ともなっている。

(3) グローカルビジネスのマネジメント

グローカルビジネスにおいては，地域資源によって特徴を付与された製品・サービスを差別化要素としながら（異質性），一方で市場に受容されること（同質性）が重要となる。経営資源に制約があり，交渉力にも市場戦略にも困難性を抱える中小企業が中心のグローカルビジネスの場合，差別化の源泉である地域資源を活用し，差別化戦略によって競争力を確保するため，異質性と同質性の程度を調整することで，差別化を維持しながら市場の受容性を高めることが重要となる。

【演習問題】

①十勝の農業は，生産品種を拡大させながら発展してきた。品種拡大を促進する地域内の原動力は何か，それらを挙げてみよう。

②食品工場のなかには，十勝には立地せず，むしろ首都圏など市場地に近い場所に立地する工場もみられる。十勝産の農作物を原料とした食品工場のうち，どのような工場が市場近くに立地しているか，またその背景にはどのような理由があるか整理してみよう。

③地域の産品を海外市場へと展開するグローカルビジネスが地域にどのように貢献するか。グローカルビジネスの地域における役割を多面的に論じてみよう。

【文献案内】

松原宏［2012］『産業立地と地域経済』放送大学教育振興会。

本章で紹介した農業立地の理論や工業立地の理論のほか，商業・サービス業立地の理論など，産業立地の基礎理論をわかりやすく整理している。また，グローバル化とローカル化の局面に分けて，産業立地や産業集積の特徴，地域経済への影響などを明らかにしている。

伊丹敬之・松島茂・橘川武郎編著［1998］『産業集積の本質―― 柔軟な分業・集積の条件』有斐閣。

東京都大田区，愛知県一宮など多数の事例を用いながら産業集積を分析し，産業集積の形成，存続そして崩壊のメカニズムを解明しようとしている。とくに，産業集積を内部の視点だけでなく，外部からの視点で考察するという点が本書の大きな特徴である。

川端基夫［2016］『外食国際化のダイナミズム――新しい越境のかたち』新評論。

食関連産業のうち，サービス業の有力形態の外食業の国際化について取り上げている。外食産業は，中小企業が多く製造業の国際化とは異なる特徴を持つ。フランチャイズの普及など「新しい越境のかたち」が一般化するなか，国際化の現場で生じている課題も検討している。

高柳長直［2006］『フードシステムの空間構造論』筑摩書房。

グローバル化によって食と農の空間構造がどのように変化していったのかを明らかにするとともに，新たに発生する食の安全などの課題にも言及している。また，そのなかで日本の農業がどのように対処すべきなのかを丁寧に考察している。

根本孝編著［2004］『グローカル経営』同文舘出版。

「グローカル経営」という概念を用い，大企業のグローバル化を主な研究対象として，本国に賦存する経営資源を活用し，異質性ある市場に対し，標準化と現地適合化をいかに図っていくかが重要であるとしている。

【参考文献】

ウェーバー，A.（篠原泰三訳）［1986, 原著 1909］『工業立地論』大明堂。

スコット，A.J.（水岡不二雄監訳）［1996, 原著 1988］『メトロポリス――分業から都市形態へ』古今書院。

ストーパー，M.［1997］The Regional World, Territorial Development in a Global Economy. New York: Guilford Press.

チューネン，J. H. von（近藤康男訳）［1974, 原著 1826］『農業と国民経済に関する孤立国：穀価，土地肥力及び租税が農業に及ぼす影響に関する研究』農山漁村文化協会。

マーシャル，A.（馬場啓之助訳）［1966, 原著 1890］『経済学論理』東洋経済新報社。

奥山雅之［2018］「中小企業によるグローカルビジネス・マネジメントに関する一考察：国際戦略行動分析の視点と理論的枠組」日本マネジメント学会編『経営教育研究』Vol.21，No.2，学文社，pp.29-40。

帯広市［2003］『帯広市史』。

帯広市産業連携室［2017］「FOOD BALLEY TOKACHI」。

帯広市農政部農政課［2012］『とかち農業ストーリー vol.1』ソーゴー印刷。

川端基夫［2016］『外食国際化のダイナミズム：新しい越境のかたち』新評論。

北の起業広場協同組合提供資料［2017］「北の屋台でまちづくり」

高岡美佳［1998］「産業集積とマーケット」伊丹敬之・松島茂・橘川武郎編著『産業集積の本質：柔軟な分業・集積の条件』有斐閣，pp.95-129。

高柳長直［2006］『フードシステムの空間構造論』筑摩書房。

十勝総合振興局 HP（www.tokachi.pref.hokkaido.lg.jp）［2018 年 4 月 28 日閲覧］。

根本孝編著［2004］『グローカル経営』同文舘出版。

フードバレーとかち推進協議会 HP（www.foodvalley-tokachi.com/）［2018 年 4 月 28 日閲覧］。

松原宏［2012］『産業立地と地域経済』放送大学教育振興会。

第2章

岩手県盛岡・水沢の南部鉄器産地

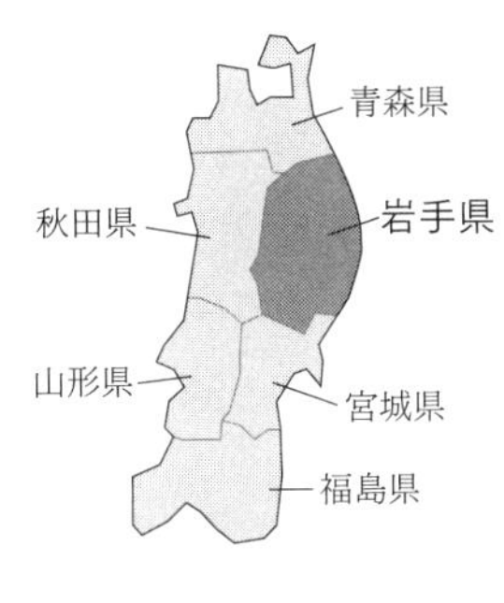

盛岡・水沢のプロフィール

●岩手県の2つの鋳物産地

●人口：盛岡市292,158人，旧水沢市（現奥州市水沢地区）55,822人。

●自然・地理・歴史：盛岡市は，1633年に南部藩主の南部重直が盛岡城を居城としたころから城下町として栄えてきた。現在も盛岡城跡周辺は，行政機関や商店が集まる県の中心地となっている。旧水沢市は，奥州藤原氏が栄えていた時代には，その勢力下にあった。江戸時代から明治維新に至るまでは，仙台藩の一門の伊達氏による支配が続いた地域である。

●主な産業・産業構造：盛岡市も旧水沢市も事業所数のうえでは，卸・小売業がもっとも大きな割合を占めている。ただし，盛岡市には伝統的工芸品の南部鉄器，旧水沢市には鋳物の日用品や機械部品を製造する歴史のある企業が存在している。

●代表的な企業・機関：盛岡市には，伝統的工芸品の南部鉄器や鋳物の鍋やフライパンなどのキッチンウェアを手がける株式会社岩鋳が立地している。旧水沢市には，伝統的な鉄瓶などを製造する鋳造業の企業もあるが，機械鋳物を製造する企業が数多く立地しており，奥州市鋳物技術交流センターが開設されている。

●特記事項：旧水沢市は，2006年に近隣の江刺市と2町1村が合併して奥州市となった。

キーワード：地場産業　伝統的工芸品　産地　南部鉄器　集積　産業地域

本章のねらい

全国各地には，陶磁器や織物，金属器などの地場産業製品を生産する産地が数多く存在している。しかし，1980年代以降，円高により国内からの地場産業製品の輸出は相対的に割高になるとともに，海外で安価な類似品が生産されるようになり，産地企業は国内外の市場を奪われていった。また，日本人の生活様式の変化により需要が先細りになっている製品もみられる。こうしたなかで，岩手県の盛岡市と旧水沢市で生産されている南部鉄器は，近年，海外で注目され，産地も活気を取り戻しつつある。本章では，南部鉄器産地の事例をとおして，産地の復活の可能性について検討する。

1　ケースを見る：南部鉄器産地の形成と発展

(1)　盛岡南部鉄器産地の形成

近年，国内の一般の家庭において，真っ黒な鉄瓶を見かけることは少なくなった。しかし，海外に目を転じると，中国では，鉄瓶で沸かしたお湯でお茶を入れるとおいしいと評判になり，富裕層のあいだで鉄瓶ブームが起こった。また，ヨーロッパでは，カラフルに着色された鉄瓶が人気を集めている。

これらの鉄瓶に代表される南部鉄器は，岩手県盛岡市と旧水沢市（現奥州市水沢地区）を中心とする地域で生産されている。同じ県内に位置しているものの，それぞれの産地の起源は異なっている。ここではまず，盛岡に南部鉄器産地が形成された背景を紹介していく。

盛岡で南部鉄器づくりが行われるようになったきっかけは，盛岡城を居城とした歴代の南部藩主が茶道を奨励したことにある。とくに第3代藩主南部重信は，茶道に力を入れ，1659年に京都から小泉五郎七清行を「御釜師（おかまし）」として迎え入れ，茶釜の生産にあたらせた。小泉家の歴代の当主は，御釜師として幕末まで南部藩に召し抱えられることになった。また，小泉家以外にも，有坂，鈴木，藤田といった一族が「御鋳物師（おいもじ）」として南部藩に召し抱えられた（もりおか歴史文化館活性化グループ［2016］）。彼らによって生産された茶釜は，幕府や他藩への贈答品として用いられていた。

いわゆる「南部鉄瓶」は，茶釜を小型化して，「つる」と「注ぎ口」をつけたもので，1770年代半ばに3代小泉仁左衛門によって創作されたとされている。当時，茶道の世界で煎茶法が流行していた。煎茶法では，それまで土瓶が使われていたが，土瓶に代わるものとして考案されたのが鉄瓶であった。第8代藩主南部利雄は，鉄瓶を気に入り，贈答品としても活用したといわれている。

このように盛岡の南部鉄器産地は，南部藩の歴代藩主の庇護のもとで形成された。同藩の茶道の奨励と密接に結びつく形で発展したところに特徴がある。そのため，今日も茶釜や鉄瓶など伝統的な製品を手掛ける業者が多くみられる。

なお，鉄器を生産するのに必要な砂鉄(1)は，盛岡から北東に位置する久慈から調達し，鋳物砂(2)は雫石川や北上川の川砂が利用され，木炭(3)は北上山地からもたらされていた（岩本［2000］）。いずれも，盛岡周辺の地域から調達されている。

(2) 水沢鋳物産地の形成

旧水沢市周辺での鉄器づくりの起源は，後三年の役（1083年～1087年）の後に奥州藤原氏の清衡が現奥州市江刺地区岩屋堂の豊田の館に移住した際に，近江から鋳物師を招いて日用品の鍋や釜を作らせたことにさかのぼる。その後，鋳物師たちは，清衡らとともに平泉に移り住み，藤原氏の庇護のもとで中尊寺などの寺院の仏具を鋳造したとされている。しかし，奥州藤原氏の滅亡の後，鋳物師たちは現在の旧水沢市羽田町あたりに移住したと伝えられている。

さらに，室町時代に入ると，京都聖護院の鋳物師，長田正頼が奥州に下り，水沢で鋳物業にたずさわる千葉家に身を寄せたとされている。正頼によって，最新の鋳造技術が水沢に伝えられたのではないかと指摘されている(4)。千葉家の鋳物業を継いだ正頼は，当時，この地を支配していた葛西氏に召し抱えられた。

戦国時代，江戸時代に移っていくと，仙台藩の一門である水沢伊達氏がこの地域を治めるようになった。鋳物師たちは，伊達氏の庇護のもとで日用品の鍋や釜，農具のほか，大砲などの軍需品も鋳造していたという。また，一部の鋳物師は，茶釜の生産にも従事していた。しかし，水沢での鉄器づくりは，盛岡とは異なり，日々の生活に用いられる実用品が中心であった。

この地域の鋳物づくりに使用される砂鉄は，近接する江刺，東山，気仙で産出されたもので，鋳物砂は北上川の人首川と伊手川の合流地点から手配し，木炭は江刺，東磐井の北上山地から供給されたという（岩本［2000］）。水沢鋳物産地も鋳物づくりに必要な原料や燃料が近隣で入手できる条件にあった。

(3) 明治から大正期の盛岡・水沢産地の変遷

これまで両産地の形成の経緯をみてきたが，どちらも地域の支配者の庇護のもとに置かれていた。現在は，同一県内の産地ではあるが，江戸時代には盛岡は南部藩，水沢は仙台藩というように異なる藩によって治められていた。しかし，明治時代を迎えると，両産地ともに藩からの支援を失うことになった。

盛岡では，南部藩による支援を失うものの，1877 年の第 1 回内国勧業博覧会に 6 代小泉仁左衛門と 21 代有坂富右衛門が鉄瓶を出展し，賞牌を授与されている。このように，明治期になっても鉄瓶づくりが受け継がれていったことがわかる。1900 年には盛岡鉄瓶業組合が設立され，1909 年には業者の有志により南部鉄瓶研究会が設立され，さらに，1910 年には盛岡市長により南部鉄瓶改良研究会が設立された。大正時代になると，1914 年には，旧南部藩主の当主南部利淳によって南部鋳金研究会が設立されている。これらの研究会では，講師を招いてデザインや鋳造，着色などの講習が行われ，展覧会への出品が奨励された。このような機会を通して，盛岡産地の業者は，伝統を継承するとともに，デザインや技術の研鑽を積んでいった。

一方，水沢では，1881 年に開催された第 2 回内国勧業博覧会において，当地の佐藤万三郎が入賞したという記録が残されている。また，上記の盛岡で結成された南部鋳金研究会に 3 名の研修生を派遣するなど，伝統的な鋳物技術を継承する取り組みもみられた。

さらに，水沢では，産地が飛躍するきっかけがおとずれることになる。それは，1890 年に上野から盛岡，翌年の 1891 年には青森まで東北本線が開通したことである。水沢産地の有力業者は，鉄道開通を機に鍋・釜などの日用品の鋳物の販路を東北から北海道まで拡大したといわれている。販路の拡大に合わせて，大規模な工業経営や技術の近代化によって生産拡大が図られた。それにより，水沢は，東北一の鋳物生産地に飛躍していった。

(4) 現代の盛岡・水沢産地

昭和に入ると金融恐慌や世界恐慌で経済が混乱し，やがて戦時体制に向かっていくことになる。こうした影響は，両産地にも及んでいくことになった。日中戦争が本格化した1938年には，鉄統制令が施行され，鉄の利用は軍需が優先されることになった。太平洋戦争がはじまった1941年には，鉄瓶製造は全面禁止の措置がとられた。

このような過程で両産地の業者は，軍需工場の下請に組み込まれたり，廃業を余儀なくされたりするなど苦難に直面することになった。なお，伝統工芸技術保存のために盛岡で16名，水沢で6名の鋳物師が鉄瓶製造を許可された（堀江［2000］）。盛岡では，この16名を支援するために，旧南部藩の当主南部利英を会長とする南部鉄瓶技術保存会が結成されている。

終戦を迎えると，両産地ともに鍋や釜などの日用品の生産が再開された。また，戦後，水沢では，機械の部品となる機械鋳物の生産に転換する動きが本格化していくことになる。その背景には，戦時中に軍需工場の下請に組み込まれたことで軍需製品の部品生産に携わったことや，終戦直前に旧江刺町に疎開してきた中島飛行機株式会社(5)が，戦後，富士産業株式会社となり水沢に工場を開設したことが挙げられる（岩本［2000］）。同社との取引を通して，機械鋳物を生産する鋳造業者が増加していくことになった。

盛岡の業者は，伝統的な鉄瓶作りを志向する傾向が強いのに対し，水沢では，伝統的な鉄瓶を生産している業者もみられるが，機械鋳物を中心とする産地になっていった(6)。現在，水沢における鉄瓶や釜などの南部鉄器の売上は，機械鋳物の約5分の1となっている(7)。

(5) 岩手県南部鉄器協同組合連合会の設立と伝統的工芸品の指定

これまで述べてきたように，盛岡と水沢は，同じ鋳物の産地ではあるが，異なる産地として形成・発展を遂げてきた。そのため，盛岡で作られる鉄瓶をはじめとする工芸品を「南部鉄器」と称し，水沢で作られる鋳造品は「水沢鋳物」と称されている。しかし，水沢で作られる鉄瓶なども「南部鉄器」と称されるようになっている。

その理由としては，盛岡の鉄器業者で組織される「南部鉄器協同組合」と水沢の鋳物業者で組織される「水沢鋳物工業協同組合」が共同して，1959年に県内の統一組織として「岩手県南部鉄器協同組合連合会」を設立したことにあ

表 2-1　産地組合の概要

組合名	南部鉄器協同組合	水沢鋳物工業協同組合
企業数	17 社	54 社
従業員数	約 150 人	約 569 人

（出所）南部鉄器協同組合への聞き取りおよび水沢鋳物工業協同組合のホームページを参照。

る。なお，現在の両組合の概要は表 2-1 のようになっている。

さらに，1975 年には，特定の製造工程，技術・技法，原材料を用いて生産される両産地の鉄瓶や茶釜などが「南部鉄器」として「伝統的工芸品」に指定された[(8)]。こうしたことから，両産地で生産される鉄瓶などの工芸品は，いずれも「南部鉄器」と呼ばれるようになっている。

両産地が協力関係を強化していったのは，鉄瓶などの需要が先細りになることが懸念されていたからだと思われる。実際に 1950 年代後半頃には，アルミ製のヤカンや鍋が家庭に普及していくことになった。こうした代替品の普及による需要の落ち込みに対応するために，灰皿や風鈴，すき焼き鍋といった鉄製の鋳物製品の生産・販売にも力が入れられるようになっていった。

(6)　南部鉄器の売上と輸出の動向

ここでは，近年の南部鉄器の売上の動向をみていくことにしたい。ただし，盛岡の業者で組織されている南部鉄器協同組合の売上動向は明らかにされていないので，水沢鋳物工業協同組合の南部鉄器の売上の動向を取り上げていく。

図 2-1 は，水沢鋳物工業協同組合における「南部鉄器[(9)]」の売上の推移を示している。1975 年以降をみると，おおよそ 2 回のピークがある。まず 1 回目のピークは，1990 年代はじめにかけての「バブル経済」期である。この時期は，好景気の影響もあり高価な工芸品・美術品を買い求める動きが広がった。また，販促品や記念品として小物の鋳造品を顧客や社員に配布する企業もみられた。しかし，「バブル経済」の崩壊により，消費者のあいだで高級志向が弱まるとともに，企業は経費節減のため販促品などの配布を控えるようになっていった。

2 回目のピークは，1990 年代末に訪れた。この時は，鉄瓶が鉄分の補給に優れていることがマスコミで紹介されたことがきっかけとなり，鉄瓶ブームが

図 2-1　水沢鋳物工業協同組合の南部鉄器売上の推移

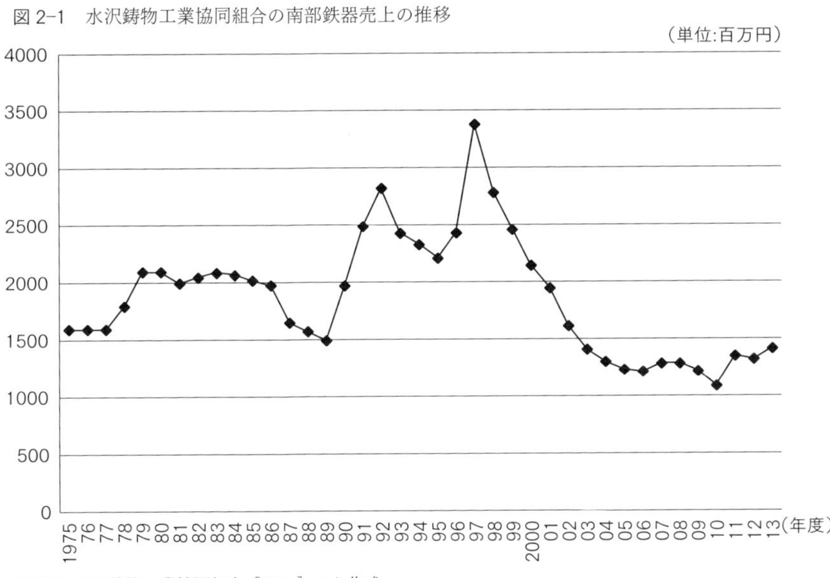

（出所）水沢鋳物工業協同組合［2014］より作成。

図 2-2　南部鉄器の輸出額

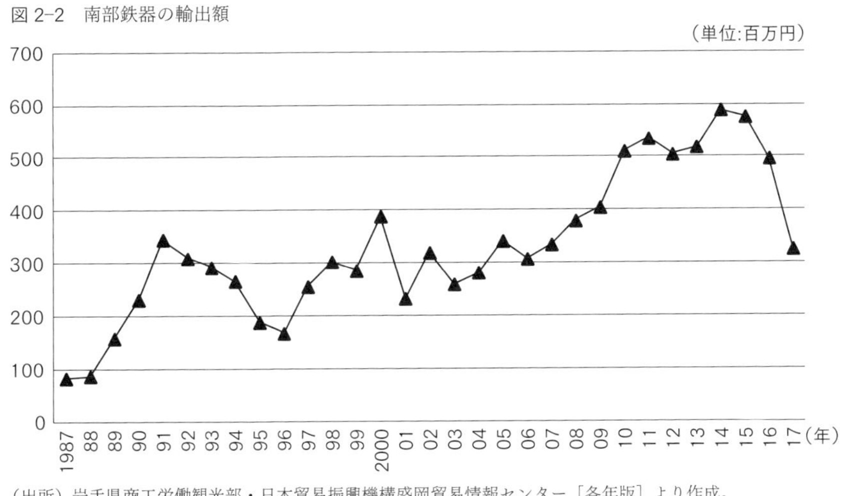

（出所）岩手県商工労働観光部・日本貿易振興機構盛岡貿易情報センター［各年版］より作成。

起こった。このブームに乗じて，海外で生産された安価な模倣品が出回るようになった。そのため，両産地の組合は，模倣品排除に取り組まなければならなかった。しかし，ブームは一過性のものに過ぎず，売上は減少していったが2010年頃から，売上減少に歯止めがかかり，持ち直しの兆しが現れている。

次に，図2-2は，南部鉄器の輸出額の推移を示している。なお，この輸出額は，盛岡と水沢の両産地の業者を合わせた額となっている。南部鉄器の輸出額は，2003年頃から2014年にかけて増加傾向にある。後述するように，ヨーロッパでカラフルに着色された鉄瓶が評判になったのが2000年代初期であり，中国の富裕層のあいだで鉄瓶ブームが起こったのは2010年である。なお，2017年には北米向けの輸出が減少したことにより，輸出額が落ち込んでいるが，中国やヨーロッパ向けの輸出は堅調に推移している。

(7) カラフルな鉄瓶の開発

従来，鉄瓶といえば黒が定番であり，その他にはグレーや赤茶など地味な色合いのものに限られていた。だが，今日では，赤や青，緑，黄色，黄緑などカラフルな鉄瓶をみることができる。カラフルな鉄瓶は，ヨーロッパで評判となり，その後，アメリカや日本の市場にも徐々に浸透していった。このカラフルな鉄瓶を開発したのは，盛岡の南部鉄器業者の最大手の株式会社岩鋳である。

同社は，1902年に創業され，1962年に株式会社となった。110余年の歴史を有するが，盛岡の南部鉄器業者のなかには江戸時代から続く老舗もあることから，“新進気鋭”の企業ともいえよう。実際に伝統的な南部鉄器の製造手法を維持する一方で，他社に先駆けて製造ラインの機械化や自動化も実現してきた。また，製造過程が見学できる工房やショールーム，販売施設を開設するなど観光的な面からも南部鉄器の業界を盛り上げてきた。

同社は，1970年代半ばから海外で開催される展示会に参加するなど，積極的に輸出にも取り組んできた。しかし，当初は，輸出量が伸びずに苦戦を強いられていた。そこで，同社は，海外の市場調査を実施することになった。調査の結果，鉄瓶の形状は評価されているものの，黒やグレーなどの伝統的な色合いではヨーロッパの消費者には受け入れられないことが明らかになったのである。

この市場調査の結果を踏まえて，ヨーロッパ市場で受け入れられる色合いを表現する着色技術の開発に取り組んでいくことになった。約5年の歳月をかけ，

図2-3　赤，緑，黄等カラフルな鉄瓶

（出所）筆者撮影

ウレタン樹脂塗料を焼き付けた後にカラー塗装を施し，さらに手作業により磨き上げるといった技術に行きつくことになった。また，表面の着色だけではなく，鉄瓶の内側には，鉄さびを防止するためにホウロウ加工が施されている。ヨーロッパでは鉄瓶がティーポットとして使用されていることや，鉄瓶の使用や手入れに慣れていない外国人を考慮して追加された加工である。

同社が開発したカラフルな鉄瓶（ティーポット）は，フランスの有名紅茶店から注文を受けるなど，1980年頃から徐々にヨーロッパで人気が高まっていくことになった。また，同社に追随するかたちで，盛岡・水沢の他の業者もカラフルな鉄瓶（ティーポット）を製造・販売するようになっていった（図2-3参照）。

(8)　中国での南部鉄瓶ブーム

ヨーロッパ向けのカラフルな鉄瓶（ティーポット）とは異なり，中国では伝統的な黒の鉄瓶が人気となっている。中国で鉄瓶ブームが起こったきっかけは，2010年に開催された上海万博に南部鉄瓶が岩手県の支援を受けて出展したことである。この万博において，岩手県は，友好協定を結んだ中国のプーアール市やプーアール茶の販売業者と共同で出展し，南部鉄瓶とプーアール茶の相性のよさをアピールしたのである。

南部鉄瓶で沸かしたお湯は，鉄分が溶け出すことで雑味がなくなり，お茶がおいしくなるといわれている。水質のよくない中国では，南部鉄瓶の効果がいっそう発揮される。こうしたことから，富裕層のあいだで南部鉄瓶が普及していくことになった。また，中国で評判が高まるとともに，中国人バイヤーが盛岡や水沢を訪れ，大量に鉄瓶を購入する「爆買い」ともいえる現象も起こった。

近年，地場産業製品の多くは，国内外で市場を奪われたり，需要そのものが先細りになったりしている。その結果，地場産業の産地の企業は，倒産や廃業を余儀なくされ，縮小・消滅に向かっている産地も少なくない。こうしたなかで，新製品開発や海外の販路開拓に成功した株式会社岩鋳や南部鉄器産地の事例は，地場産業の産地の振興を検討するうえでさまざまなヒントが得られるのではないかと考えられる。

2　ケースを解く：なぜ，産地企業が製品開発と海外販路開拓により，産地復活できたのか

(1)　特定地域における産業の集積

これまで盛岡と水沢における南部鉄器づくりについて取り上げてきたが，特定の地域に特定の産業が集積する現象については，古くから考察の対象とされてきた。新古典派経済学の父と称されるマーシャルも特定の地域に産業が集積する地域を産業地域として注目していた。マーシャル［1966，原著 1890］は，集積が形成される理由として，自然的条件が重要な役割を果たしていることや宮廷の庇護によるもの，支配者が職人を呼び寄せたことを挙げている。

先に指摘したように，盛岡や水沢も鉄器づくりに必要な原料や燃料が周辺地域で入手できるという自然的条件に適っていた。また，盛岡では南部藩の歴代藩主が茶道を奨励したことにより茶釜や鉄瓶をつくる鋳物師が「御釜師」，「御鋳物師」として庇護されていた。水沢でも奥州藤原氏など，この地の支配者たちが鋳物師を呼び寄せ，庇護してきたことが集積を形成するきっかけであった。

さらにマーシャル［1966，原著 1890］は，集積がひとたび形成されると，長期にわたり持続されるとして，その理由を４点挙げている。

①　集積内では技術や知識が伝播しやすく，新たなアイデアを生む素地がつくられること。
②　近隣に道具や原材料を供給する補助的な産業が成長することで集積内の

企業を助けること。

③　集積内では生産規模が拡大するので，高価な機械を高頻度で利用することになるので，小規模な企業であっても経費を回収できること。

④　特殊な技能をもった労働者が集まることになり，使用者は彼らを自由に選択して雇えるようになること。

こうして集積が形成されると，産業上の雰囲気である産業的風土が醸成されることになることも指摘している（マーシャル［1986，原著1923］）。特定の地域に産業が集積することで生産規模が拡大し，その結果として得られる「外部経済」の効果については，マーシャル以降にもさまざまな視点から研究が展開されていくことになった。

(2)　産業地区における柔軟な専門化

1970年代以降，先進経済国における大量生産体制が行き詰まりをみせるようになっていった。その一方で「第3のイタリア(10)」に代表される熟練労働者によるクラフト的生産の伝統を残す地域が経済的に好調であることが注目されるようになった。このようなことから，再び産業地域や産業集積をめぐる議論が活発になっていった。

こうしたなかで，ピオリ＆セーブル［1993，原著1984］らは，躍進する産業地域では専門化した中小企業が相互に柔軟に組み合わされることで，不安定な市場に対応するとともに，技術革新を生み出すなど優位性を発揮していることを指摘した。このような「柔軟な専門化」による生産システムは，大量生産体制に取って代わるものとして提示された。

ピオリ＆セーブル［1993，原著1984］らは，伝統産業のみならず機械産業やハイテク産業などにも言及したこともあり，幅広い議論を引き起こしていくことになった。1990年代以降，日本においても産業集積に関する研究が活発化するだけではなく，中小企業政策や地域政策の対象として産業集積が取り上げられるようになっていった。ただし，日本において産業集積が研究や政策対象として盛んに取り上げられるようになったのは，国内の多くの産業集積が縮小・解体の危機にあるといった認識が広がったためでもある。

表 2-2　産業集積の類型

中小企業白書区分	企業城下町型	産地型	都市型
業種特性	重工業素材型 重工業加工型 業種が多い。 （鉄鋼・化学・自動車・電機）	軽工業素材型 軽工業加工型 業種が多い。 （繊維・家具等）	重工業加工型 業種が多い。 （機械金属の部品加工組立等）
立地特性	全国各地に散在 （特定大企業の工場周辺地域。豊田市・日立市等）	全国各地に散在 （年間生産額5億円以上は全国に約500産地）	大都市圏に集中 （東京都大田区・東大阪市等）
企業特性	特定大企業と下請企業群の垂直的分業構造（系列）が構築されている。	同一業種に属する特定製品を地域内の経営資源を基盤に生産する企業が多い。 伝統産業に関わる企業が多い。	業種は多岐にわたり，受注先も地域内外に多く，特定企業への依存度が低い。 設計開発・研究開発型企業が比較的多い。

（出所）中小企業庁編［2006］を参考に筆者作成。

(3)　産業集積の類型

ここでは，改めて産業集積の特徴を類型ごとに整理しておきたい。産業集積についての統一的な定義は存在しないが，中小企業庁編［2006］によれば，「地理的に近接した特定の地域内に多数の企業が立地するとともに，各企業が受発注取引や情報交流，連携等の企業間関係を生じている状態のこと」とされている。つまり，産業集積とは，単に地理的に多数の企業が集まっているだけではなく，企業間に何らかの関係が生じていることをも含意している。

産業集積は，表 2-2 のように大まかに 3 つの類型に整理することができる。第 1 の類型は，特定の大企業を頂点として，その下請や系列の企業群からなる「企業城下町型」の集積である。トヨタ自動車を頂点とする愛知県豊田市周辺地域や日立製作所を頂点とする茨城県日立市周辺地域などが典型的な企業城下町型の集積である。

第 2 の類型は，主として中小企業が特定の製品の生産や流通を担っている「産地型」の集積である。産地型の集積では，地域内の経営資源を基盤として製品が生産されている。細分化された工程ごとに中小企業が分業しているケースが多く，産地問屋や製造卸が各工程の取りまとめ役となっている。産地問屋や製造卸は，製品の企画を行うとともに，消費地の問屋や小売業者への販売の

表 2-3　産地平均の企業数・従業者数・生産額・輸出額

年	対象産地数	1産地平均企業数	1産地平均従業者数	1産地平均生産額(億円)	1産地平均輸出額(億円)
1966	188	261	3,333	68.3	13.6
1972	310	266	-	124.6	26.9
1977	326	310	2,904	259.0	48.9
1981	436	258	2,465	313.0	36.4
1985	551	224	1,901	275.0	29.9
1990	543	191	1,716	297.5	18.7
1995	537	153	1,313	225.2	11.8
2000	553	109	1,027	203.7	8.6
2005	573	87	924	167.2	6.5
2015	578	52	642	123.0	11.8

注：各項目により回答産地数が異なる。
（出所）中小企業団体中央会［2005, 2006］，日本総合研究所［2016］より作成。

窓口としての役割も担っている。各地にみられる地場産業の産地の多くは，産地型の集積である。

第3の類型は，専門的な加工技術を備えた中小企業や設計開発・研究開発に関わる企業によって構成される「都市型」の集積である。都市型の集積に立地する中小企業の多くは，特定の業種や1つの大企業からの受注に依存することなく，多様な業種の企業からの発注に対応している。東京都大田区を中心とする城南地域や大阪府東大阪市を中心とする地域が典型的な都市型の集積である。

(4)　全国の地場産業の産地の現状

中小企業庁によると全国には578の産地が存在している[(11)]。産地の平均企業数などは，表2-3のようになっている。1産地当たりの平均企業数は，1970年代後半を境として減少に転じている。同じく平均従業者数は，1960年代半ばから一貫して減少をたどっている。また，平均生産額は，バブル経済期にやや持ち直すものの，1990年以降は再び減少傾向をたどっている。平均輸出額は，円高が進んだ1980年代から減少に転じているが，近年，増加傾向を示していることは注目に値する。ただし，国内の産地は，概して長期的に縮小しているといえよう。

国内の地場産業の産地は，戦後，輸出を拡大することで成長を遂げてきたところが少なくない。しかし，たび重なる円高の進展や国内の人件費の上昇により輸出競争力を失っていった。また，国内需要に依拠していた産地も海外で生産される安価な類似品や模倣品が輸入されるようになり，国内市場でも苦戦を強いられている。さらに，日本人の生活様式の変化にともない国内での需要が先細りになっている地場産業製品もある。そのため，このような地場産業製品の生産に携わってきた産地の多くは，縮小を余儀なくされている。

もちろん，産地の企業のなかには，新製品や新技術を開発するなどして活路を見出したり，海外の販路開拓に成功したりするなどして，発展しているものもみられる。また，従来とは異なる業種の分野へ転換を図っていった企業もみられ，産地内の企業は一様の行動をしているわけではない。

(5)　地場産業の定義

「地場産業」の範疇に含まれる地域の産業研究は，戦前から各地で行われてきた。しかし，地場産業という用語や概念は，必ずしも古くから使われていたものではなく，法律によって一律に定義されているものでもない。そこで，改めて地場産業の定義について整理をしておきたい。

まず，中小企業庁編［1981］には，「わが国では，『地場産業』と呼ばれる製造業を中心とした中小企業群が地域の経済的特性や歴史的背景のもとに，さまざまな形をとりつつ全国各地に広く集積している。地場産業とは，いわゆる『地場性』を有する産業のことをさすが，より具体的には，地元資本による中小企業群がその地方の経営資源（原料，技術，人材，販売力など）を活用して，生産，販売活動を行っている産業」と記述されている。

また，地場産業の先駆的な研究者の１人である山崎［1977］は，地場産業の定義として，次のような５つの点を挙げている。

①　特定の地域で起こった時期が古く，伝統のある産地であること。
②　特定の地域に同一業種の中小零細企業が地域的企業集団を形成していること。

③　生産，販売構造が社会的分業体制となっていること。

④　ほかの地域ではあまり産出しない，その地域独自の「特産品」を生産していること。

⑤　市場が広く全国や海外に求めて製品を販売していること。

これらを総合すると，地場産業は，地域の経済的・歴史的背景のもとに形成された伝統のある産業であり，地域の中小企業群が地元の経営資源を活用し，特産品を社会的分業により生産・販売しているものと整理できる。

(6)　地場産業の研究視点の変遷

「地場産業」という用語が普及していったのは，おおよそ 1970 年代から 1980 年代初めにかけてである。この時期は，地場産業に対する期待と注目が集まった時期でもある。日本は，1970 年代初めに高度経済成長が終焉を迎え，低成長期に移行していくことになった。こうしたなかで，高度経済成長期に進められた効率本位の市場経済化や中央への経済力の集中，地域の自立性の喪失といったことへの反省や見直しを唱える声が高まっていった。そして，地域の自主的・自立的な基盤をなす経済，行政，文化の構築を目指す「地域主義」といった考えが注目されるようになっていった（玉野井・清成・中村編［1978］）。

このような「地域主義」の考えを具現化する産業として，地場産業への期待と注目が集まったのである。清成［1980］は，地域外から進出してきた企業は地域を壊しかねないと批判したうえで，地場産業は地域を形成する産業であり，地域の人々の生活を支える産業として展開してきたと評価した。しかし，1980 年代半ばになると地場産業の産地の縮小が顕著となり，地場産業への評価や研究の視点も変化していくことになった。

1980 年代半ばには，円高が進んだことにより，これまで輸出に重きをおいてきた地場産業の企業は国内市場向けに転換を迫られることになった（国民金融公庫調査部［1987］）。さらに，1990 年代に入ると，「バブル経済」崩壊により内需が低迷したり，再び円高が進行したり，中国などから安価な類似品や模倣品が大量に輸入されるなどして，多くの地場産業の産地は縮小していくことになった。

こうしたなかで，地場産業の主な研究視点は，産地が縮小するなかで，従来の産地の構造がどのように変容しているのかといったことや，どのように産地の再生や産地企業の生き残りを図るかといったことに重きが置かれるようになっていった。

(7) 地場産業産地の縮小の要因と南部鉄器産地企業の対応

ここでは，各地の地場産業の産地企業や産地が直面する課題について検討していきたい。

まず，図2-4は，中小企業庁の委託調査として実施されている『全国の産地――平成27年度産地概況調査結果』（日本総合研究所［2016］）のなかで，産地製品の「出荷水準低下の背景」をたずねたものである。これによると，「国内需要全体の低迷」がもっとも高い割合となっている。先に指摘したように，現在，多くの地場産業の企業は，国内市場に向けて製品を製造・販売している。そのため，国内需要の低迷は経営に深刻な影響を与えている。また，「ライフスタイルの変化による製品需要の低下」にも，半数の産地が直面している。これは，現状の製品を製造・販売している限り，需要が拡大することは見込めないということでもある。さらに，「競合輸入品の増加」という回答が続いていることから，国内市場においても輸入品との競合に苦戦していることがうかがえる。

ケースで取り上げた南部鉄器の鉄瓶や釜も，高価な美術品や工芸品が好まれた「バブル経済」期やマスコミに取り上げられた時期を過ぎると，国内需要の低迷の影響で売上は低下傾向にあった。それだけではなく，伝統的な鉄瓶や茶釜は，日本人のライフスタイルの変化やアルミ製のヤカンなど代替製品の普及によって，一般の家庭で使用される機会は減っている。このような点を踏まえると，海外に市場を求めることや現在のライフスタイルに合わせた製品開発を行うことは，南部鉄器産地の企業が生き残りを図るうえで必然的なことであったともいえる。

また，多くの地場産業産地の抱える構造問題として，高度経済成長期に形成された産地の生産構造が挙げられる。上野［2007］は，地場産業産地は高度経済成長期を通して特定のオーガナイザーによって生産がコントロールされ，多

図 2-4　出荷水準低下の背景（n=228，複数回答）

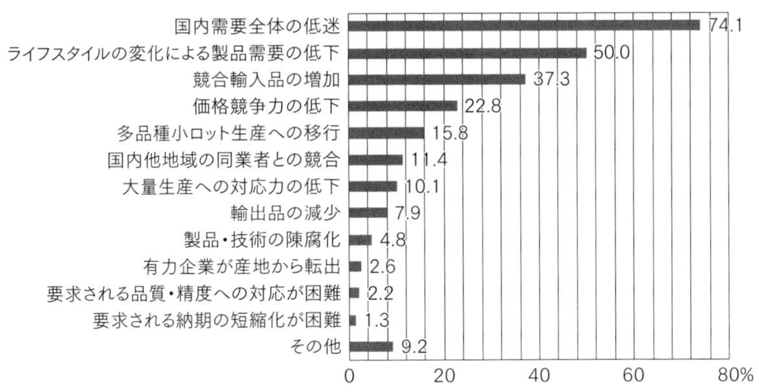

（出所）日本総合研究所［2016］より筆者作成。

くの地場産業企業は 1 つの工程である生産・加工に専念し，他の工程を担当する企業との関係が薄くなる分断化された生産構造を形成したと指摘している。こうした構造は，大量生産には向いていたものの，今日のような需要低迷のもとでは過剰生産をもたらすことになる。さらに，産地企業は，1 つの工程に専念してきたことから，製品の企画・開発を行うことや，生産構造の変化に柔軟に対応することが困難になっている。

これに対して，南部鉄器産地の生産構造は，各社がほぼ一貫生産を行っている。鉄瓶づくりには，約 70 の工程があるといわれている。そのうち，「つる」については，専門の業者が存在しているので外注することになるが，それ以外の工程は自社で行われている。また，産地内には有力な問屋が存在せず，南部鉄器業者自身が生産をコントロールしている。ケースで紹介した株式会社岩鋳も生産・加工が分断されておらず，全工程を見渡すことができたことが製品開発をするうえで好都合であったものと思われる。

(8)　海外市場のニーズに合わせた製品開発と販路開拓

近年，国や自治体などは，地場産業企業の海外販路開拓を後押ししている。実際に，これらの支援を受けて，海外の展示会などに出展して，海外販路開拓の足掛かりを得ようとしている企業も少なくない。しかし，ケースに取り上げた南部鉄器産地の企業のように，海外での売上実績を残している企業は多いとはいえない。

そこで，改めて株式会社岩鋳がヨーロッパで販路開拓に成功した要因を検討したい。同社の取り組みを振り返ると，当初は海外での売上が伸びずに苦戦していた。こうした状況を打開するために，同社は市場調査を実施して現地のニーズを把握することを試みた。そして，現地のニーズに合った製品を開発して市場に投入していった。

同社の一連の取り組みは，いたって当たり前と思われるかもしれないが，とくに地場産業の企業にとっては，かなり挑戦的な取り組みであったといえよう。地場産業のなかでも，とりわけ南部鉄器のような「伝統的工芸品」に指定されている製品は，古くから受け継がれてきた原材料や製造方法，製品の形状や色合いなどを変えずに守り続けてきたことが賞賛される面がある。そのため，市場のニーズよりも，伝統を守ることが優先されがちになる。実際に同社においてもカラフルな鉄瓶が消費者に受け入れられるのか，社内でも半信半疑であったようである。

しかし，同社は，現地の市場で求められるカラフルな着色や，現地の消費者の使用方法を考慮した加工（内側のホウロウ加工）を施すなどニーズに合わせた製品開発を行った。伝統に固執することなく，ニーズを踏まえた製品開発を行ったことが海外販路開拓を成功させた要因の１つと考えられる。

一方，中国については，伝統的な鉄瓶の機能（お茶がおいしくなる）が評価され販路拡大につながったといえる。日本と同様にお茶を飲む習慣があり，しかも，水質が必ずしも良いとはいえない中国では，鉄瓶の機能がより高く評価されたのである。このように鉄瓶のニーズが存在しているところに販路を見出したところに成功の要因あったといえよう。しかし，地場産業製品は，日本人の伝統的なライフスタイルに結びついたものも多く，海外の市場でそのまま受け入れられる製品は限られている[(12)]。伝統的な鉄瓶が中国で受け入れられたようなケースは稀である。

最後に，南部鉄器産地の企業の取り組みを整理するならば，ヨーロッパ向けには新製品開発を通しての販路開拓が行われ，中国においては既存製品での販路開拓が行われていた。新製品開発や新たな販路の獲得といったイノベーションを起こしたことで産地企業の経営が維持・発展し，産地の衰退を免れてきたものとみられる。

3　研究コーナー：産地企業による市場創造の可能性

現在，国内の産地企業の多くは，国内需要の低迷や競合輸入品との競争などで苦戦を強いられている。このような状況を打開するためには，製品の高級化や多様化を図ることが必要であると従来から指摘されてきた（中小企業庁編［1981］）。しかし，個別の産地や産地企業の製品開発の事例研究はみられるものの，国内市場を見渡したうえで産地企業がどのような製品開発を行えば需要が見込めるのかといったことは，必ずしも明らかにされていない（長沢［2009］）。こうしたなかで上野［2007］は，地場産業製品の類型を整理するとともに，産地企業が創造すべき市場を提起した。

まず，上野［2007］は，図 2-5 のように地場産業製品の製品特性を「日本的生活スタイルや文化に対応したもの」と「欧米的な生活スタイルに対応したもの」，「日常的に使用するもの」と「やや非日常的なもの」といった２つの観点から分類している。図 2-5 について説明すると，第Ⅳ象限に位置づけられるのは，日常生活を支える食器類（陶磁器類）や鉢・椀等（漆器），普段着の着物等である。第Ⅰ象限にあたるのは，第Ⅳ象限の製品のなかで，伝統的工芸品として位置づけられる茶道具や伝統的な和服，置物，人形，和家具等の和の文化を象徴するもの。さらに，第Ⅲ象限は，洋服，洋食器，雑貨等の明治期以降に日本の生活のなかに取り込まれた製品群。第Ⅱ象限は，第Ⅲ象限のなかで欧米服飾，雑貨

図 2-5　地場産業製品の新たな市場創造

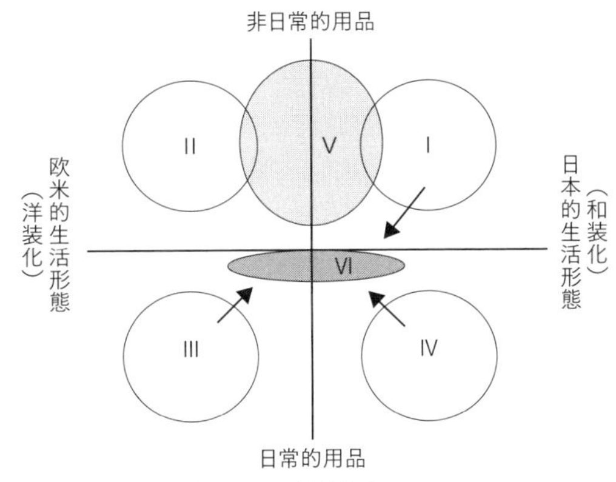

（出所）上野［2007］をもとに筆者作成。

のブランドやファッション製品，家具等である。

上野［2007］によると，第Ⅲ象限は発展途上国で生産される製品によって市場を侵食され，第Ⅳ象限の和装品市場は日本人の生活スタイルの変化により縮小傾向を強めているという。こうしたことから，第Ⅲ・Ⅳ象限から第Ⅰ・Ⅱ象限に転換を図ることも考えられるが，これらは量産的市場ではなく限定的で非日常・選別された市場であるため極めて困難と述べている（上野［2007］）。そこで，上野［2007］は，伝統，文化，技術に裏付けられながら，そこに新たな価値を付与された商品群によって構成されているⅤの領域で市場を創造すべきだと提起した。しかし，本章で取り上げた南部鉄器の鉄瓶をはじめ，筆者が調査してきた愛媛県今治市のタオルや新潟県三条市の刃物（包丁）などの市場を分析すると，Ⅴとは異なる領域において地場産業製品の市場が創造されていると考えられる。

まず，伝統的な南部鉄器の鉄瓶は，従来，日本的な文化に関わり，かつ「非日常的」な場面で用いられる第Ⅰ象限の製品であった。それが，カラフルな着色と内部に錆を防ぐためのホウロウ加工を施すことでティーポットとして日常使いの製品として生まれ変わった。それにより，ヨーロッパを中心に販売を拡大していくことになり，国内でも注目されるようになっていった。

次に，第Ⅲ象限に位置づけられる今治産地のタオルである。今治産地では，アートディレクターの佐藤可士和氏がブランド確立に携わったことでも話題になったが，吸水性や肌触りといったタオル本来の機能にこだわった製品を開発した。輸入タオルと比べれば値段は割高であるが，品質や使い心地がよいことから人気が高まり，産地全体のタオル生産量も増加に転じていった。

最後に，第Ⅳ象限に位置づけられる三条市のＴ社の包丁について紹介したい。同社は，問屋との取引から消費者への販売へと軸足を移すとともに，製品開発を進めていった。その際，消費者がどのような包丁を買いそろえればよいのかを分かりやすくするために，商品をシリーズ化（「基本の３本」パン切り，三徳，ペティナイフや「次の１本」牛刀，出刃，刺身など）した。また，切れ味はもちろん包丁のデザインも評価され，料理好きの一般ユーザーに支持が広がり，注文してもすぐに入手できない程の人気商品となっている。

さて，これらの製品は，いずれも「和」・「洋」に限定されず，「非日常的」

なものでもない。あくまでも日常使いされているものである。しかしながら，今治タオルやＴ社の包丁は，安価な輸入品と比較すると品質や機能，デザイン面で優れている。そのため，輸入品に侵食される市場とは異なる領域に位置づけられる。また，南部鉄器の鉄瓶は，伝統的な黒色では洋風の生活空間には似合わないが，カラフルな色彩にすることで日本的な「和」の生活空間に限定されることなく使用されている。

これらのことを総合すると，Ⅵの領域において市場が創造されていると考えられる（図2-5)。Ⅴの領域ではなくⅥの領域で新たに市場創造がなされている理由としては，民間企業の従業員の平均給与は長期にわたり減少傾向が続いてきたこともあり，使用頻度の低い「非日常用品」の購入を控え，「日常的用品」の購入が優先されているものとみられる。それでは，安価でありさえすればよいかというと，そうではない。近年，安全面や健康面で問題を引き起こしかねない安価な粗悪品や違法まがいのコピー商品が海外から輸入され，そうした製品に対する不信感が高まっている。その結果，幾分，価格は高くても安全で品質の良い製品を手に入れたいという希望が高まっている。国内の地場産業製品は，こうした期待に応えるものとして国内のみならず海外でも人気を呼んでおり，このような領域での市場が創造されているとみられる。

【演習問題】

①マーシャル［1966，原著 1890］は，産業集積はひとたび形成されると長期にわたって持続すると論じているが，今日，日本国内の多くの産業集積が縮小傾向にあるのはなぜなのかを論じなさい。

②地場産業の産地を１つ取り上げて，その産地の形成から今日にいたるまでの経過を整理して説明せよ。また，その産地の今後の展望について考えを述べなさい。

③地場産業が衰退・消滅すると地域にどのような影響が生じることになるか論じなさい。

【文献案内】

上野和彦［2007］『地場産業産地の革新』古今書院

地場産業産地の基本的な構造を解説するとともに，地場産業研究の視点や調査方法が紹介されている。資料として集録されている地場産業研究に関する文献も有用である。

上野和彦・政策科学研究所編［2008］『伝統産業産地の行方——伝統的工芸品の現在と未来』東京学芸大学出版会

全国の15の伝統的工芸品産業を取り上げて，それぞれの産地の生産・流通の構造を明らかにするとともに，直面する課題と将来の展望を分析している。

山田幸三［2013］『伝統産地の経営学』有斐閣

主に有田焼と信楽焼の2つの陶磁器産地を対象として，経営学のなかでも，とくに経営戦略や経営組織論の視点から両産地が生き残ってきた理由を解明している。

大田康博［2007］『繊維産業の盛衰と産地中小企業——播州先染織物業における競争・協調』日本経済評論社

播州織物産地における中小企業の競争・協調の関係を歴史的にひも解いたうえで，当該産業の盛衰が産地の中小企業に与えた影響を明らかにしている。

中川政七［2017］『日本の工芸を元気にする！』東洋経済新報社

工芸品の製造販売業を営む中川政七商店の13代目による著書。自社の事業をはじめ，国内の工芸品産業を活性化するための実践的な取り組みが紹介されている。

注

(1) 当時，この地域の鉄器は，山砂鉄を原料として作られていた。

(2) 鉄器は，砂で作った型の中に溶けた鉄を流し込んで作られる。そのため，大量の良質な砂が必要とされる。

(3) 木炭は溶解炉で鉄を溶かす時の燃料として使われていた。

(4) 水沢鋳物工業協同組合［2014］を参照。

(5) 1917年に創業した航空機メーカー。戦時中には，軍用機を生産しており，戦後，解体された。

(6) 初沢［2002］によると，水沢の鋳物業者のなかには，機械鋳物の生産を中心としていても，一部で工芸鉄器を生産したり，外注として工芸鉄器を生産させたりしているところも多い。そのため，自社の製品リストに工芸品を入れているところもみられると指摘している。

(7) 水沢鋳物工業協同組合［2014］によると，2013年度の南部鉄器の売上は14億2000万円であるのに対し，機械鋳物の売上は69億3600万円である。

(8)「伝統的工芸品」とは，「伝統的工芸品産業の振興に関する法律」(1974年制定)にもとづき，経済産業大臣によって指定されるものである。指定の要件は，次の5つになっている。①主として日常生活で使用する工芸品であること。②製造工程のうち製品の持ち味に大きな影響を与える部分は，手作業が中心であること。③100年以上の歴史を有し，今日まで継続している伝統的な技術・技法により製造されるものであること。④主たる原材料が原則として100年以上継続的に使用されていること。⑤一定の地域で当該工芸品を製造する事業者がある程度の規模を保ち，地域産業として成立していること。

(9)「伝統的工芸品」として指定された「南部鉄器」だけではなく，機械鋳物を除いた売上高を示している。

(10) 第 3 のイタリアとは，近代工業が発達した北西部イタリア（第 1 のイタリア）と農業に依存する経済発展の遅れた南部イタリア（第 2 のイタリア）に対し，中小企業や職人が経済を担い発展した都市を指している。

(11) 中小企業庁の委託調査である『全国の産地――平成 27 年度産地概況調査結果』の調査対象の産地数。なお，同調査による「産地」とは，「中小企業の存立形態の 1 つで，同一の立地条件のもとで同一業種に属する製品を生産し，市場を広く全国や海外に求めて製品を販売している多数の企業集団である」と定義されている（日本総合研究所［2016］）。

(12) 日本製の刃物などは，海外向けに改良することなく，受け入れられている。

【参考文献】

岩手県商工労働観光部・日本貿易振興機構盛岡貿易情報センター［各年版］『岩手の貿易』岩手県商工労働観光部・日本貿易振興機構盛岡貿易情報センター。

岩本由輝［2000］『東北開発研究』「南部鉄器（岩手県）」117 号，PP.69–84。

上野和彦［2007］『地場産業産地の革新』古今書院。

上野和彦・政策科学研究所編［2008］『伝統産業産地の行方――伝統的工芸品の現在と未来』東京学芸大学出版会。

大田康博［2007］『繊維産業の盛衰と産地中小企業――播州先染織物業における競争・協調』日本経済評論社。

清成忠男［1980］「地場産業の現代的意義」『地域開発』No.192 PP.43–50。

国民生活金融公庫調査部［1987］『円高で揺れる地場産業』中小企業リサーチセンター。

玉野井芳郎・清成忠男・中村尚司共編［1978］『地域主義』学陽書房。

中小企業団体中央会［2005］『全国の産地――平成 16 年度産地概況調査結果』中小企業団体中央会。

中小企業団体中央会［2006］『全国の産地――平成 17 年度産地概況調査結果』中小企業団体中央会。

中小企業庁編［1981］『中小企業白書』大蔵省印刷局。

中小企業庁編［2006］『中小企業白書　2006 年版』ぎょうせい。

中川政七［2017］『日本の工芸を元気にする！』東洋経済新報社。

長沢伸也［2009］『地場・伝統産業のプレミアムブランド戦略』同友館。

日本総合研究所［2016］『全国の産地――平成 27 年度産地概況調査結果』日本総合研究所。

初沢敏生［2002］「岩手県水沢鋳物業の特性」『福島大学地域創造』第 13 巻第 2 号，PP.68–76。

ピオリ，M.J.，C.F. セーブル（山之内靖・永易浩一・石田あつみ訳）［1993，原著

1984]『第二の産業分水嶺』筑摩書房。
堀江皓［2000］『南部鉄器』理工学社。
マーシャル，A.（馬場啓之助訳）［1966，原著 1890］『経済学原理Ⅱ』東洋経済新報社。
マーシャル，A.（永沢越郎訳）［1986，原著 1923］『産業と商業』岩波ブックセンター信山社。
水沢鋳物工業協同組合［2014］『共に生き，共に栄えてきた 60 年』水沢鋳物工業協同組合。
もりおか歴史文化館活性化グループ［2016］『南部鉄器――時代を超えた鐵の美』もりおか歴史文化館活性化グループ。
山田幸三［2013］『伝統産地の経営学』有斐閣。

参考ホームページ

水沢鋳物工業協同組合のホームページ
https://www.ginga.or.jp/imono/txt/shoukai.htm（2019 年 4 月 20 日参照）。

第3章

福井県鯖江市の眼鏡産業集積

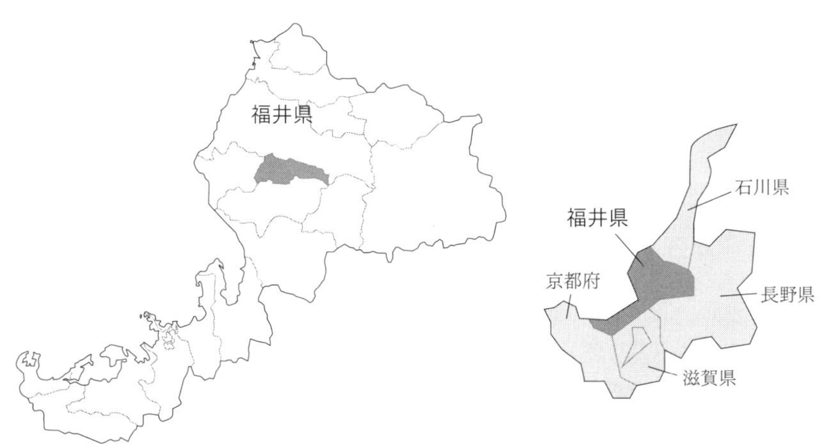

鯖江市のプロフィール

●国産シェア 96%の世界 3 大産地

●人口：福井県鯖江市 69,299 人（2019 年 10 月現在，鯖江市役所）

●自然・地理・歴史：福井県のほぼ中央に位置し，北は福井市，南は越前市に隣接。ものづくりの伝統は古く，越前漆器は 1500 年，眼鏡づくりは 1 世紀超の歴史を有する。

●主な産業：眼鏡，繊維，越前漆器

●代表的な企業・機関：増永眼鏡(株)，(株)シャルマン，めがねミュージアム（めがね会館），GLASS GALLERY 291（東京青山）

●特記事項：アイウェア

キーワード：集積の経済性　産業集積ライフサイクル　経路依存性　SPA　GVC

本章のねらい

われわれの生活の身の回り品は必需品から嗜好品まで，実に多種多様なもの（財・プロダクツ）が存在する。それらの物・モノが，どこで，どのように，だれによって企画され，つくられているかまで，多くの場合は気にすることがない。財の貿易・流通がグローバルになればなるほど，その生産と流通の担い手の経済関係や競合関係はみえにくくなっている。

ここでは，私たちの生活に身近な製品である眼鏡（メガネ・がんきょう）を取り上げ，その世界的生産地で知られる福井県鯖江市（周辺含む）の産業集積をマクロとミクロな視点で動態的に描き出してみよう。ここでいうマクロな視点とは，歴史軸（ライフサイクル）とグローバル軸を意味し，他方，ミクロな視点とは地域に存在する企業の生産と流通における事業の革新とする。

1　ケースを見る：世界3大集積地・鯖江の挑戦と発展

(1)　メガネをどこで買う？

大学生を主な読者層と想定している本書では，この質問に対して「値段とデザインによる」という回答が多いだろう。視力矯正が主目的とはいえ，それを前提に値段とデザインが重要視される傾向（ファッションアイテム化）は強く，こうした背景から眼鏡・サングラス類を「アイウェア」と呼ぶ小売業者の成長が著しい。レンズ込みで5000円，8000円，1万2000円を基本価格として国内外510店舗で年間600万本の眼鏡を販売しているJINSはその代表格で，若年層や女性に支持を得ている。あるいは地域で長く親しまれている個人経営の眼鏡小売店や全国展開しているチェーン店も丁寧な対面販売しているので，そちらを利用することもあるだろう。

ただ，JINSの3つの基本価格帯と後者の店舗で売られている価格帯では，後者がおよそ1万円台後半から2万円台と数千円以上の開きがある。その背景には，前者の眼鏡フレームのほとんどが中国や韓国で生産・輸入されたもので，後者の多くが国産品であることによる。なぜ，国産品の眼鏡は輸入品に比べて高いのか。読者の多数を占める学生は，中国や韓国の人件費の安さを指摘するかもしれないが，それは一部では正解だが，より精度の高い解答は，生産

表 3-1　「眼鏡の聖地：鯖江」製を打ち出した眼鏡小売企業のラインナップ（2019 年現在）

小売企業名	価格(下限)	ブランド名	自社(鯖江)工場
眼鏡市場（メガネトップ）	16,200 円～	W-ACTION, SABATORA, Pirouette	あり
JINS	18,000 円	CELLULOID meets Sabae	なし
パリミキ	19,800 円～	PAIRS MIKI Authentic Eyewear	あり
Zoff (インターメスティック)	19,440 円	MADE IN JAPAN シリーズ	なし
和真	13,800 円～	ヴィンテージ、WOP ジャパン等	なし
オーマイグラス	21,600 円～	Oh My Glass TOKYO，職人シリーズ等	なし

（出所）各社ホームページより筆者作成。

する数量による，というものである。

眼鏡フレームの生産には，200 もの工程があるといわれ，確かに人手による部分は小さくないが，中国・韓国で生産されるものは比較的定番のデザイン・製品で最低 10 万本～ 100 万本単位で大量生産される。そうなると規模の経済が働き，1 本あたりの生産コストは大幅に圧縮される。一方，国産品は高品質の素材を使用し，洗練さや新規性を追求した複雑なデザイン，そのために必要な加工用資材（金型など）の高い精度と工数が必要で，生産数量が 1 モデルあたり 500 本～数千本，多くて数万本である。このような生産方式を大量生産に対比して，多品種少量（中量）生産方式という。生産工程 1 つひとつに生産業者の利潤を適正に積み上げていくと，通常 2 万円～ 5 万円といった小売価格帯が国産品につくことになる。

実際，JINS や大手チェーン「眼鏡市場」をはじめとした小売店では，国産品を購入したいという消費者の希望と需要が一定程度あることを認知して，一部の国産シリーズを展開している（表 3-1)。JINS では職人の手仕事によるセルロイド枠シリーズを 3 つの基本価格帯とは別に 1 万 8000 円で提供し，大手チェーンの眼鏡市場やパリミキでも，それぞれ複数のシリーズを国産ブランドとして 1 万円台後半の価格で販売している。さて，これらの有力な小売業者が国産品ブランドやシリーズを展開するにあたり，かならず使用する定番の売り文句が存在する。それは，「眼鏡の聖地　鯖江」というキャッチコピーである。

もし読者の購入した眼鏡が後者の価格帯だとしたら，どの小売業者であつらえたものであったとしても，それは福井県鯖江市（とその周辺：以後，鯖江市）でつくられたものの可能性が非常に高い。経済センサスの統計によると，国内生産額の実に96％が福井県で，その圧倒的な中心地が鯖江市（県内集中度80％）という事実がそれを裏づけている（福井県［2018］）『福井県の工業』)。

(2) 「眼鏡の聖地」鯖江の現状

一般の眼鏡購入者までが，鯖江市のことをそう呼ぶことはあまりないが，こだわりのデザインを求める層や国産・ハウスブランドを志向する購買層も少なくない。そのような最終ユーザーと鯖江の生産者がつながることは，かつてはきわめて稀なことだった。しかし，2000年代以降，異業種参入や輸入品急増による流通・業界の構造変化，流通業者と生産者の力関係の変容，従来の慣行に縛られない個別企業の多様な事業革新が生じた（南保［2008］，遠山［2009］）。

とりわけ，鯖江の製造卸会社や企画会社が直営店で自社ブランドを市内や東京で販売し，業界団体主導で行政支援も得ながら産地ブランド（THE 291）とショールーム（GLASS GALLERY 291）を開設する動きも活発化した。あるいは，行政も産業観光に力を入れるなどして情報発信に努めたため，消費者が産地を知り，訪れる機会が作り出された。その結果，マニア層を超えた消費者にまで認知度が拡大し，鯖江が眼鏡生産の中心地であることが知られ，「眼鏡の聖地」として知られるようになったのである。

学術的には，これをきわめて生産集中度の高い産業集積地と呼ぶ。かつては，地場産業や産地と呼ぶことも一般的であったが，そこでは「生産」と「卸売業・問屋」の社会的分業関係を指す印象が強い。しかし，現在は，生産と卸売業に加えて小売業まで手がける地域企業が多数存在し，また，大手小売チェーンや世界最大の海外資本（イタリア・ルックスオティカ社）が生産工場を買収・資本参加してサプライチェーンに組み込むなど，かつての「産地」の構造とは性質を異にした産業集積地として捉える方が適切である。

では，ここで鯖江市が独自集計している眼鏡産業データ（2000年～2016年）をもとに，産業集積の担い手を事業所数，従業者数，製造品出荷額等でみてみよう（表3-2)。

眼鏡産業はフレームの完成品製造業を筆頭に，部品，中間加工，機械，レンズなどの製造・加工業者から構成される。いずれの業種であっても規模の零細性が特徴的で，完成品製造業でさえ，その半分程度の事業所が3人以下の規

表 3-2　鯖江市の眼鏡産業の推移

	事業所数				従業者数(人)				製造品出荷額等(億円)			
	2000年	2008年	2016年	増減	2000年	2008年	2016年	増減	2000年	2008年	2016年	増減
完成品製造業	178	108	96	▲82	3161	2203	2239	▲922	573.8	389.8	472.9	▲100.9
主に金属枠製造	124	71	63	▲61	2783	194	1969	▲814	501.7	355.4	436.7	▲65.0
主にプラ枠製造	26	27	29	3	204	211	258	54	32.8	25.3	34.6	1.8
主にサングラス,老眼鏡等の製造	28	10	4	▲24	174	48	12	▲162	39.4	9.2	1.5	▲37.9
部品製造業	96	69	65	▲31	1134	814	785	▲349	122.8	83.4	107.5	▲15.3
丁番･ねじ製造業	12	5	10	▲ 2	360	162	220	▲140	38.6	13.8	27.0	▲11.6
その他の部品製造業	84	64	55	▲29	774	652	565	▲209	84.3	69.6	80.4	▲3.9
中間加工業	469	314	254	▲215	1775	1568	1311	▲464	205.1	130.6	113.5	▲91.6
ロー付け加工	139	64	39	▲100	320	247	150	▲170	21.6	10.1	6.8	▲14.8
研磨加工	113	80	75	▲38	185	208	192	7	15.7	8.5	7.5	▲8.2
メッキ加工	17	12	15	▲2	685	444	424	▲261	116.0	74.2	62.7	▲53.3
塗装･七宝加工	81	54	49	▲32	317	290	328	11	27.2	18.8	24.8	▲2.4
組立加工	36	39	49	13	72	126	131	59	5.8	6.4	5.5	▲0.3
その他の中間加工業	38	65	27	▲11	196	253	86	▲110	18.8	12.7	6.2	▲12.6
機械製造業	22	15	18	▲4	122	103	106	▲16	13.1	12.5	14.4	1.3
レンズ製造業(加工業含む)	35	25	20	▲15	419	620	362	▲57	62.5	145	67.7	5.2
合　計	800	531	453	▲347	6611	5308	4803	▲1808	977.3	761.4	776.0	▲201.3

注：鯖江市独自集計の全数調査による。増減は 2000 年～ 2016 年の増減数。
（出所）鯖江市『商工業の概要』『商工業・労働・観光・交通の概要』各年版より筆者作成。

模である。

全体傾向（合計）を俯瞰すると，事業所数は 800 から 453 へ約 6 割の水準に減少，従業者数は 6611 人から 4803 人へ 3 割弱ほど減少，製造品出荷額等でも 977 億円から 776 億円へ 2 割減少し，数量的な点で産業集積は著しい「縮小」傾向にある。完成品製造業の事業縮小や廃業・倒産で事業所が閉鎖されると，地域内の従業者数や製造品出荷額等に大きな減少圧力を直接的に惹起する。それに関連して，生産工程上の関係の深いロー付けやメッキ，塗装・七宝加工などの中間加工業にも強い影響を及ぼしている。

フレーム完成品製造業を金属枠（メタルフレーム）とプラ枠（プラスチックフレーム）で分けてみると，金属枠メーカーが圧倒的に多いのも鯖江の特徴である。1980 年代にチタンによる加工技術を世界で初めて確立し，複雑なデザインを可能にする技術を蓄積し，海外の集積地イタリアや中国でも真似できない。

というのも，イタリアではチタン製造・加工技術が市場の製品特性上（ほりが深く鼻が高い），それほど必要不可欠でもないので普及・定着していない。中国では，日本で学んだ技能研修生が持ち帰った技術を元に生産しているが，大量生産向けデザインを中心としており，技術蓄積は高度化の形で進んでいない。ただ，鯖江地域の金属枠メーカー数の半減は，海外で技術蓄積が難しいチタン素材のロー付け加工需要を直撃し，同じ期間に7割も減少するにいたっている。こうした加工業は5人以下の零細規模の業者がほとんどで，需要先の消滅に加えて，経営者の高齢化や後継者不在による廃業も非常に多い。完成品製造業者は自衛的措置として，内製化や海外工場への生産移管をせざるを得ないともいえる。

一方，同じフレーム製造であっても，プラ枠に目を転じると，まったく異なる状況にあることに気づく。プラ枠完成品製造業は，この間に事業所数・従業者数・製造品出荷額等の全てにおいて，わずかではあるが増加傾向にあったのである。チタン加工技術への注目度の高まりは「メタル枠全盛時代」ともいえる状況を作り出し，他方のプラ枠メーカーは小規模層が多く投資に積極的ではなく，規模拡大を図る動機に欠けていた。また，この20年の間に韓国勢の設備投資と技術の高度化はすさまじく，その上，大量受注による価格競争力と品質向上は日本の企画会社や大手小売バイヤーに受け入れられた。鯖江のプラ枠メーカーはその同じ土俵での勝負を避けて，デザインとブランドで高価格帯を攻めることのできる企業が生き残り，わずかに事業所や生産額が増加することにつながったといえる。

加工業のなかで特異な動向を示しているのが，組立加工の分野である。事業所と従業者数がわずかに増加しており，製造品出荷額等は微減にとどまっている。完成品製造業から間接経費を押さえて組立加工業に鞍替えしたり，リムやテンプルといった部分品加工から組立まで事業領域を広げた業者などが需要に応じて姿を変えたものと推察される。国産品への関心の高まりや大手小売業の「鯖江」シリーズ展開が，多品種少量生産の受け皿を必要としていることも原因であろう。

以上のように，鯖江市の眼鏡産業集積を統計から確認すると，21世紀に入って確実に「縮小」傾向がみられ，地域企業が全体として拡大成長する気配や展望は描けない。国内生産の96％が集中する地域であることや，最新のデザインと国産であることの付加価値アピールを打ち出すには，鯖江の眼鏡産業のみが対応可能である事実はこれからもゆるぎない。また，新しい素材や機械・加工方法に関するさまざまな技術・新製品情報がいの一番に鯖江にもたらされ，地域の内部で試行や学習，伝播がすばやく展開される強みもあるだろう。イギリスやドイツ，フランスではもはや眼鏡産業は衰退し，ほんの一部のメーカーとブランドだけが残るのみである。地域的な生産集団が一定の規模で確認できるのは先進国としては福井県の鯖江とイタリアのベッルーノに限られ，それ以外では中国（丹陽，深圳）である（遠山［2012］）。

(3)　産業集積地の形成と発展

鯖江市の全工業生産の48％を占めるほどになった眼鏡産業は，いつ，なぜ，どのようにして日本最大の産業集積地になったのだろうか。良質な素材由来（たとえば陶磁器や漆器）によるものや生産動力由来（水車を利用した食品加工や繊維生産），支配者による産業政策（鋳物や銅器など特産品・技巧奨励），あるいは大企業の工場からのスピンオフ連鎖（トヨタや日立，浜松）など，それぞれに歴史的経緯が存在する。

鯖江の眼鏡産業は，それらのいずれにも該当しない。その起源は明確で，1905年に今の福井市と鯖江市の境に近い足羽郡麻生津村字生野（現福井市生野町）で農閑期の副業目的から始まったことで知られる（土岡他編［2005］）。当時のこの地域一帯は農業地帯で，さしたる産業もなく，冬になると雪に覆われるだけの寒村であった。この農閑期の農家の家計を助けるべく，家内工業的なものを持ち込めないかと思案した増永五左衛門（1871～1938年）は，大阪から眼鏡職人を招聘した。眼鏡に目をつけたのは五左衛門の弟（幸八）によるもので，大阪に出稼ぎに出ていた弟を通じて情報を仕入れたという。私財を投じて眼鏡工場を設立し，農家の次男・三男を主に雇用し，技術導入と職人育成，製品開発に尽力した。当時の先進的生産地の東京や大阪から貪欲に技術を取り入れ，活字文化の醸成と眼鏡需要の増大を見込んだ五左衛門の戦略は当たり，生産規模も次第に拡大していった。

五左衛門の工場は，「帳場制」というユニークな請負制を展開したことでも

図 3-1　鯖江眼鏡産業の製造品出荷額等推移　　　単位：億円

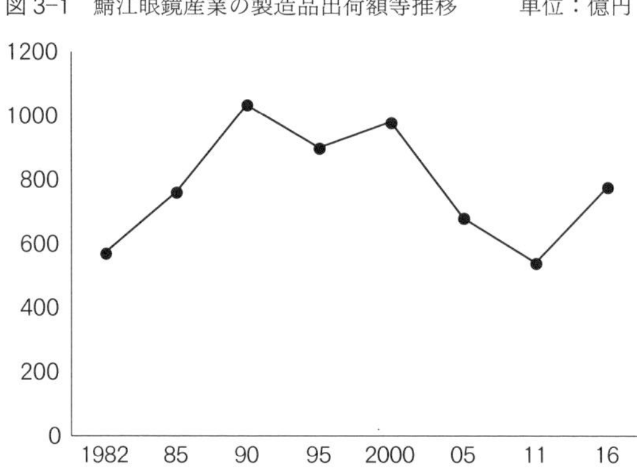

図 3-2　同事業所数・従業者数の推移

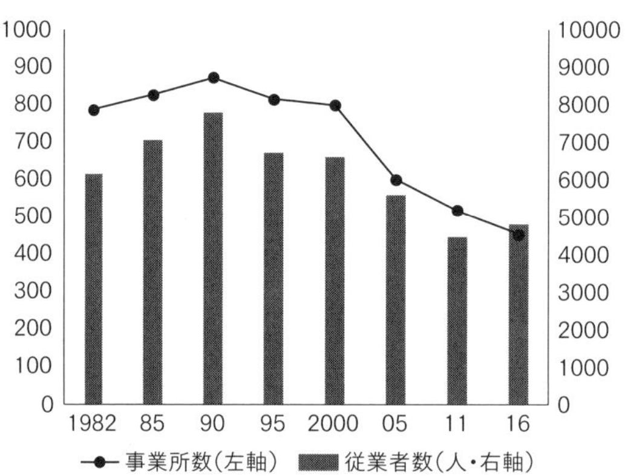

注：鯖江市独自集計の全数調査による。
（出所）鯖江市『商工業の概要』『商工業・労働・観光・交通の概要』各年版より筆者作成。

知られる。工場の中で職人（親方）と徒弟がチームを組み，チームごとに製品の品質を競わせ評価するというものである。これにより，工場内の品質向上への意欲が高まり，切磋琢磨して技術と品質を向上させたといわれる。夜間には工場の2階で徒弟ら工員に教育を施し，独立することも奨励した。結果，五左衛門の工場から連続的に独立・創業するものが相次ぎ，さらにそこから分岐して独立が続くといった現象（スピンオフの連鎖）が生じた。

また，大戦中の大都市部の空襲により東京・大阪の眼鏡産業は衰退し，鯖江に駐屯していた旧日本陸軍「三十六連隊」引き上げ跡地が眼鏡工場に利用された。こうした経緯を含め，生野に発生した眼鏡産業が福井市寄りではなく，鯖江の地に集積した結果が現在の姿につながっているのである。集積発祥の起源である五左衛門の工場は，現在，増永眼鏡株式会社（173名，福井市今市町）として永続しており，住所こそ鯖江市ではないものの，この地のリーダー格の企業として存在感を示し続けている。

独立精神旺盛な人々によって完成品製造業から中間加工業，部品製造，機械メーカーなどに創業と独立は広がっていき，社会的分業関係が形成されていった。輸出が好調だった高度成長期，チタン加工技術の確立による製品イノベーションと全国チェーンによる受注増大の 1980 年代を経て，バブル崩壊まで鯖江の眼鏡産業は量的にも質的にも発展を続けた（図 3-1，図 3-2）。

1990 年には製造品出荷額等が 1000 億円を超えたが，バブル経済の崩壊で需要が減退して 1995 年に 897.7 億円にまで落ち込んだ。多くの国内産地がこれ以降は退潮傾向に入ったが，鯖江の眼鏡産業はここから海外の高級ブランド眼鏡のライセンス生産・OEM で息を吹き返し，2000 年には 1000 億円まであと一歩届かないところまで生産が回復した。しかし，2000 年代に入ってイタリア大手眼鏡企業がラグジュアリーブランドの生産と流通を一元的に管理する体制に切り替わり，鯖江企業のライセンス・OEM ビジネスが一気に消滅する事態となった。その影響はすさまじく，2005 年から 2011 年の生産額は 679.9 億円から 539.8 億円とピーク時（1990 年）の半分の水準近くまで落ち込んだ。この間，3 プライス販売の Zoff や JINS など異業種からの新規参入小売業が海外製眼鏡で低価格攻勢をしかけてきたことも，苦戦の理由に挙げられる。こうした事態に対抗する形で鯖江の大手企業は中国に生産工場を設立して，工程間や製品間の企業内国際分業体制を構築するところもあった。加えて，リーマンショック後の世界的な景気低迷や東日本大震災にともなう国内消費減退も余儀なくされた。

ところが，2010 年代に入って事業所の減少には歯止めがかからないものの，2016 年の製造品出荷額等は 776 億円へと 2011 年比で 43.8％増，従業者数は 400 人弱（7％）ほど反転回復している。生産額に限れば，リーマンショックの影響以前の 2005 年水準よりも高い水準まで戻している。『福井県統計年鑑』でこの間の眼鏡関連製品輸出（県単位）をみても，211 億円から 217 億円へ微増しているにすぎないため，輸出による海外市場の開拓・拡大があったわけではないようだ。この興味深い現象については，後ほど，改めて検討することにしよう。

2　ケースを解く：グローバル競争視点で産業集積を考える

(1)　グローバル競争下の産業集積

産業集積は，地域経済の発展と所得分配，社会資本整備などにより，その地域一帯が経済的に豊になる普遍的な現象である。アルフレッド・マーシャルが取り上げたイギリス・シェフィールド地区，イタリア中部・北東部に叢生した「第3のイタリア」と称される著名な地方都市群（ピオリ＆セーブル［1993，原著1984］），日本の高度成長を内需と輸出で支えた全国の地場産業は，地域経済の担い手としてその時代の趨勢を代表している。

21世紀になって注目されたのは，圧倒的な生産力と輸出力で日用品セクターにおける世界勢力図を劇的に書き換えた中国の華南・華東地区に忽然と形成されたありとあらゆる消費財産業集積である（伊藤［2015］）。そこでは先進工業諸国と同様に集積の経済性がいかんなく機能して，技能・熟練の蓄積や関連業の発達，取引コストの低減や急速な技術・知識の伝播（スピルオーバー），学習効果，さらに低賃金労働力の利用が追加され，世界へ輸出された。そのあおりを受けて，ブラジルやフィリピン，ルーマニアなどの新興国・開発国に存在した産業集積が壊滅的な打撃を受けたともいわれる。つまり，それぞれ自国市場と特定輸出先への供給体制で発展してきた世界各地の産業集積地は，中国の生産力と価格競争力，華人ネットワーク（コミュニティ・キャピタル）を通じた世界的販路の構築と直接競合している。高級品市場ではデザインやブランド力をすでに形成した欧米・日本の産業集積地・企業が高い参入障壁を築いているが，それらももれなくグローバルな競争のもとに置かれたのである。

トランプ政権成立以降，米中の貿易摩擦による自由貿易体制の恣意的かつ部分的な修正を余儀なくされている。そのことは，地域の雇用と財政，市民の自己実現を支えてきた地域産業が否応なくグローバル競争に直面している事実を認識させる。世界の市場の変化や競合する国・産業集積地の趨勢，世界的企業の経営戦略なども含めて，地域の中小企業経営をその中でどう位置づけて舵取りするか，ビジョンやミッション，地域社会との関わり方を体現していく役割を経営者は担っている。

ところで，世界の眼鏡マーケットを端的に示す指標は容易に存在しない。そこで，眼鏡フレームと部品等の世界輸出規模の推移を国連 UN Comtrade のデータベースを活用し，その代理指標として用いてみよう（図3-3）。

1990年の世界輸出合計は6億ドルで，その過半をドイツと日本の輸出が占めていたが，わずか5年後には世界輸出は4倍に激増した。その牽引役を果

図 3-3　世界の眼鏡・同部品輸出額の推移

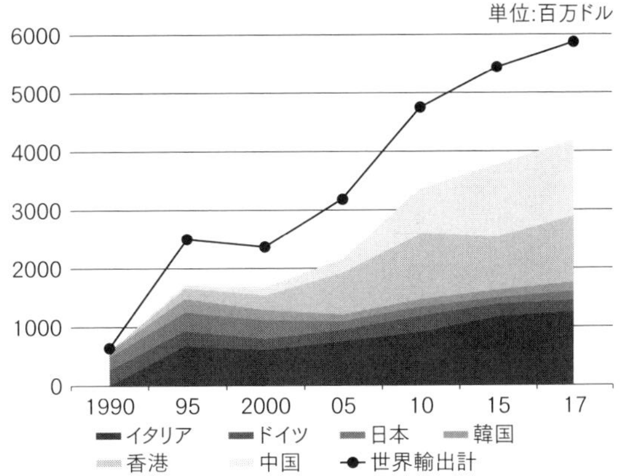

（出所）UN Comtrade データベースより筆者作成。

図 3-4　世界の眼鏡フレーム・サングラス輸出額の推移

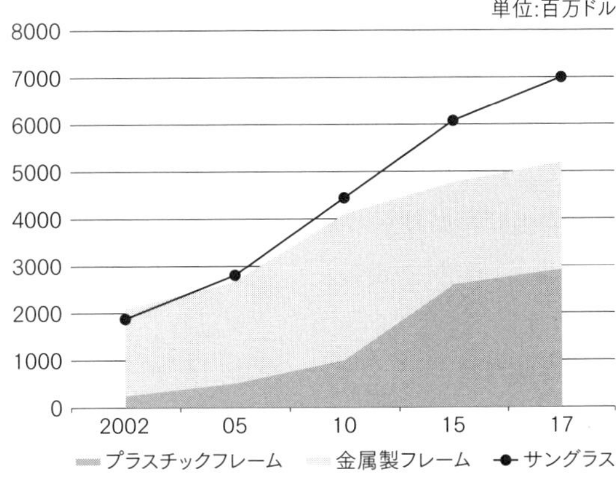

注：サングラスと眼鏡フレーム・部品類は，商品分類でそれぞれ独立に集計されている。
（出所）UN Comtrade データベースより筆者作成。

たしたのはイタリアで，2000 年代以降はそれに香港・中国が時間差をおいて急拡大している。23 億ドルだった 2000 年の輸出総額はその後膨張し，つまり市場が急拡大し，2017 年には 58 億ドルに達している。すなわち，21 世紀から 17 年のあいだに，眼鏡関連の世界市場は 2.5 倍に成長している。この世界的趨勢の中で，日本の眼鏡産業すなわち鯖江の集積地を中心とした日本の輸出は，1995 年のピーク 3.4 億ドルから 2017 年の 1.2 億ドルへと 3 分の 1 程度まで後退している。

もう 1 つ，鯖江の産業集積地を考える際に検討しておくべき指標は，「アイウェア」からみた動向である。日本で生活していると，視力矯正のためにメガネをかけることは普通でも，サングラスを使用する場面・機会は劇的に少ない。しかしながら，目元周りをケアする日用品のサングラスは，使用する素材や形状，生産工程などが，メガネフレームとりわけプラスチック枠のそれとほとんど変わらない。では，眼鏡フレームとサングラスの世界市場（輸出動向）もみてみよう（図 3-4）。

実は，2000年ころまで眼鏡フレーム（金属製・プラスチック製の合計）とサングラスの世界輸出額はほぼ同額で推移していた。同時に，それまでのフレーム輸出の大部分は金属製フレームによるものであった。ところが，2010年以降になると大きな変化が生じていることがうかがえる。

すなわち，メガネフレーム市場に比べてサングラス市場の上昇具合が勢いを増してきて，また，プラスチックフレーム輸出が急増して金属製のそれを凌駕するところまで拡大している。その間に，サングラス世界輸出は45億ドルから70億ドルへ，プラスチックフレームの世界輸出は11億ドルから30億ドルへ3倍になっている。

このように，アイウェア市場を世界水準で観察するならば，このマーケットはいわゆる成長産業の1つに数えることができる。さらに，この世界的趨勢に日本の産業集積地・鯖江およびその企業群が参画できていない現実と，グローバル競争下のキープレーヤーがイタリア，中国である事実が認識されるのである。つまり，イタリアと中国に産業集積地があることは前述したが，その生産・供給・輸出体制は，プラスチックフレームとサングラスの市場成長に対応した，あるいはその市場を創造した，といえる。チタン素材による加工技術を世界で初めて実現し，世界に類を見ないデザインと製品特性を獲得した鯖江の産業集積は，グローバル市場への対応が十分にできていない（負のロックイン効果），あるいは，金属製フレームの世界に限定した集積の経済性に強く依存（経路依存性）し続けているユニークな存在といえる。

経路依存性とは，技術や組織，制度などがある偶然から選択・定着すると，その複写や模倣・学習によってさらに転写・移管が容易に行われる自己強化あるいは発展が継承される現象のことである（ネルソン&ウィンター［2007］，遠山［2009］，青山ほか［2014］）。その成功体験が組織や産業・地域に強固に作用し続ける場合，市場やライフスタイル，競争構造の変化にもかかわらず，企業や地域の生産体制や技術志向，顧客関係，設備・資産はこれまでの経路に依存しがちで，ロックインされる（転換できない）傾向が強くなる。

日本の地域産業を考察する際には，以上のようなグローバル競争を意識したデータ・事実・理論的視角にもとづいて，地域の産業や中小企業の経営・戦略のこれからを考えねばならない。

表3-3　イタリア産業集積地のライフサイクルとその特性

誘発要素の特性	ライフサイクル	
	起　源	発展・成熟
内発的	・過去からのクラフト的伝統 ・天然資源 ・アンカー企業（Anchor Firm）	・技術的イノベーション ・地域の大学・公的研究機関 ・地域の制度 ・多様性 ・差別化 ・コストリーダーシップ
外因的	・多国籍企業の参入 ・地域の制度	・需要の拡張 ・グローバル競争 ・国際化

（出所）Belussi & Sedita［2009］より引用・翻訳（p.509）。

(2)　産業集積ライフサイクル（ALC）・アプローチ

そもそも産業集積地が国内他地域や海外のそれと競争する上で，また，時代を経て発展や縮小・衰退にいたる過程でどのような経済メカニズムが働いているのかを考察する方法論に，産業集積ライフサイクル（Agglomeration Life Cycle：ALC）・アプローチがある。アジアやアフリカなどの開発国では自国経済の発展を図るために，国際情勢と国内資源を適切にデザインして特定産業集積を形成する戦略的産業政策の理論的含意として使われることがある（園部・大塚［2004］）。一方，先進工業諸国は製造業セクターの縮小が甚だしいうえに，後発国や新興国の産業発展と自由貿易の進展で産業集積地の衰退が進み，いかにしてそのステージの課題克服や政策展開を行うかを展望する議論にALCが使われる。これは，地域産業と集積の考察に，進化経済学の手法を取り入れたアプローチである。

産業集積がグローバル競争に置かれ，また，産出する製品市場の変化によってその趨勢や存在意義が大きく影響を受けるのは当然であろう。集積のある自治体の財政は，その産業と企業の経済活動に大きく左右されるし，地域経済の一翼や根幹を担う産業がすでに存在しているのであれば，その発展段階と構成要素，その相互作用，次なるプロセスの予測にも大いに関心をもつであろう。

たとえば，イタリアの研究者らは，それまでの地域経済発展パターンが容易に通用しない現状を踏まえて，ALCを用いて産業集積地を概念整理している（表3-3）。

集積起源の内発的特性には，一般的に知られるように，その地のクラフト的な伝統や地域資源，その地に根づいて数多くのスピンオフ（独立）を生み出した母体企業・アンカー企業などがある。その集積が発展・成熟段階にいたる要素には，技術的イノベーション，地域に形成された諸制度，内部企業の多様性，差別化競争，コストリーダーシップ，地域の大学・研究機関による協力・支援などが有効に機能する。このような地域産業の発展は，国や地域を越えて，かなり普遍的なメカニズムをもつといってよく，この発展パターンの特性には，それぞれの集積地の歴史的要素，いわゆる経路依存性が大きく影響する。日本に比べて海外からの直接投資や海外企業による買収（M&A）が活発なイタリアでは，内発的な産業集積地への誘発要因に加えて，多国籍企業の直接投資や海外の制度による影響を受けるような外因的誘発要因が国内集積に作用するという提起は示唆的である。

さらに，より普遍的に経済活動の「集積」とその対局にあるその「分散」の度合い，および，経済性・経済パフォーマンスの観点から，産業集積ライフサイクル（Agglomeration Life Cycle: ALC）を提起したモデルも参考になる。図3-5では，縦軸に経済性・経済パフォーマンスをとり，横軸には「集積の経済性」と「分散の経済性」を両極に対置して描いている（トレードオフの１次関数）。産業集積のライフサイクルは４ステージを想定している。発生ステージ（t1）～成長ステージ（t2）は，当該事業者らが叢生することで学習や技術普及が進んで生産コストが低下して利益が創出しやすい集積の経済性でいう「収穫逓増」が享受できる。ただし，この間においても競合と模倣，生産コストの上昇などで集積の経済性と収穫逓増の関係は少しずつ右方向へシフトしていく（分散度が高まる）。

そして成熟ステージ（t_3）になると，一定の収益に対して集積の経済性と分散の経済性が均衡して，相互に影響を及ぼさない程度の状態に落ち着くと想定される。集積でもたらされる経済パフォーマンスは安定した状態といえる。ところが集積の衰退ステージ（t_4）が現出すると，多くの事業者が転廃業したり海外移転するなどして産業が分散して，分散度を高めるほど経済性・経済パフォーマンスが高い状態へと移行していく（収穫逓増）。縮小した地域に産業が集積していると，経済パフォーマンスは低下する（収穫逓減）。

図 3-5　集積ライフサイクル（ALC）モデル

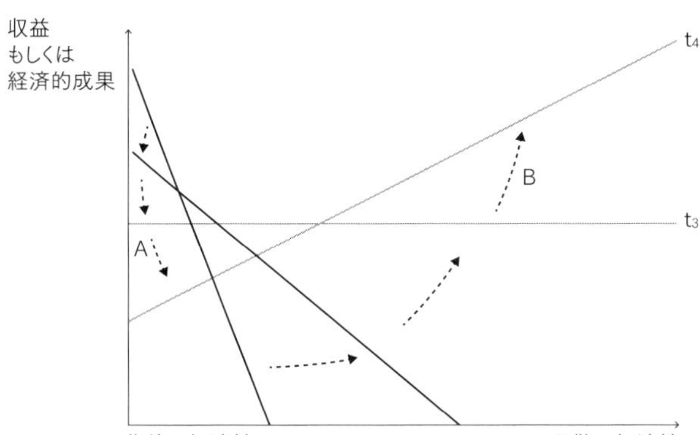

注：A は「集積の経済性」の減退、B は「分散の経済性」の増大

鍵：集積ライフサイクル（ALC）モデル

	時　間	集積の経済性	分散の経済性	集積ライフサイクル
t_1	発生ステージ	収穫逓増	収穫逓減	集積の萌芽
t_2	成長ステージ	収穫逓増	収穫逓減	集積の成長
t_3	成熟ステージ	収穫安定	収穫安定	集積の成熟
t_4	衰退ステージ	収穫逓減	収穫逓増	集積の衰退

（出所）Potter & Watts［2010］より引用・翻訳（p.421）。

このような集積ライフサイクル（ALC）モデルのアプローチに鯖江の眼鏡産業を照らしてみると，前節の図 3-1，3-2 の産業統計で確認したように，1990 年をピークに同集積地は量的な点からみれば縮小ステージへ移行していると判断するのが妥当である。ALC モデルでいう収益性と経済パフォーマンスの向上を図るには，「分散の経済性」による収穫逓増を目指す方向が地域企業にはベターだということになる。

ここでもう一度，図 3-1，3-2（鯖江の眼鏡産業動向）をよくみてみると，事業所と従業者数の減少推移に比べて，製造品出荷額等の近年の反転状況を看過することができない。確かに，1990 年のピーク時に比べて 2017 年の製造品出荷額等は 25％減，従業者数は 38％もの大幅減を記録している。ところが，製造品出荷額等を従業者数で除した，1 人あたり製造品出荷額等を算出してピーク時と比較してみると，22％増という数値が出てくる。このことは，鯖江の眼鏡産業が縮小したとはいえ，ピーク時より生産性を高めた，あるいは，より付加価値の高い製品群の生産・販売にシフトしていることを示唆している。より正確には付加価値額で計算すべきところではあるが，この事実は単純にALCモデルを鯖江の眼鏡集積に当てはめて断定的に論じることの危うさを物語っている。

このような理論・モデルと現実の経済のギャップを発見すること，そして，その意味と原因，次なる展開について，地域経済とそのプレーヤーである中小企業を公開データと現地調査から考察することが地域経済・産業研究の醍醐味なのである。

(3)　地域企業による生産と流通の革新

では，ここで鯖江眼鏡産業の反転攻勢の要因分析を現地調査にもとづく帰納法的定性分析アプローチで整理していこう。

①生産と流通の垂直統合（SPA）

まず，冒頭で紹介した大手小売企業による国産品シリーズの展開は，鯖江の眼鏡集積にとって追い風となっているのは間違いない。小売チェーン最大手トップ2（メガネトップ，パリミキ）は，かつては地場企業だった工場を買収して，自社の専用工場に取り込んでいる。これにより，2社は売り場の声を直接吸い上げて企画，デザイン，調達，生産，販売，マーケティングまで一気通貫でスピーディに行うことができる。大手チェーンの販売網と接客力の強化，計画的な製品投入で，安定的でまとまった数量の生産が鯖江の工場にもたらされていると考えられる。

これらは生産と流通を垂直的に統合した経営モデルとして捉えられるが，ビジネス用語ではSPAモデルとして知られる。SPAは製造小売業ともいわれ，もともとはアパレル業界で使用される用語であった。近年では次第に業種を問わずに普及して用いられ，代表的なケースはユニクロ，ニトリ，JINS，無印良品などが知られる。自社の生産工場の有無にかかわらず，企画・開発から調達・生産，自社販売により価格と在庫を徹底して管理する統合型ビジネスモデルである。

また，3プライス型の小売業であるJINSやZoffは，小売チェーン大手2社

表 3-4　地域企業の小売業態への進出動向（2019 年現在）

企　業	業　態	鯖江市	東　京	その他	従業者数
金子眼鏡	製造小売		台場, 有楽町, 新宿ほか	NY，大阪，札幌，仙台ほか 38 店舗	228 名
増永眼鏡	製造卸	＊	青山, 上野, 阿佐ヶ谷	大阪，名古屋，奈良	173 名
サンリーブ	製造卸	直営＊			114 名
永　井	メーカー	直営		福井	50 名
ボストンクラブ	企画デザイン	直営＊	銀座		28 名
青山眼鏡 Factory900	製造小売	＊	渋谷	大阪，横浜，群馬，岐阜	17 名
RC 社	企画・輸出			京都	12 名

注：鯖江市欄＊印は，各社商品が市内めがね会館（めがねミュージアム）・東京青山の Glass Gallery291 でも販売されていることを示す。
（出所）各社公表資料より筆者作成。

に比べると国産シリーズの展開と販売本数はそれほど多くはない。ゆえに，鯖江の完成品製造業に生産を委託するかたちをとっている。

もとは鯖江の企画商社だった金子眼鏡（株）（228 名）は，2000 年代になってニューヨークや東京をはじめとした直営店による小売業進出を積極的に展開している（表 3-4）。また同社は，プラ枠やセル枠の工場や職人の減少と今後の生産確保をにらみ，自社工場を 2006 年に設立して生産に参入した。工場の外観や内部の作業場も洗練されたデザイン・空間演出を凝らし，若い労働者や県外出身者らを引きつけている。次にメタル枠の生産協力先の体制強化を図ろうとしたが，メタル枠はプラ枠に比べて工程数が 4 倍で分業先の管理もそうたやすくない。そのようなおり，仲介会社を通じて完成品メーカーの M&A 提案を持ちかけられ，渡りに船と買収する（2016 年）にいたる。このように，金子眼鏡は鯖江における SPA モデルをもっとも体現した存在（製造小売）といえる。

そのほか，製造卸やメーカー，企画デザイン・輸出などの各業態において，卸売以外に自社企画した製品を自社の直営店で消費者に販売する動きも一部で活発化している。そこに企業規模による制約は，大きく後退している。ただし，鯖江の産業集積の趨勢としては，多くの中小・中堅規模の会社による地域の社会的分業関係を基本とした生産に注力した経営モデルが主流である。

②加工業が自社ブランド展開し EC 業者と連携

もとは眼鏡のテンプル加工を行う加工メーカーだったが，3 代目が事業承継したころから自社デザインの眼鏡づくりと販売に挑戦したのがPJ社（6名）である。眼鏡1本を1枚のアセテートセルロイド板から切り出す小型加工機を導入し，テンプルだけでなくフロント（前枠・リム）のカットも容易となった。必要な部品は地域で調達可能だったので，自社ブランド製品の製造に乗り出したのが2011年である。

奇しくも同じ頃，日本製眼鏡の品質の高さをアメリカ留学で認識して，帰国後，東京で眼鏡のEC販売事業を立ち上げたのがオーマイグラス株式会社である。同社も鯖江の「職人シリーズ」やデザイナーと鯖江のメーカーをコラボさせるなど，ネット通販で鯖江製品を世に送り出している。その中で，同時期にブランド立ち上げを行っていたPJ社のセルロイド眼鏡も，同社のラインナップに加わることになった。その後，オーマイグラスは実店舗販売にも乗りだしている。

わずか数本から受注可能な一貫生産体制を零細規模で可能にしたPJ社は，新時代のICTによるネット通販会社を通じて販路を確保できた希有なケースかもしれない。しかし，従来の仕事や商取引慣行に拘泥され，ビジネス上の挑戦をしなければ生き残るのは難しい。

③外国人起業家を呼び寄せる集積の引力

世界の眼鏡業界で，日本の眼鏡集積地SABAEを知らない人はほとんどいない。ただ，その地に出向いて会社を立ち上げるような人物もほとんどいない。韓国で眼鏡貿易の仕事に従事していたHG氏は鯖江の製品を扱うなかで，その透徹した職人仕事に敬意を抱き，鯖江の製品を独自の流通で世界に販売したい思いを募らせていた。来日して鯖江の会社で働いたのち，2010年，鯖江に小さなオフィス（RC社，12名）を構え，自らのブランドによる製品を展示会に出展して橋頭堡を築いた。

基幹ブランド（59HYSTERIC EYEWEAR）のコンセプトは，「1980年代の日本の郷愁を現代風にリメイク」するであった。はじめは資本力や信用力に乏しい同氏らではあったが，鯖江の歴史と技術蓄積を踏まえて，生産を終えた金型を再活用したクラシックな定番眼鏡を主軸とした製品をつくり，日本人では思いつかない産業集積機能の使い方を独創した。

ヴィンテージ仕様のコンセプトから，販路はHG氏の母国である韓国をはじめ，香港・台湾，カナダやオーストラリアなどの都市部に立地したセレクトショップである。次第に業容を広げ，職人シリーズのプロデュースや地域集積企業をとりまとめた小ロットOEM受託ビジネスなども行っている。取り扱うブランドや職人シリーズも増えて，2014年には京都に直営店をオープンするにいたった。海外セレクトショップへの輸出ビジネスに加えて，京都のインバウンド需要を見越した事業展開といえる。

④グローバル価値連鎖（GVC : Global Value Chain）

眼鏡業界の世界的な潮流に，企画・デザイン，生産・調達，販売（卸売・小売），マーケティングにいたるまでグローバルな経営資源を連結（価値連鎖）・統御することによって顧客満足と収益を確立するグローバル価値連鎖（Global Value Chain: GVC）モデルがある。

鯖江の企業でもっともこれに成功しているケースは国内最大手，（株）シャルマン（国内630名，海外1000名）が知られる。シャルマンでは東京，ミラノ，パリ，NY，香港，鯖江の社内デザイナーが商品企画・デザインし，国内外の工場（鯖江，中国東莞市・厦門市）で生産，世界6カ所におよぶ販売拠点から世界中の小売店へ卸売りしている。同社の世界売上構成（2017年）は，日本34%，北米24%，欧州25%，アジア16%とバランスよくグローバルに配分されている。シャルマンが小売業まで直接進出すれば，より高度なGVC構築となる。

他方で，同社は眼鏡生産技術の医療機器への応用展開に注力している。大学や素材メーカーとのチタン系新素材の開発や産官学連携によるレーザ微細接合技術の実用化といった実績を応用し，脳神経外科や血管外科，眼科医療用具を開発した。眼鏡生産では内製中心の同社だが，医療機器の生産では地域の切削や仕上げ・表面処理など専門加工業者との協調的分業関係を構築している。

以上のような4つの生産・流通の事業革新は，代表的事例の一部である。これらを含めて，地域企業のさまざまな取り組みが，縮小・衰退期における産業集積の経済性の減退・消失を高付加価値化によって部分的に減殺している。ただ，世界的なアイウェアの市場成長への適応は十分とはいえず，引き続き大きな課題であることは間違いない。

3　研究コーナー：パラダイム転換と地域起点の企業家活動

ICT 革新とグローバル経済の広がりは，企業活動や消費行動に甚大な変化をもたらした。生産活動に特化した産業集積地は，そのライフサイクルの成熟・衰退期において収穫逓減状態になり，集積の経済性によるメリットは減退していく。実際，先進工業諸国で特定製品に特化した供給地だった多くの産業集積地はその姿を大きく変容（縮小・衰退）させてきた（植田編［2004］）。

20 世紀以来の生産方式に関する代表的な議論は，フォード生産方式（大量生産）から「柔軟な専門化」（多品種少量生産），3D/ICT 革新による大量生産方式（開発・設計と生産の分離）へ推移してきた。前の 2 つを「第 1 と第 2 の産業分水嶺」といい（ピオリ＆セーブル［1993］），3 つめを「第 3 の産業分水嶺」ということがある（港［2011］）。

この間，日本の産業集積地や地域産業・企業は国内外の競合関係において，その生産活動における工程間分業を深耕させて「東アジア化」（渡辺［2011］）された環境に置かれている。国際経済学では，この現象を工程間分業（アンバンドリング）と経済成長，貧困改善に結びつけて東アジア地域の経済発展モデルとした論説も出てきている（ボールドウィン［2018］）。

眼鏡をはじめ多くの日用品産地や産業集積地は，その地域の生産・流通構造関係に重点をおいて観察・研究されてきた。しかし，21 世紀の現在，上述したような世界経済と生産システムのパラダイム転換のもとで地域産業や中小企業を考察することが求められる。さらに，これまでの議論は暗黙的に事業者同士の経済関係いわゆる国内 B2B（社会的分業）を前提にしてきたが，スマホやビジネスプラットフォームの普及にともなった海外との B2B や消費者とつながる B2C 経済が，地方や中小企業にチャンスをもたらすことも考えられる。地域に軸足を置きつつ，グローバルな視野でビジネスを構想する企業家活動がますます重要性を増している。こうした観点に注意を払いながら，引き続き集積メカニズムの変容を事実に基づいて論理・概念的にとらえ，産業政策や中小企業経営への含意や示唆を提供することが重要である。

【演習問題】

①鯖江市（福井県）の眼鏡産業集積にみられるように，国内生産集中度が極めて高い（たとえば80％以上）の地域産業は，ほかになにがあるだろうか。

②産業集積ライフサイクルの縮小ステージにある地域産業において，地域企業の社会的分業はどのような状態におかれているか，調べてみよう。

③海外の日用品（コモディティ）ブランド企業が企画・開発から製造，小売までグローバルに管理する経営体制（SPA/GVC）を構築している場合，その成長の要因と課題は何か，グローバルな視点で論じてみよう。

【文献案内】

山本健兒［2005］,『産業集積の経済地理学』法政大学出版局。

産業集積についてマーシャルやウェーバーなどの古典理論から，クルーグマン，ポーターらの理論までカバーし，イタリアやシリコンバレーなどの事例を豊富に取り上げた良質な教科書。

渡辺幸男［2011］,『現代日本の産業集積研究――実態調査研究と論理的含意』慶應義塾大学出版会。

著者の提起した「東アジア化」は，産業集積や地域産業，全国の中小企業経営の変遷・分業構造の変容・生き残り戦略を考えるキーコンテンツとして現在も有用である。

園部哲史・大塚啓二郎［2004］,『産業発展のルーツと戦略――日中台の経験に学ぶ』知泉書館。

開発経済学の専門家による異業種参入ともいえる産業集積論の展開は刺激的で，開発国に限らず先進国の経済低迷や貧困問題を産業発展論として提示している。

港徹雄［2011］,『日本のものづくり　競争力基盤の変遷』日本経済新聞出版社。

ものづくりで国際的な競争力基盤を形成した日本の製造業・中小企業の到達点をICT革命にともなう「第3の産業分水嶺」という分析視角で見つめ直した骨太の学術書。

ネルソン・R＆ウィンター・S（後藤晃・角南篤・田中辰雄訳）［2007, 原著1982］,『経済変動の進化理論』慶應義塾大学出版会。

産業集積やクラスターのライフサイクルに着目した世界の研究では，進化経済学の理論的なよりどころとして必ず参照する代表的な重要文献。

【参考文献】

青山裕子，マーフィー・J・T，ハンソン・S（小田宏信・加藤秋人・遠藤貴美子・小室譲訳）［2014, 原著2010］,『経済地理学　キーコンセプト』古今書院。

伊藤亜聖［2015］,『現代中国の産業集積――「世界の工場」とボトムアップ型経済発展』名古屋大学出版会。

植田浩史編［2004］,『「縮小」時代の産業集積』創風社。
園部哲史・大塚啓二郎［2004］,『産業発展のルーツと戦略——日中台の経験に学ぶ』知泉書館。
土岡秀一監修・福井新聞社編［2005］,『めがねと福井——産地 100 年の歩み』福井新聞社。
遠山恭司［2009］,「日本とイタリアにおける産業集積比較研究——持続的発展のための経路破壊・経路創造」『三田学会雑誌（慶應義塾大学)』第 101 巻第 4 号, pp.715–739。
遠山恭司［2012］,「眼鏡産業における価値連鎖の再設計——国内小売チャンピオンと市場・産業集積」『三田学会雑誌（慶應義塾大学)』第 105 巻第 3 号，pp.373–400。
南保勝［2008］,『地場産業と地域経済——地域産業再生のメカニズム』晃洋書房。
ネルソン・R &ウィンター・S（後藤晃・角南篤・田中辰雄訳）［2007, 原著 1982］,『経済変動の進化理論』慶應義塾大学出版会。
ピオリ・M・J & セーブル・C・F（山之内靖・永易浩一・菅山あつみ訳）［1993, 原著 1984］,『第二の産業分水嶺』筑摩書房。
藤岡陽子（2016）『おしょりん』ポプラ社。
ボールドウィン・R（遠藤真美訳）［2018, 原著 2016］,『世界経済　大いなる収斂——IT がもたらす新次元のグローバリゼーション』日本経済新聞出版社。
港徹雄［2011］,『日本のものづくり——競争力基盤の変遷』日本経済新聞出版社。
山本健兒［2005］,『産業集積の経済地理学』法政大学出版局。
渡辺幸男［2011］,『現代日本の産業集積研究——実態調査研究と論理的含意』慶應義塾大学出版会。
Belussi, F. & Sedita, S. R.［2009］, “Life Cycle vs. Multiple Path Dependency in Industrial Districts”, *European Planning Studies,* Vol. 17, No. 4, pp.502–528.
Potter, A. & Watts, H. D.［2010］, “Evolutionary agglomeration theory: increasing returns, diminishing returns, and the industry life cycle”, *Journal of Economic Geography,* Vol. 11（3）, pp. 417–455.

資　料
福井県［2018］『福井県の工業』
福井県［2018］『平成 28 年度版　福井県統計年鑑』

第Ⅱ部

中小企業ネットワークの多様性と地域経済

第4章

横浜市金沢産業団地発祥のコマ大戦
——中小企業のイノベーション・ネットワーク

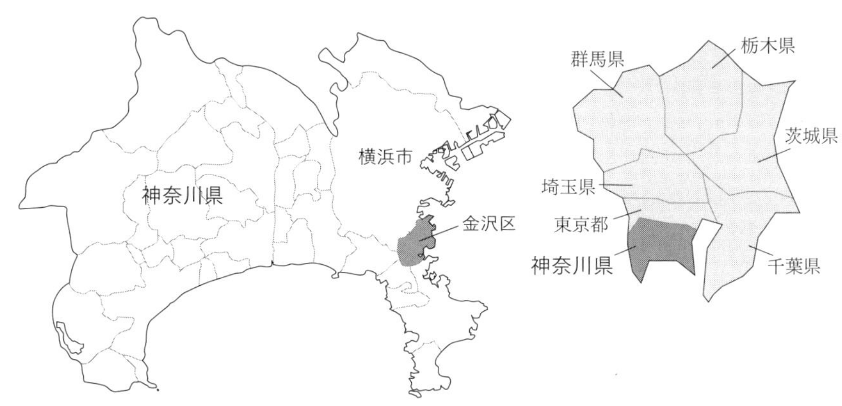

横浜市金沢区のプロフィール

●中小製造業のネットワーク組織である全日本製造業コマ大戦を生み出した地域

●人口：196,053人（2019年2月末現在，住民基本台帳）

●自然・地理・歴史：面積は約30.68㎢。周囲を海と山に囲まれている。金沢産業団地が存在し，ものづくりの集積地である。

●主な産業・産業構造：製造業

●代表的な企業・機関：中小製造業の全国ネットワーク組織を創り出した株式会社ミナロ（異業種間，地域間との連携を重視している）

キーワード：中小企業の異業種交流　中小企業のイノベーション（新製品開発・販路開拓）　ものづくり人材育成

本章のねらい

中小企業は，大企業よりも経営資源が乏しい。中小企業が新たな経営行動を行うためには，経営資源の制約が課される。中小企業が自社では不可能な経営行動を他社とネットワークを築き，新製品開発等を実現している事例は多くみられる。

本章では中小企業のネットワークに着目し，その成果について分析する。主な事例として取り上げるのは，全日本製造業コマ大戦（以下，コマ大戦）並びにミナロの経営行動である。なぜ，ミナロはコマ大戦（現在，特定非営利活動法人 全日本製造業コマ大戦協会）を形成したのか。また，中小企業の企業間ネットワークの範囲が地域外に及ぶ場合のメリットとは何なのか。中小企業の企業間ネットワークが参加企業の新製品開発，販路開拓，人材育成・採用にどのように影響しているのか。中小企業の企業間ネットワークが，中小企業の存立維持可能性にもたらす示唆とは何なのか。本章はそれらの問題意識について，コマ大戦の事例を通して分析していく。

図 4-1　ミナロが所在している金沢産業団地

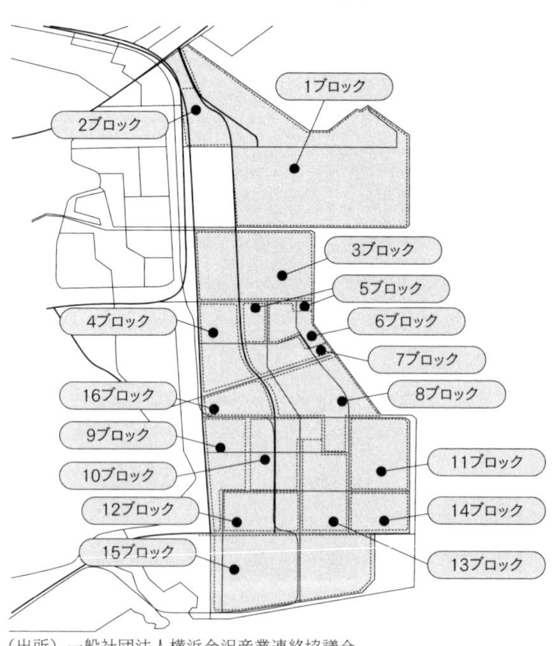

（出所）一般社団法人横浜金沢産業連絡協議会
http://www.sanrenkyo.jp/_0030

1　ケースを見る：全日本製造業コマ大戦とは

(1)　金沢産業団地とは

金沢産業団地は，埋め立て地に存在する工業地帯である。この工業地帯は，1971年に総事業費約1800億円が投じられ，造成が進められた。完成後，中小企業（製造業）を中心として，約250社が操業を始めた。

当時，日本各地では，住工混在による工場の生産環境と住民の生活環境との調和が困難となり，公害問題等による住民からの訴えによって，中小企業の操業自体が危ぶまれていた。このような背景から，金沢産業団地は，中小企業の工場移転事業として，誕生したのである。

金沢産業団地に移転した中小企業が，業種別に組織化し，お互いの力を集結できるように，当時の横浜市が工場建設を誘導した。また，金沢産業団地に移転した中小企業等の活動の円滑化，従業員の福利厚生，団地環境の保全等を図ることを目的に，「横浜市金沢産業振興センター」が設置されている。

金沢産業団地は，既述しているとおり，さまざまな業種が集積しており，異業種間の情報交流（技術交流等）をはじめ，新たな技術開発を可能とする土壌が醸成されていった。また，中小企業の共同化（組織化）が推進され，中小企業は公的資金による資金調達，事業所間の受発注の共同化による設備投資の二重を防ぐことができた。

金沢産業団地は，埋め立て地としては，約660haの広さがあり，このなかには，工場，住宅，海の公園，公共用地が計画的に作られており，地域社会との接点も豊富である。工業団地と近接する住宅地との融合を通して，新しい地域社会の形成が進められている。

記述してきたとおり，金沢産業団地は，製造業のさまざまな異業種が存在しており，お互いの顔が見やすい集積地となっている。新製品開発はもちろん，市場動向の情報交換等をもとに，既存事業から新たな事業を創出するために，中小企業が活動している地域である。

(2) 株式会社ミナロについて

株式会社ミナロ（以下，ミナロ）は，金沢産業団地に立地している。ミナロの事業内容は，木型，モックアップ，モデル製造，検査治具製造，ケミカルウッド材料販売，インテリアデザインである。取引先は大企業から一般消費者まで存在し，BtoB から BtoC の幅広い商圏を確保している。新規顧客開拓の手法としては，自社 HP を活用し，多様なニーズに応えられるように，数多くの商品開発やケミカルウッド材料販売等を実現している。

ミナロの創業者である緑川賢司氏（以下，緑川氏）は，元々木型の企業に勤めていた従業員だったが，その企業が廃業することになり，緑川氏と他 2 名の合計 3 名で現在のミナロを創業した。創業当時は取引先も少なく，経営基盤が脆弱であったが，既述しているとおり，自社 HP を積極的に活用し，顧客の要望に応じて商品開発やケミカルウッド材料販売を行う事業展開によって，取引先の幅を広げていった。

(3) コマ大戦の歴史

コマ大戦は，ミナロの緑川氏の思いから始まった。緑川氏は，自社を取り巻く経済環境の変化に対応するために，金沢産業団地の他企業と何か連携できることはないかと考えた。しかし，金沢産業団地が誕生して歴史が浅く，他企業は自社の事業運営に注力しており，緑川氏が声をかけても協力してくれる企業が見つからなかった。緑川氏は金沢産業団地にこだわるのではなく，横浜市，神奈川県に所在地がある知り合いの中小製造業に声をかけて，「技者」という技術交流等のネットワーク組織を発足させた。その延長線上に「心技隊」というネットワーク組織を 2003 年頃発足させた。「心技隊」は，共同開発，共同受注を目指すためのネットワーク組織である。「心技隊」の参加企業を集めるために，緑川氏は企業訪問等を行った。「心技隊」では，コマ大戦の基礎となる話し合いがされて，製造業者 20 社で構成されるコマ大戦が 2011 年に発足された。参加企業は，SNS 等で募集し，製造業者の内訳は，金属加工業が中心であった。

(4)　コマ大戦の発足

緑川氏は株式会社由紀精密（航空部品等，精密切削加工に精通した企業）が製造した小さなコマに注目した。このコマは，株式会社由紀精密が2011年の国際パリ航空宇宙展に出展した際に，そのノベルティグッズとして製造されていた金属製のコマだった（全日本製造業コマ大戦特別取材班［2013］，p.8）。

緑川氏は「小さなコマなら旋盤で簡単に，たぶん10分もあればつくれる。旋盤は製造業ならほとんどもっているし，材料も端材を使えばいい。仕事の負担にもならないし，誰でも参加できるだろう。コマどうしを戦わせる喧嘩コマは盛り上がるはず」（全日本製造業コマ大戦特別取材班［2013］，p.8~9）だとコマ大戦の構想を練った。

緑川氏はSNSのツールであるFacebookにコマ大戦の概要を掲載した。早速，Facebookを見た同業者等から，参加してみたいとの声が上がった。神奈川県だけでなく，茨城県や福井県等に所在地がある企業からの参加表明もあった。

緑川氏は，想定以上にコマ大戦の需要があることに驚いた。コマ大戦の期日は，「テクニカルショウヨコハマ2012」と定めた。開催日まで４カ月の間で大会のルール等の構想準備が始まった（全日本製造業コマ大戦特別取材班［2013］，参考)。ある飲食店に「心技隊」のメンバーが４名集まり，どの工場でも持っている旋盤を想定し，コマの規格を20.0mmとした。（全日本製造業コマ大戦特別取材班［2013］，p.10~11)。

コマは機械で回すのではなく，人の手で回すことにした。なぜなら，人の手が加わることによって人為的なミスが生まれ，競技に味がでるとしたからである。コマを回す土俵は緑川氏が手がけているケミカルウッド（人口木材）を使用することになった（全日本製造業コマ大戦特別取材班［2013］)。

(5)　コマ大戦の概要

①コマ大戦の理念

コマ大戦には，ネットワークを形成するうえで，重要な理念が存在している。以下から述べていく。中小企業（中小製造業）は下請として，他社製品の一部（部品等）を製造しているケースが多い。中小企業は日本のものづくりの土台を担っている。なぜなら，大企業は，自社製品に必要な部品を全て内製化しているわけではないので，中小企業の部品が欠かせない。

しかし，中小企業の多くは，技術力や設備を保持していても，自社製品を製造しているケースは少ない。自ら市場を開拓する機会がないのが実情である。中小企業の技術力を世間一般に宣伝することは困難である。コマ大戦は，参加企業がコマを製造し，コマ同士をぶつけあって，競い合う競技を通して，自社製品技術をアピールすることができる。つまり，製造業に興味がない多くの人たちに対して，自分たちの存在を宣伝できるのである。

コマ大戦は，日頃，大企業の下請として，世間に存在が知られていない中小企業が，光を浴びる場となるのである。多くの人たちに自社が注目されることで，さらに競技で勝つことで，自社の技術力やアイデア力等を内外に示すことができる。

また，コマ大戦に参加することで，いままで関係性がない全国的な人的ネットワークを築ける。異業種交流のなかで，自社が知らなかった技術，製品，業種動向等の情報交換が可能となる。コマ大戦は，自社の新製品開発等のきっかけの場ともなる。一方，コマ大戦は，中高生，大学生等の若い世代に対して，アピールすることで，製造業に関心を持ってもらうことも目標にしている。コマ大戦は，中小製造業の存立維持可能を実現するためにも，活動の場を広げている。

以上の理念をもとにしたコマ大戦の目的は，日本製造業に活気を与え，経済的成長を目指す。第１に，製造業者たちのモチベーション向上，第２に，学生および子供たちの製造業への就職，第３に，参加者の情報発信力の増強，第４に，日本国内および世界への技術アピール，第５に，BtoC の販路確立，第６に，市場の創造と拡大である。

②主な競技ルールとコマの形状等

全日本製造業コマ大戦の HP（https://www.komataisen.com/）を参考に説明していく。中小製造業が製造したコマを使用し，土俵において１対１で戦う。トーナメントを勝ち上がり，優勝したチームは，その大会の出場コマを「総取り」できる権利がある。

コマ大戦公式戦にて使用されるケンカゴマは直径 20.0mm 以下，全長 60.0mm 以内となっている。コマは参加企業が自社技術をもとに設計し，精密な機械を使用して製造されている。コマの直径は，静止状態で回転軸に対し20mm以下，コマの全長は静止状態で60mm以下となっている。土俵の外に出るか，先に止まってしまったら負けとし，2連勝した時点で試合終了となる。土俵との接地面以外の部分が動いていても接地面が止まっていたら1敗とする。

行司の「はっきょい，のこった」の掛け声がかかる前（コマを土俵に投げ入れる前）のコマの変形は禁止とし，変形してしまった場合は1敗とする。径や全長が変わるような変形コマにおいて，回転後の静止状態が回転前の形状に戻っていない場合，相手の状態に関わらず1敗とする。

図4-2　コマで対決している様子

（出所）コマ大戦WEB　https://www.komataisen.com

図4-3　コマを回す土台

（出所）コマ大戦WEBショップ　https://store-m.jp/SHOP/koma-015-102.html

コマ大戦に出場する各チームは勝つために，さまざまな工夫を凝らしている。大企業も注目し，参加の意向を持つケースも増加している。企業以外は，一般や学生（高等専門学校等）の出場も可能となっている（ただし，大会ごとの主催趣旨による）。

コマを回す土台は，真ん中が少しくぼんでいることにより，コマ同士のぶつかり合いを演出し，相撲になぞらえて「土俵」と呼ばれている。土俵はコマとコマを戦わせる台である。直径250mmで，中央部が少し凹んだ700mmのすり鉢状である。素材はケミカルウッドで，表面にフィルムが貼ってある。

③世界コマ大戦

コマ大戦は，世界コマ大戦を開催している。第1回のコマ大戦の懇親会で世界コマ大戦の構想が考えられた。7カ国（タイ，インドネシア，ベトナム，韓国，アメリカ，日本）が参加している。参加国を探す際は，独立行政法人国際協力機構（以下，JICA）の協力を得ている。JICAのシニアボランティアの力を借りて，第1回世界コマ大戦は，2015年にボリビアで開催された。コマ大戦のメンバーであるK社は，世界コマ大戦をきっかけに知り合った海外企業との共同開発も実現している。全日本製造業コマ大戦は，今後，2020年に第2回の世界大戦を検討されている。

(6) コマ大戦から誕生した独自のコマ製造，販売

コマ大戦に参加した中小企業のなかには，優勝したコマやユニークなコンセプトのコマを自社開発し，BtoCで販売している事例がある。BtoCの窓口としては，全日本製造業コマ大戦公式WEBショップ（https://store-m.jp/）が存在している。以下では，コマの種類について取り上げる。

表4-1　コマ製品の種類

コマ製品を製造，販売等をしている（会社）	概　要
株式会社ミナロ （木型，検査治具製造，ケミカルウッド材料販売等を事業としている）	メカニックデザイナーの大河原邦男氏がJMRP（全日本製造業活性化計画）のためにデザインされたオリジナルロボ「イグザイン（IXINE）」をイメージしてコマ大戦用のコマにしている。
株式会社岩沼精工 （プレス加工，機械加工，板金加工の試作を事業としている）	希望が叶うコマとして，「きのこま」を製造，販売している。
有限会社シオン （切削加工，研削加工，精密金属加工，航空機部品を事業としている）	第2回全日本製造業コマ大戦の全国大会にて自社が優勝したコマのレプリカミニモデルを製造，販売している。
有限会社カジミツ （建築用機械部品切削加工，メッキ用金札製造販売，鉄工芸製造等を事業としている）	愛知県半田鉄工協同組合・地域協産プロジェクトから生まれた商品である愛知県半田市公認の「ごん吉くんコマ」を製造，販売している。
五光発條株式会社 （線ばね成形加工を事業としている）	ベアーリング内蔵のコマを製造，販売している。
有限会社スワニー （製品設計開発，試作サポートを事業としている）	花開くサクラコマ，タオレネード，プチトマトコマ等の設計デザインに関わっている。

（出所）筆者作成。

コマを製品化した企業の特徴としては，第１にコマ大戦で優勝したコマを製品化したもの，第２に地域企業等と連携し，ユニークなデザインを採用したコマを製品化したものである。さまざまなコマの製造，販売を可能とした背景には，コマ大戦の参加者との交流を通じて，新製品開発のアイデア考案につながったことがあげられる。また，コマの販売を自社のみが行うのではなく，共通の販売サイトを運営することで，販売促進が可能となっている。コマ大戦をきっかけに製造したコマ以外にも，自社の本業に絡めた新製品開発を行う企業も現れている。

2　ケースを解く：なぜ，中小企業は企業間ネットワークを構築するのか

中小製造業は，自社製品開発，販路開拓等が大企業と比較して，なぜ困難なのだろうか。また，中小企業の企業間ネットワークとは，どのような組織なのかについて先行研究をもとに分析していく。

(1)　中小企業の下請制における議論――下請制論争

まず，下請制議論に触れていくことで，下請中小企業の事業性がもたらす本質的な経営課題等を把握する。戦前，戦中の下請論争には，藤田・小宮山論争というものがある。小宮山琢二は下請工業とは，生産工程のなかで元請大企業と下請中小企業とが有機的に結合しており，そのことにより，生産力の発展，技術水準の向上を可能としていると述べている（小宮山琢二［1941］）。

一方，藤田敬三（1965）は，小宮山琢二の議論と違う視点を展開している。藤田敬三は，生産工程のなかで元請大企業と下請中小企業とが有機的なものではなく，単に商業資本の工業支配と捉えて，下請中小企業の賃金格差を利用した収奪としている。

両者の議論を簡素にまとめると，元請大企業は下請中小企業に対して，下請中小企業の品質向上を可能とする技術的な協力関係を構築していると主張しているのが，小宮山琢二であり，元請大企業は下請中小企業に対して，技術的な協力関係を構築していないと主張しているのが藤田敬三である。

表 4-2　下請制論争の変遷

藤田・小宮山論争	・小宮山：生産工程のなかで元請と下請とが有機的に結合しており，そのことにより，生産力の発展，技術水準の向上を可能としている。 ・藤田：生産工程のなかで元請と下請とが有機的なものではなく，単に商業資本の工業支配と捉えて，下請中小企業の技術交流はみられない。
系列論争	・下請中小企業の技術水準の向上を強調し，下請問題であった収奪等の関係を否定している。下請制における研究課題は，下請取引としてではなく，外注取引一般，それにもとづく社会的分業一般として，社会的分業システム，ネットワークの有効性の解明になった。
効率性評価論	・5つのアプローチ（非下請専門加工企業論，問題性還元論，支配従属・準垂直的統合論，独自受発注関係論，階層的分業構造論）が存在している。

（出所）筆者作成。

藤田・小宮山論争は，戦後の下請研究に大きな影響を及ぼし，大企業と中小企業の取引関係のあり方について，さまざまな議論の軸となっていくことになる。そのなかで，効率性評価論を取り上げる（渡辺幸男［1997］）。以下の5つの議論に分類することができる。

以下からは，5つのアプローチについて，簡単に整理してみる。

非下請専門加工企業論

下請中小企業が技術的に高度化することにより，専門加工企業として下請関係を離脱し，あるいは下請問題を解消したと認識することを出発点とする。下請中小企業は同時に，技術的高度化を前提として元請大企業と下請関係が従来とは異なる取引関係を結ぶことにより，高い効率性を発揮できるとする議論（中村秀一郎，清成忠男の議論）である。

問題性還元論

下請中小企業の取引関係で新たな動向を踏まえながら，高度な階層的下請関係の収奪的側面や低賃金利用側面，従来下請問題の中心とされてきたこと自体の現代的な効率的利用こそが，日本の機械工業に強い国際競争力をもたらしているとする議論（代表的なものとして池田正孝の議論）である。

支配従属・準垂直的統合論

日本機械工業の下請関係において，元請大企業が下請中小企業を内製に準じた形で利用する点に着目している。下請中小企業を下請企業間の激しい競争にさらし，かつ内製と同様な利用が可能であるのが，日本機械工業の下請関係の特色であり，それが日本の機械工業の競争力の根源の１つであるとする議論（代表的なものとして中村精の議論）。

独自受発注関係論

日本機械工業の受注・発注関係，特に元請大企業と下請中小企業との取引関係に着目し，他国にないその関係の独自性に注目する。先の従属・準垂直的統合論と異なる点は，従属関係を前提とせずに受注・発注関係の独自性に注目する議論（代表的なものとして浅沼萬里，港徹雄，三輪芳朗の議論である）。

階層的分業構造論

下請中小企業が階層的に収奪される階層的分業構造のなかにあるゆえ，下請分業構造全体として効率性（下請中小企業は特定加工に専門化することにより，生産性を向上できる）を発揮しうるという議論（代表的なものとして永山利和の議論である）。

日本機械工業の急激な発展，高い国際競争力の水準が見受けられるようになったことで，下請中小企業に対する国際的な評価は高まった。その結果，日本において，下請中小企業の技術的な遅れ，近代化の必要性，元請大企業への従属，元請大企業による収奪等の問題性以外の議論が活発になったのである。

一方，海外研究者による日本の下請関係研究が数多く存在する。1990年代に日本の下請中小企業と元請大企業との企業間関係について，ダイアー＆オウチ［1993］「Dyer, J. H. and Ouchi, W. G.［1993］“Japanese-Style Partnerships: Giving Companies a Competitive Edge,” *Sloan Management Review,* Vol.35,

No.1, pp.51-63.」は，日本の自動車メーカーの国際競争力を解明するために，「日本式」企業間関係に着目した。当時の日本の自動車メーカーは，アメリカの自動車メーカーよりも製品価格が安価で良質な品質を実現しており，市場競争力は日本の方が有利であった。ダイアー＆オウチはこの競争力の源泉を，日本の排他的な下請中小企業の購入関係（企業間関係）としている。また，ダイアー＆オウチは日本の企業間関係の効果として，日本の企業間関係は，下請中小企業と元請大企業が製造に関するコストを最小限にし，さらに製品品質を高めることであると述べている。

(2)　中小企業のネットワークの諸議論

1970年代から1980年代にかけて，日本は低経済成長期を迎え，「地方の時代」が叫ばれるようになる。「地方の時代」というフレーズが誕生した背景には，当時の資源・エネルギーの制約，大工場等による環境問題の深刻化，消費者ニーズの量から質への転換，発展途上国による国際競争力の向上等の変化があった。さらに，日本経済の高度経済成長期はオイルショックの原油高等の影響を受けて，終焉を迎えることになる。大量生産ではなく，多様なニーズに対応するために，多品種少量生産による製品開発が求められていくことになる。

①「柔軟な専門化」とは

ピオリ＆セーブル（1984）は，1970年代における先進国の大量生産体制（耐久消費財の市場飽和等）の限界を指摘し，大量生産体制に代わる「柔軟な専門化」なる概念を提示した。「柔軟な専門化」とは，イタリアの中央部および北西部の製造業にみられる，企業間ネットワークを活かし，各企業が熟練した技術を用いる方式である。つまり，「柔軟な専門化」は，消費者のライフサイクルの多様化に対応するために，常に製品品質を高めていく戦略ともいえる（ピオリ＆セーブル［1984］）。

経済発展をともなう生産技術の進展の主体として中核となるのは，大量生産体制を担う大企業ではなく，伝統的なクラフト的生産システムを担う中小企業と，その集積によって形成される地域コミュニティである。中小企業は，地域コミュニティを活用し，保有する生産要素を再配置することで，生産工程を継続的にイノベーションし，市場変化に対応できる多品種少量生産を実現できる。

ただ，地域コミュニティは，コミュニティ内での共有されている思想等を持たない外部者を受け入れない側面もある。外部者の知識，情報等に触れる機会が減り，イノベーションが阻害される可能性もある。

一方，地域コミュニティでは，参加メンバー同士が平等ではなく，互いのヒエラルキーの地位をめぐって，競争することで，イノベーションが推進されるケースがある。また，地域コミュニティは，他の地域コミュニティとの競合によって，参加メンバーが協同し，イノベーションが活発になることもある。中小企業は，企業間ネットワークによって，多品種少量生産を可能とし，市場の変化に柔軟に対応できる生産体制を構築できる存在といえる。

②中小企業のネットワーク組織

中小企業は大企業との取引関係のみではなく，コマ大戦のように中小企業間同士のネットワークに活路を見出すケースも増えている。中小企業のネットワークに関する主な組織については，以下のとおりにまとめることができる（表4-3参照）。

中小企業が参加しているネットワーク組織としては，最も多いのが任意グ

表4-3　ネットワーク組織の種類

ネットワーク組織	概　要
下請・系列組織	自動車，家電等の分野において中小製造業に多くみられる組織
異業種交流	異業種間で情報交流，共同開発，共同受注等の目的別で定期的に会合を開き，自社の経営向上を目指す組織
農商工連携	中小商工業者と農林漁業者とが連携し，互いの「技術」や「ノウハウ」を持ち寄り，新商品，新サービスの開発等を行い，需要開拓を行う組織
中小企業組合	中小企業が1社単独では難しい事業を，数社が集まり相互扶助の精神にもとづいて実施するための組織として協同組合を始めとする組合組織
商工団体（商工会議所・商工会）	「その地区内における商工業の総合的な発達を図ること」と「社会一般の福祉の増進に資すること」の2つが組織目的となっている組織
産学連携	大企業だけでなく中小企業においても大学や高専等との共同研究や受託研究といった連携活動を行う組織
業界団体	自主的に業界のなかで，グループを形成し，会員同士で新製品開発等に取り組む組織
チェーン組織	商業（飲食店を含む）とサービス業にほぼ限定されるネットワーク組織がチェーン組織

（出所）関・中山編（2017）を参考に筆者作成。

ループといえる（関・中山編［2017］，p.2）。任意グループとしては，異業種交流，農商工連携等が考えられる。中小企業は，下請・系列組織，中小企業組合，商工団体（商工会議所，商工会等），産学連携，チェーン組織といったネットワーク組織に参加していることもある（関・中山編［2017］，pp.2-3）。

なぜ，中小企業は，任意グループを形成し，その任意グループに参加するのであろうか。中小企業の任意グループに関する先行研究では，知識共有という視点で考察されている。

一方，自社だけでは完遂することができない，事業展開も考えられる。中小企業自身が主導して，他社と任意グループを形成し情報交換や共同開発，共同受注を可能としているケースはある（関・中山編［2017］）。任意グループは，参加企業同士が物理的に近い縁で，経営者同士が友人関係にあるグループから，異業種で地域も離れた人々でグループを形成している等，全国に多彩なグループが存在する（関・中山編［2017］）。

企業間ネットワーク組織は，「共同事業，経営・技術情報確保，信用力の向上，新技術，新製品開発，資本，販売，技術提携，政策提言等（関・中山編［2017］，p.2）」を目的に形成される。企業間ネットワーク組織の成果としては，既存技術を応用して，新製品開発への着手，日本企業や海外企業との共同事業による異業種分野への展開，従業員の人材育成，確保，自社の社会的信用力向上，地域資源の獲得，大企業との技術交流，海外の製造業との共同等とが考えられる（関・中山編［2017］）。

③全日本製造業コマ大戦のネットワーク組織

コマ大戦は，既述しているとおり，中小企業の企業間ネットワーク組織である。関・中山編（2017）の概念でコマ大戦のネットワーク組織を分析すると，異業種交流の組織に該当すると考えられる。コマ大戦の目的は，自社における技術力のPR，自社製品開発，販売，情報交換の場，人材育成・確保，信用力向上，地域資源の獲得等である。

コマ大戦からは，新規事業に展開している事例もある。S社（切削加工，精密金属加工）は，コマの製造の経験を活かして，自社製品の分野外である文房具（ボールペン）を製造，販売している。ミナロは，コマを回すための土俵を作っている。大会で使う土俵としては，1個1万2500円である。年間300個程度製造している。また，小さい土俵だと１個 1980 円で，年間 1000 個も製造する年もある。

コマ大戦は，参加企業にとって経営向上のためのステップの１つとなっている。中小製造業は，モノを売るスキルは低いケースがある。コマ大戦を通して，市場開拓のスキルを磨くことにつながっている。中小企業は，コマ大戦を通して，異業種交流を図り，そのなかで学習した知識を活かして，自社製品開発，販売を可能としているのである。

従来型の異業種交流は，共同受注，共同開発が主な活動であるケースが多く見受けられるが，コマ大戦は競技運営が主たる活動となっている。コマ大戦に参加しているメンバーは，さまざまな目的意識で集っており，自社の経営向上よりも，社会的な貢献活動を主とするメンバーも存在する。コマ大戦の強みは，多様性であり，コマ大戦のコミュニティが掲げる日本の中小製造業の活性化というテーマは，多面的な取り組みを可能としている。

コマ大戦は，共同開発や共同受注のようにハードルが高い活動ではなく，競技に参加する活動なので，いわゆる遊び感覚で，全国の中小製造業者が参加しやすくなっている。各地域でコマ大戦の地方大会も盛んに行われており，各々が目指す思想にもとづいて活動を展開している。

(3)　企業間ネットワークの効果

コマ大戦の事例からは，中小企業の企業間ネットワークに関して，イノベーションや地域社会との関係の視点で捉えることができる。中小企業は自社の存立維持を図るために，地域社会を含めた多様なネットワークを構築する必要がある。中小企業の企業間ネットワークにおけるアプローチとしては，資源依存，協同戦略，取引コスト，制度化が考えられる（西口［2003］）。

まず，資源依存アプローチでは，中小企業は大企業と比較して経営資源を持たないため，他企業との経営資源の共有化を図るために企業間ネットワークを構築するとする議論である。協同戦略アプローチでは，中小企業は他組織との協同事業を展開することで，産業構造の変化に対応する必要があるとする議論である。取引費用アプローチでは，取引が企業間ネットワーク組織内で行われるのか，価格機構によって調整された市場で行われるのかについての議論であ

図4-4　企業間ネットワークのアプローチ

（出所）筆者作成。

る。制度化アプローチでは，国等の政策支援を享受するために，企業間ネットワークを構築する必要があるとする議論である。

中小企業の企業間ネットワークに関する各アプローチが存在するが，各アプローチから考えられる経済的効果等を創出しつ続けるためには，ネットワークを長期的に維持しなければならない。中小企業の企業間ネットワークに参加している企業にとって，各社に何かしらのメリットが発生し，そのメリットが各社の経営行動の戦略上役に立つものでなければならない。

コマ大戦は，資源依存，協同戦略，取引コスト，制度化に関するアプローチで分析すると，資源依存においては，他社の経営資源を活用し，新製品開発（コマ）を行い，そのコマの販売を行うことが可能となっている。協同戦略においては，コマ大戦という組織を理念に共感した参加企業で競技を運営することが可能となっている。取引コストに関しては，参加企業間の仲間取引価格で，コマ大戦における運営費をまかなうことが可能となっている。制度化においては，コマ大戦の組織を構築することで，行政，コマ大戦の理念に共感した支援者等から人材的，金銭的な支援を受けやすくなっている。

コマ大戦は，中小企業の知識創造のネットワークといえる。知識創造のネットワークとは，参加企業間での学習を通じて，イノベーションを可能とする企業間ネットワーク（西口［2003]）である。コマ大戦は，参加企業が企業間ネットワークを通じて，製品情報，技術情報等を行うことで，新たな知見を見出し，知識が創出され，蓄積されている。

知識創造のネットワークは，従来の下請制議論との関係性が見受けられる。下請制議論は，元請大企業と下請中小企業との取引関係における生産工程について検討されてきた。つまり，下請中小企業の存立維持は，元請大企業との取引関係から見出され，その組織構造（BtoB）のあり方によって左右される。知識創造のネットワークは，コマ大戦を通じて，中小企業間の組織構造（BtoB）を活用して，参加企業の技術力向上を目指している。下請制議論と知識創造のネットワークは，BtoB を通じて，中小企業は技術力を向上させることが共通点である。

しかし，両者には差異も存在する。下請制議論は，同業種あるいは亜業種の BtoB の枠組に重点が置かれているが，知識創造のネットワークは，異業種の BtoB の枠組を中心に，地域資源の活用に重点が置かれている。知識創造のネットワークは，地域の多様性をベースに，積極的な異業種交流を通じて，イノベーションを実現し，自社単独では，展開できない事業を生み出す母体となる。

コマ大戦の知識創造のネットワークから生み出されるイノベーションの条件としては，「①不足する資源を他の企業との関係性によって補完するという資源の相互補完・相互活用の機能，②異質な組織や経営資源の組み合わせによって，それまでは成員の中に存在しなかった新しいものが生まれる創発性，③組織と組織のゆるやかな結びつきのほうが，環境変化に対して有効に対応できるという機能，④発達したネットワーク手段の活用による業務やコミュニケーションの効率化を図る4つの機能（湖中齊・前田啓一・粂野博行，［2005］，p.30-31）」が考えられる。

中小企業は企業間ネットワークを通じて，地域の多様性（地域資源）を活用することで，知識創造し，イノベーションを実現することができる。地域社会に，多種多様な企業，住民，民間団体，行政等が存在し，それらを点と点で認識するのではなく，同じ地域に根差す存在として捉える必要がある。現代において，グローバル化経済ならび国内市場が成熟化を迎えているなかで，自社単独で新製品開発に着手することは，困難である。なぜならば，製品は多くの複数の要素技術が組み合わされており，中小企業が幅広い要素技術を習得することは難しく，自社にない技術を保有する企業をはじめ，地域社会とネットワークを図り，新製品開発を行うケースが増えている。（湖中齊・前田啓一・粂野博行，［2005］）。

一方，中小企業が地域社会の課題となる福祉，環境，教育，まちづくり等に取り組み，事業性，すなわち利益を得て持続可能な事業を行う「ソーシャル・

ビジネス」の役割が重要となる。「ソーシャル・ビジネス」を基盤に，社会・経済問題の解決法としての社会サービスの変革である「ソーシャル・イノベーション」をいかに創出していくかが課題となる。「ソーシャル・イノベーション」を担う主体としては，地域に密着している中小企業が考えられる。中小企業は地域内の異なる業種間で相互の強みを活かしたネットワークを形成し，自社では実現できない高付加価値の製品・サービスを提供する事業体を形成すると，自社の信用力を高めることができる（佐竹隆幸編，［2017］）。

中小企業は，地域社会の多様性，地域資源をベースとしたイノベーションを可能とするためのネットワークを構築することが可能である。コマ大戦は，ある限定した地域内でのネットワークではなく，全国の地域とのネットワークに広がっている。広範囲の地域に広がっているネットワークは，中小企業の知識創造によるイノベーションの多岐にわたるパターンを生み出す。中小企業が地域に根差したイノベーションは，地域経済の活性化を可能とする。

中小企業のイノベーションを可能とするネットワーク（土壌）を構築するためには，率先して地域をまとめるリーダー（中小企業）が重要である。そこから形成される地域コミュニティを構築する必要がある。地域リーダーは経営資源として捉えることができる地域社会とネットワークを築き，さらに地域社会は閉鎖的であってはならず，門戸を広く開け多様性を備え，地域間をつなぐ視点が欠かせない。

(4)　人材育成・採用の考え方

なぜ中小企業は人材確保が困難なのか。中小企業は大企業と比べ，世間一般的にブランド力（ここで取り上げるブランド力とは信用力とする）が低く，大企業に人材（特に大学新卒者）が集中する傾向にある。たとえば，中小企業が全国的にブランド力を高めるために，自社の企業活動の広報について大手マスコミ等の広告媒体で行う場合，莫大な費用を捻出する必要がある。

では，中小企業は自社のブランド力をどのような経営行動で向上させたらよいのか。中小企業は事業領域によって多少差があるが，地域社会に依存している。地域社会のさまざまな組織と中小企業が連携を構築することで，地域社会でのブランド力を得られる可能性がある。

一方，地域社会に存在する地域資源の分析を十分に行ったうえで，その地域資源を活用することは新製品開発，販路開拓等のきっかけにもなる。中小企業は地域社会とのネットワーク化を図ることで，地域社会の人々との接点を多く持つことになり，地域社会のなかで明確な存在価値を見出し，自社のブランド力創造を実現できる。地域社会において，自社のブランド力創造が可能となれば，既存の従業員は自社で働く目的意識がはっきりするのと同時に，ES（従業員満足度）の向上につながり，自社の製品・サービスの品質の改善をもたらし，CS（顧客満足度）の向上を可能とする。地域社会での中小企業に対するブランド力が形成されれば，地域住民が中小企業に興味を持ち，人材確保を円滑に行える可能性がある。

コマ大戦の創設メンバーであるミナロは，金沢産業団地を原点に，中小製造業の潜在的なパフォーマンスを地域社会に対してアピールすることに注力した。ミナロは金沢産業団地という異業種が集積した地域に立地していたからこそ，企業間ネットワークの意義を感じることができたのである。ミナロは金沢産業団地での活動を糧にし，企業間ネットワークの在り方について模索し，ネットワーク組織運営を学んだ。つまり，ミナロは金沢産業団地を発祥の地とし，現在の全国ネットワーク組織であるコマ大戦を作り上げることができた。

コマ大戦は，ミナロ自身にも大きなメリットをもたらした。ミナロは，コマ大戦という企業間ネットワークを構築していなければ，地域社会に存在すら知られていない状態であった。ミナロはコマ大戦を通じて，マスメディアに注目され，新たな中小企業の取組として，地域社会はもちろん，取引関係以外の異業種の企業，行政にも認知されるようになった。

また，ミナロで働く従業員は，自社の対外的な活動が世間に注目され，評価されることで，自分自身の仕事に対して，誇りを持っている。ES（従業員満足度）が高まり，技術開発に励み，製品の品質にも良い影響を及ぼし，CS（顧客満足度）の向上を可能とした。さらに，ミナロはコマ大戦に使用される土俵製造（新製品開発）に着手し，販路開拓も実現している。

ミナロ以外の参加企業の事例をみても，コマ大戦の競技に参加することで，コマ製造によって自社の技術力の高さ，応用力を内外にアピールすることにつながり，従業員は，自社の強みを再確認した。コマ大戦を通じて，各参加企業の所在地である地域社会と連携し，コマを軸に独自の新製品開発，販売が可能となった。

また，コマ大戦に参加していた高等専門学校の生徒が，ある中小企業が製造した精巧なコマをみて，その中小企業に興味を持ち，実際に就職した事例も存在する。中小企業の人材採用は困難なケースが多いが，その背景には，若い世代との接点が薄いことがある。コマ大戦は，中小企業と若い世代をつなげる場にもなっている。

コマ大戦は，参加企業（中小製造業）が優勝できるコマを製造するための技術力やアイデアを競い合う切磋琢磨している場，新製品開発，販路開拓の場，自社が所在する地域社会との接点の場，人材育成，採用を可能とする場，地域間の交流の場，日本の中小製造業の発展に寄与できる場なのである。

3　研究コーナー：中小企業のネットワーク化に対する政策展開の課題

1980 年以降，中小企業の異業種交流は活発化していく。当時の中小企業庁においても異業種交流の意義が認識され，施策に反映されていくことになる。異分野同士の中小企業が知識を融合し，新分野開拓を目指すために 1988 年「融合化法」が制定された。「融合化法」の制定後，中小企業を中心としたさまざまな組織体とのネットワークに関する関心が高まっていくことになる。

2005 年に「中小企業の新たな事業活動の促進に関する法律（中小企業新事業活動促進法）」が制定された。この法律は，中小企業経営革新支援法，中小企業の創造的事業活動の促進に関する臨時措置法，新事業創出促進法の 3 つの法律を発展的に統合したものであり，この法律の核に中小企業ネットワークによる新事業活動（「新連携」事業）の支援が位置づけられている。中小企業庁によれば，新連携事業とは，「中小企業が異分野の中小企業，大学・研究機関，NPO 等とそれぞれの「強み」を持ち寄って連携し，新しい市場への展開を目指し高付加価値の製品・サービスを創出する新事業活動」である。新連携事業として認定を受けた場合，融資・信用保証・税・補助金等が利用可能となる。2005 年 6 月から 2019 年 6 月時点で，新連携事業に認定された件数は，1201 件となっている。

2007年制定の「中小企業地域資源活用促進法」により「中小企業地域資源活用プログラム」が実施されている。同法は，自社で保有する経営資源を基盤に地域資源と組み合わせ，ネットワークの参加メンバーの経営資源と融合しながら「連結の経済性」を行使し，人材育成や地域住民の協力を実行することで「活性化」を目標としている。2007年10月から2019年８月時点で，地域資源活用支援に認定された件数は，2077件となっている。

さらに，中小企業による存立維持を可能とする国の支援策の１つに，地域の基幹産業である中小企業と農林漁業が連携しながら，各中小企業の経営資源を有効活用して行う新製品開発等を促進するための「農商工等連携促進法」を制定された。同法は2008年に施行されている。2008年９月から2019年８月時点で，農商工連携に認定された件数は，1823件となっている。

以上のように，中小企業のネットワーク化に対する政策は拡充され，認定件数も蓄積されている。そもそも，中小企業はさまざまな組織体とのネットワークを何故構築しなければならないのか。その理由は，中小企業が対応すべき案件が，自助努力だけで取組むことが困難であるためである。中小企業には規模に起因する経営資源の不足があり，これを補填するためにネットワークの構築が必要となる。このため中小企業政策では，既述しているとおり中小企業の異業種交流を構築・振興する各種政策が施行されてきた。

現代においてもネットワーク支援の政策が拡充されている背景には，これまでの中小企業の異業種交流において事業活動の遂行が必ずしも十分にうまくいかなかったことが考えられる。多くの異業種交流グループが結成されたものの，事業活動の遂行を行わずに休眠する等機能不全を起こすグループは少なくないと考えられる。

中小企業のネットワークを通じて，参加メンバーはネットワークによる成果だけではなく，自社のイノベーションを実現することができるという効果を享受し，ネットワークを構築しているメンバー間で存立維持に対して危機意識（経済情勢等）を共有していることが重要である。また，参加メンバーによるネットワークの成果は必ずしもビジネス先行（利益追求）のみではなく，むしろ人材育成（社員教育等）を可能にするという成果を享受しうることも考えられる。

しかし，中小企業は，ネットワーク構築の動機（危機意識（経済情勢等））の共有，そしてネットワークによる成果・効果については，検討の余地が残されている。中小企業のネットワークにおいて成果・効果を生み出すことを可能とする事業活動とはいったいいかなる組織運営が必要なのであろうか。

中小企業の企業間ネットワーク組織を長期継続するためには，利益が必要であり，その利益がなければ企業と同じように倒産・廃業するしかない。中小企業のイノベーション・ネットワークの意義が明確化していくにつれ，中小企業の企業間ネットワークに参画するメンバーは，多角化・多様化が見込まれるだろう。

さまざまなバックグラウンドを持った参加メンバーとの協同運営を維持し続けるためには，参加メンバーが求める成果・効果を生み出せるシステムを追求していかなければならないのである。今後，中小企業は社内組織運営だけに囚われるのではなく，対外的な組織運営にも関与し，内外の組織経営を両立・融合させ，イノベーションを実現する必要がある。

一方，政策においては，中小企業のネットワークが多種多様化するなかで，地方自治体は地域性に見合った独自の政策展開が求められる。その政策として，中小企業振興基本条例が存在している。中小企業振興基本条例は，地方自治体が中小企業の発展維持に責任を持ち，支援における予算等を強化する目的で定められるケースが多い。中小企業振興基本条例を制定している地方自治体は年々増加しているが，その中身は国の施策をベースに作られているものも多く，地域性が反映されていないケースも散見している。今後，地方自治体は，地域資源を活用する中小企業のネットワークの成果・効果をより認識し，地域性を帯びた中小企業のネットワークを推進する施策を検討していかなければならない。

【演習問題】

①全日本中小企業コマ大戦に参加している中小企業は，どのようなメリットを享受できるのかについて説明しなさい。

②下請中小企業と元請大企業の下請制議論についてまとめなさい。

③中小企業のネットワーク組織は，どのような組織が存在しているのか，種類や特徴について説明しなさい。

【文献案内】

黒瀬直宏［2018］『改訂版複眼的中小企業論』同友館。

問題型中小企業論と積極型中小企業論を統合する新たな中小企業論を見出している。中小企業は発展性と問題性の統一物であるとし，論拠を明らかにしている。

中山健［2001］『中小企業のネットワーク戦略』同友館。

中小企業のネットワークに関して，その構造と特質，問題点および将来展望について詳しく考察されており，中小企業経営におけるネットワークの意義を実証的に明らかにしている。

奥山睦［2013］『下町ボブスレー僕らのソリが五輪に挑む——大田区の町工場が夢中になった800日の記録』日刊工業新聞社。

中小企業のネットワーク「下町ボブスレーネットワークプロジェクト」における異業種交流の取り組みに着目している。国産初の2人乗り用ボブスレーのソリを制作のプロセスが具体的に述べられている。

佐竹隆幸［2012］『「地」的経営のすすめ』神戸新聞総合出版センター。

中小企業が地域に根差した経営を行う必要性を述べている。地域と共に歩む中小企業の事例を多数取り上げ，中・長期的な企業の信用力創造のあり方について具体的に説明している。

佐竹隆幸［2014］『「人」財経営のすすめ』神戸新聞総合出版センター。

中小企業の人材をいかに「人財」とするかを経営的な視点をもとに，事例の分析を行っている。中小企業はどのようにして「ヒト」を財（たから）にする経営を行わなければならないかを説明している。

【参考文献】

太田進一［2012］『ネットワークと中小企業』晃洋書房。

柿崎洋一［2001］「企業間関係の経営活動に関する一考察」東洋大学『経営論集』第54号，pp.147~161。

湖中齊・前田啓一・粂野博行編著［2005］『多様化する中小企業ネットワーク——事業連携と地域産業の再生』ナカニシヤ出版。

小宮山琢二［1941］『日本中小工業研究』中央公論社。

佐竹隆幸編著［2017］『現代中小企業のソーシャル・イノベーション』同友館。

関智宏・中山健編著『21世紀中小企業のネットワーク組織』同友館。

全日本製造業コマ大戦特別取材班［2013］『直径2センチの激闘——町工場が熱中する全日本製造業コマ大戦』日刊工業新聞社。

西口敏宏編著［2003］『中小企業ネットワーク——レント分析と国際比較』有斐閣。

ピオリ，M.J, C.F. セーブル（山之内靖・永易浩一・石田あつみ訳）［1993］『第二の産業分水嶺』筑摩書房。

藤田敬三［1965］『日本産業構造と中小企業』岩波書店。

藤村博之・大木栄一・田口和雄・田島博美・谷田部光一・山田修嗣［2008］『ものづくり中小企業の人材確保戦略——採用・定着のための人材マネジメント』財団法人雇用開発センター。
渡辺幸男［1997］『日本機械工業の社会的分業構造階層・産業集積からの下請制把握』有斐閣。

第5章

墨田区の印刷業——小規模企業・ファミリービジネスの事業承継と新事業転換

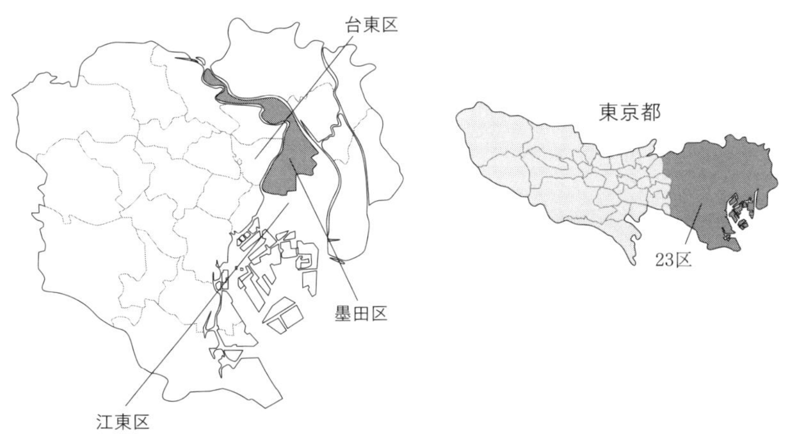

墨田区のプロフィール

●世代・業種・地域を超えるものづくり拠点

●人口：272,168人（2019年3月現在，住民基本台帳による）

●自然・地理・歴史：東京都のほぼ東端に位置し，面積は13.77平方キロメートル。明治時代より工業が発展し，現在でも都内屈指の工場数が多い区（23区中2位，2016年経済センサス）である。

●主な産業：印刷業，金属製品製造，プラスチック製品製造など多種の製造業で構成されている。

●代表的な企業・機関：アサヒグループホールディングス，小森コーポレーション，ライオン

キーワード：都市型中小企業　小規模企業　事業承継　第二創業　ファミリービジネス

本章のねらい

東京都のうち特に東部の地域では，1980年代をピークとして製造業が多く立地していたが，それ以降縮小し続けている。またこれら都内製造業は小規模企業・家族経営（ファミリービジネス）の形態をとる企業がほとんどであり，こういった企業において事業承継がなされないまま廃業してしまうことが，製造業の縮小と，かつての分業体制の崩壊を招いている要因である。しかし都内で存続する小規模企業のなかには，事業承継による世代交代だけではなく，後継者による第二創業，さらには新事業転換を実現させている企業が存在する。このような成功事例の分析を通じて，都内小規模企業・ファミリービジネスにおける事業承継の問題解決と新事業転換へ至る可能性を考察する。

1　ケースを見る：墨田区における小規模印刷業の変遷と新事業転換

(1)　墨田区の印刷業の変遷

まず江戸期から昭和期にかけての墨田区産業の変遷を概観する。江戸時代の墨田区は，瓦・鋳鉄加工・材木商などの地場産業が発達していた。特に瓦製造は，隅田川とその支流を巡る川底の土が瓦の素材に適していたことによる。明治時代に入ると近代産業の発展がみられ，皮革産業，メリヤス工業，ゴム製造工場，紡績業，セルロイド製の玩具工場などが創業した。大正時代の関東大震災を経て，大工場は郊外へ移転したものの，昭和に入ると，メリヤス，紙製品，裁縫，玩具製造を中心とした中小企業の集積地となっていった。この一方で震災復興工事が進み，鉄道や道路といった交通インフラが整備され，都心と直結するようになった。これにより同区に広がっていた農地はさらに工業地帯へと移り変わり，工場の労働者，関連業者らが集まるようになり，住宅地帯も形成されていった。第2次世界大戦の終結後，朝鮮戦争の特需景気の影響を受け，繊維関連産業（通称，糸へん）ブームが起こり，繊維産業をはじめ，金属製品や機械などの生産が活発化した。高度経済成長期に入ると都市化が進み，1970年には区内製造業の事業所数9703とピークを迎えたものの，1970年代半ばより工場の拡大化とともに区外への工場移転も進行した。なおこのような区内製造業の減少を受け，同区ではこの時期から区内製造業に対する行政の支援が必要と考えられるようになり，1977年〜78年の区内中小製造業の実態調査を経て，1979年には全国で初めて中小企業振興基本条例が制定された（東京都墨田区すみだ中小企業センター，2016）。

現在の墨田区の産業構造をみると（2016年経済センサス），印刷業（19.1%），金属製品製造業（18.8%），プラスチック・ゴム製品製造業（11.5%）と，これら上位3業種で製造業のおよそ半分を占めている。これらに続くのが機械器具製造業（11.3%），繊維製品等製造業（10.7%），皮革・革製品製造業（8.2%）と，多様な業種がまんべんなく立地している地域である。またこれら製造業のおよそ8割が従業員数9人以下の小規模形態をとっている。

現在の同区における印刷業の事業所数は133，都内全域の事業所のうち7.0%程度である。これら区内事業所のおよそ9割が従業員数9人以下の事業所であり，このことから区内印刷業のほとんどが小規模かつ家族経営の形態を取っていることがわかる。なお小規模・家族経営の傾向は1960年代から変わっていない。

印刷業の事業所数の推移をみると，ピークは1969年の365で，その後1990年代までおおよそ横ばいであった。しかし1998年以降，今日に至るまで減少が続いている。

事業所の主な事業内容の変遷をみると，1980年代までは商業印刷，事務用印刷がほとんどであった。1990年代に入るとデジタル製版やソフトウェア，ウェブサービスを掲げる事業者が増え，さらに2000年代にはDTP（Desktop publishing，パソコン上で印刷データを作成して実際の印刷を行うこと）編集をはじめとする編集分野を掲げる事業者が増えていった。

このような主な事業内容の変化と並行して，同区をはじめ印刷業に分業体制の変化がみられた。印刷業における生産工程は一般的に，印刷物のデザイン→編集・入力・組版・版下の作成，校正→製版→刷版→印刷→後加工である。1980年代まではこれら工程別に各事業者が専業化しており，事業者同士は分業関係にあった。墨田区をはじめとする都内印刷業の分業体制は，小規模・家族経営形態をとる事業者にとって，限られた土地と高地価である都内で存立できる条件であった。専業化すれば一事業者あたりの経営規模も小規模に抑えることが可能である。加えて小規模企業にとっては，都内に分業相手だけではな

図 5-1　オフセット印刷におけるデジタル技術利用，従来方式との工程図比較

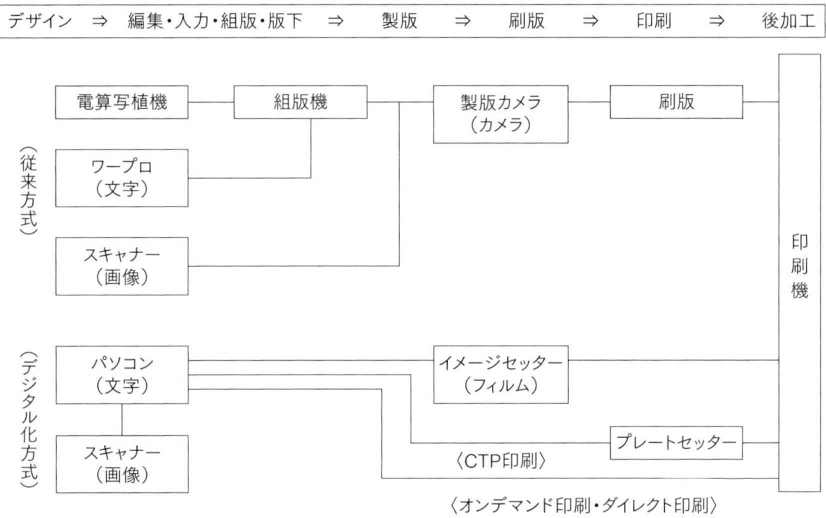

（出所）中小企業研究センター［2004］に一部加筆。

くライバル企業が立地していたとしても，多品種少量のニーズに対して，それぞれの小規模印刷業が対応するといった立地メリットがあった（三井［1981］）。

この分業関係が縮小していった主な原因は，印刷業におけるパソコンの普及をはじめとする電子化，デジタル化である。

図 5-1 では印刷方法のうち最も一般的なオフセット印刷において，デジタル化の進展による工程の短縮化を示している。従来は工程別に機械が必要であり，各事業者それぞれが専業とする工程の機械を持ったうえでの分業であったものが，複数の工程が１つの機械で行えるようになり，分業する必要がなくなっていった。そのため分業によって受発注の維持ができるといった集積のメリットはなくなり，都内から印刷業者が流出，もしくは経営者の引退をもって廃業するケースが相次ぎ，印刷業者は減少し，墨田区をはじめとした印刷業の集積は縮小してしまっている。また印刷データのデジタル化，情報通信技術の進化により，遠方の顧客とのコミュニケーションが可能となった反面，顧客と印刷業の近接性のメリットが減少することとなった。

なおオフセット印刷とは，刷版（印刷物の原本）につけたインキを，樹脂製

またはゴム製のブランケットというローラーに一度転写し，ブランケットから印刷用紙にインクを付ける工法である。刷版と紙が直接触れないため，刷版の摩耗が抑えられ，高品質の印刷が可能となるメリットがある。2016年における印刷産業の生産金額のうち，オフセット印刷が占める割合は67.2％と，近年最も広く行われている工法である。

(2)　墨田区における後継者育成

墨田区における印刷業の縮小と同じく，1970年代から現在に至るまで，同区では工場数の減少傾向が続いている。主な要因としては，海外を含めた安価な製造コストでの生産が可能な競争相手の増加と，担い手不足が挙げられる。特に後者の場合，墨田区の製造業は歴史的に小規模・家族経営形態が主流であるために，経営状況が芳しくなければ，次世代に事業承継をさせずに廃業してしまう。また事業承継が実現できたとしても，従来の分業構造が縮小，崩壊してしまっているうえ，価格競争に乗り出すのも現実的とはいえない。同区の製造業を維持，さらに発展させるためには次世代による新事業転換が欠かせず，その担い手となるのが後継者である。

墨田区では行政と区内事業者らが協働して，1970年代から後継者育成に取り組んでいる。後継者育成にかかる取り組みの代表例として，後継者塾「フロンティアすみだ塾」（以下すみだ塾）が挙げられる。すみだ塾は墨田区の産業振興課と区内企業が運営しており，入塾の対象者は区内中小企業の後継者と若手経営者であり，年齢制限は45歳程度としている。入塾期間は１年間で，2019年１月時点で15期生が現役生であり，すなわち15年続いている塾である。塾での講義内容は，塾生ら自身の企業における経営理念の策定から，理念を従業員から取引先まで企業内外へ浸透させるための方法の検討，経営における意思決定の方法，リーダーシップの養成等を目的としている。なお講義内容の策定や講師としての登壇，他地域における後継者育成塾との交流会のセッティングなど運営にかかる部分は，区内の事業者や，すみだ塾の修了生らが担っている。

すみだ塾で重要視されているポイントとして，現役生，修了生全体のコミュニケーションが挙げられる。月に１度の現役生向けの講義のほか，修了生が年度内に数回開催している勉強会がある。前者には修了生，後者には現役生の参加が自由となっており，現役生，修了生ともに同期同士のほかに年期を超えたコミュニケーションが図れる機会が設けられている。

(3)すみだ塾の修了生による新事業の取り組み例

すみだ塾の修了生らには，自社において新製品開発を実現した例が続いており，さらに新事業転換に踏み切った修了生も出てきている。本項ではそのうち，印刷業を営む後継者の例を挙げる。

2008年にすみだ塾の5期生として入塾した有薗悦克氏（以下，悦克氏）は，区内で印刷業を営むサンコーの3代目にあたる取締役社長である。悦克氏は大学卒業後，企業買収・再生に携わる企業への勤務を経て，同社に入社している。

同社は1967年3月に設立し，現在の営業品目はDTP，CTP（Computer To Plate，パソコン上で作成した印刷データから直接，刷版をつくること。DTP，CTPを合わせると同社売上全体の3割を占める），印刷（商業印刷が中心。売上全体の6割），スカイツリー関連商品の企画製造（カレンダー，マグカップ，絆創膏などのグッズ。売上全体の1割）となっている。従業員数は20人で，比較的小規模な形態といえる（以上，2018年6月時点）。

①印刷業における製造工程の変化に対する事業転換

サンコーは2000年までは一貫して製版のみを行っていたが，1980年代に印刷業で起こったデジタル化が進むにつれ事業転換を迫られた。図5-1のとおり，印刷業でデジタル化方式が広がるにつれ，製版の工程が縮小されていく。製版業を中心としている印刷業にとっては受注量が減少することにつながり，企業を存続させるために事業転換が必要になる。

同社は2003年には無人稼働が可能なCTP機械を導入し，翌年2004年には大型のCTP機械を入れ，新たにオペレーターを採用した。2006年にはフィルム製版機を導入しているが，2008年を最後にフィルム製版機の導入をストップしている。この背景として，2018年6月現在，同社の会長となっている2代目の有薗克明氏（以下，克明氏）は次のように述べている。当時，近隣の同業者が相次いで同様の機械を導入することを知り，製版の競争が激化することが見込まれたという。また克明氏は，近隣の同業者の動向について，家族経営，特に夫婦のみで単一の印刷物のみを受注しているような企業が存続できなく

表5-1　サンコー（印刷業，墨田区）の協業先と主な成果

企業など団体名	業　種	地域	協業のきっかけ	対象企業との関係性	主な成果
浜野製作所（浜野慶一）	精密板金など金属加工業	墨田	地縁，後継者塾	ワークショップの協業	ワークショップの継続的な運営
篠原紙工（篠原慶丞）	製本業	江東	2代目からの地縁（近隣に立地）	シェアオフィス入居者	セミオーダー手帳の企画，製造
フリーランサー	ライター，カメラマン等	墨田	シェアオフィスへの入居	シェアオフィス入居者	墨田区発行のリーフレット受注
イッサイガッサイ東東京モノづくりHUB	創業支援ネットワーク	台東	地縁が元	創業支援ネットワークの共同運営	企業誘致，新規創業による新たな取引先の充実
墨田区役所産業振興課	行政機関	墨田	地縁，後継者塾	創業支援の提携	(区側)区内での新規創業(対象企業)シェアオフィス新規入居者の獲得など

（出所）各社ヒアリングをもとに筆者作成。

なったことを指摘している。

ところで本項の冒頭で触れたが，サンコーは2009年のスカイツリー完成以降，スカイツリー関連商品の企画・開発・販売を行っており，これに伴い，同社では発注元を交えた企画会議にて，同社の営業担当にとって商品の企画営業にかかるOJTを通じたノウハウの習得が可能となっている。この関連商品の製造にかかる印刷工程は主に同社が行っており，また在庫管理も同社が行っている。売上に占める割合はさほど高くはないものの，印刷工程のみの受注にとどまらない事業への取り組みであることや，企画段階から発注元と協業関係にあることが，従来の事業とは異なっている点である。

②異業種との協業関係の形成による新事業展開

悦克氏が協業している相手と主な成果について，次のようにまとめた（表5-1）。

悦克氏は区内で金属の精密加工を中心に行う浜野製作所と提携し，2016年7月，ワークショップ「デジタル版画で北斎を刷ろう」を開催した。浜野製作所の第3工業である「Garage Sumida」にてレーザーカッターにより彫刻された葛飾北斎の「富嶽三十六景　神奈川沖浪裏」の版木を使い，サンコーの子会社ステージアップが運営するクリエイターシェアオフィス「co-lab 墨田亀沢：re-printing」にて5版6色刷りを体験するイベントである。同イベントはすみだ北斎美術館の開館に先駆け企画されたもので，2016年以降，年に数回開催

されている。

サンコーは商業印刷にてカラー印刷のノウハウを有しており，浮世絵の色ごとのデータ分解が可能であり，浜野製作所は金属の精密加工を得意としている。また悦克氏が墨田区を中心とした東東京の製造業振興の意思が強いことと，現在の代表である浜野氏が，墨田区を中心とした都内製造業の振興に長年熱心に取り組んでいることも，同イベントが立ち上がるきっかけの1つとなっている。なお東東京とはかつて城東地域といわれた地域で，現在の区分で墨田，台東，荒川，北，足立，葛飾，江戸川，江東，中央，千代田，文京までを含む地域である。

さらに悦克氏は受注中心の経営から脱却するべく，デザインの工程から受注することができるよう，デザインに携わる人物らと交流し，協業を行っている。その1つが表5-1中のイッサイガッサイ　東東京モノづくりHUB（以下イッサイガッサイ）である。同事業は2016年に，台東区にあるデザイン系のインキュベーション施設，台東デザイナーズビレッジの鈴木村長と立ち上げた。悦克氏がシェアオフィスの計画を立てていた2014年に，その参考のため鈴木村長が登壇するイベントを聴講したことが最初のきっかけである。悦克氏は鈴木村長が行っている，クリエイターと地域の製造業を繋げることで創業支援を行っていることに影響を受け，交流を深め，協業に至っている。イッサイガッサイでは東東京における製造業と，試作ニーズのある他地域のデザイナー等を引き合わせる事業や，同地域における空き物件の紹介を通じた新規企業の誘致などを行っている。なおイッサイガッサイについては次章を併せて参照されたい。

また悦克氏は自社が運営するシェアオフィス「co-lab墨田亀沢：re-printing」の入居者であるデザイナーをはじめとするクリエイターと協業している。印刷会社として受注した，デザインを含む案件について，シェアオフィスのクリエイターと案件ごとにチームを作り，協働して制作を行っており，たとえば墨田区内の案内リーフレットを受注，納品している例がある。

さらにシェアオフィス入居者との協業のうち，地縁にもとづく例がある。入居者である篠原紙工の代表である篠原氏とは，2017年，2社が共同し，インターネット上で行うセミオーダーの手帳作成サービス「ネットde手帳工房」の事業を大手企業とタイアップし，印刷，製本工程を分業する体制づくりを実現している。なお篠原氏も篠原紙工の後継者であり，経営者となってから自社

図5-2　開廃業件数の推移（大企業を含む）

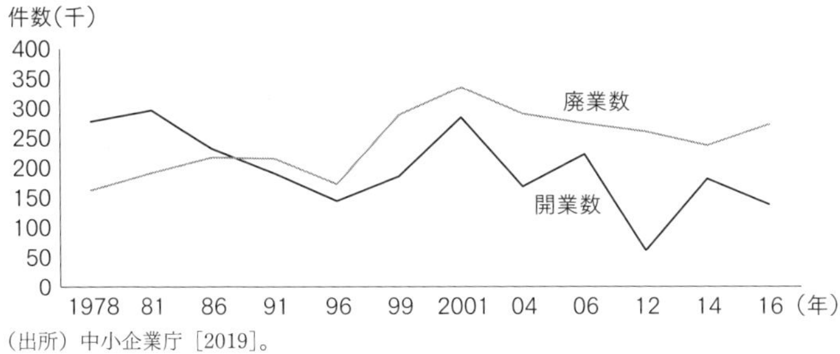

（出所）中小企業庁［2019］。

表5-2　経営者の年齢別にみる後継者の有無

	後継者あり	後継者なし
50歳代	25.2%	74.8%
60歳代	46.9%	53.1%
70歳代	57.7%	42.3%
80歳以上	65.8%	34.2%

（出所）中小企業庁［2018］。

図5-3　事業承継先別にみる割合

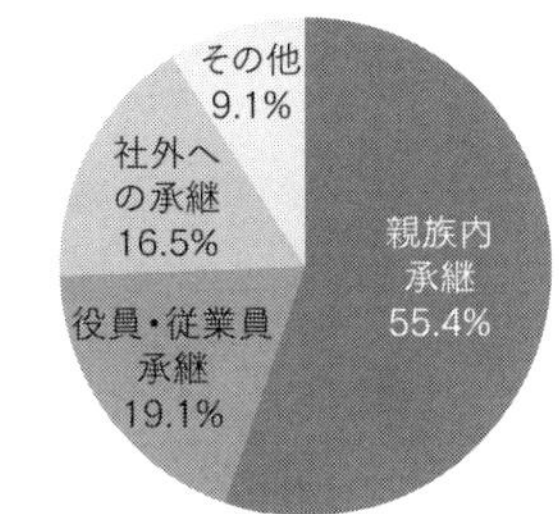

（出所）中小企業庁［2019］。

内に工場見学，ワークショップを行う「Factory4F」を設けており，同時期に「co-lab 墨田亀沢：re-printing」を立ち上げた悦克氏とは，印刷業の刷新に取り組む方向性が近いことから交流が続いている。なお篠原紙工とサンコーはかつて近隣に立地していたことがあり，それぞれの先代が代表であるころから，先代同士かつ当代の悦克氏，篠原氏らは互いに顔見知りであった。

2　ケースを解く：なぜ，小規模企業の後継者は新事業転換を果たし，事業承継問題を解決できたのか

(1)　事業承継にかかる現状と課題

まず全国の中小企業における事業承継の現状は次のとおりである（図5-2，表5-2，図5-3）。

図5-2に示した開廃業件数の推移でいえば，1991年に開業件数と廃業件数

が逆転して以来，廃業件数が上回り続けている。これは日本国内において企業数が減少し続けていることを意味している。廃業に至る背景としては経営者の高齢化・後継者の不在が挙げられ，表5–2でも示したとおり，各年代において後継者不在の割合は多く，さらに経営者の引退が見込まれる60歳代以上の経営者らのうち，平均すると48.7％が後継者不在だと回答している。なお後継者がおり，その相手は誰かを示したのが図5–3である。親族内承継が最も多く，その内訳をみると子供（男性）は42.8％，子供（女性）2.3％，子供の配偶者2.6％，孫1.5％，その他親族3.5％，となっている。

日本政策金融公庫［2010］によると，事業承継にかかる課題は企業規模によって異なり，それは次のようにまとめている。まず中小のうち中規模となる企業では，後継者が決まっている企業，決まってはいないものの事業承継の意向がある企業の割合が高く，課題となる点としては株式など資産・負債の承継，後継者の教育，後継者に対する役員や従業員からの支持・理解の獲得を挙げる割合が高いとしている。一方で小規模企業の場合は廃業予定企業の割合が高く，その背景として，子供がいても承継する意思がないと答える企業が，後継者不在を理由としている企業よりも多い。また廃業予定企業のうち，事業の将来性のなさを廃業理由として挙げる企業も多く，逆にいえば前節の事例のように，後継者となりうる子供が存在し，かつその子供自身が事業の将来性を見出していくことができれば，事業承継が行われることが考えられる。

(2)　後継者育成と第二創業

先に挙げた課題解決につながる後継者育成に関して，久保田［2011］は後継者が経営者となる，すなわち後継経営者として経営革新に至るまでの能力形成プロセスの特徴について2点提示している。すなわち，①後継経営者の社外経験，②後継経営者による承継前の新たなプロジェクト遂行などの取り組みである。これらがあることによって，後継経営者は事業承継後，従業員らに経営者として認知されやすく，かつ経営革新の効果が出やすいとしている。なお久保田が述べる経営革新には，新製品開発のほかに，企業内のマネジメントの改善も含まれている。

社外経験に関して，前節の悦克氏の例でいえば前職での経験がそれにあたる。

事業買収にはその企業の経営状況を把握し，さらに事業再生に携わるには，どのように経営状態を安定させていくか，企業運営にかかる知識も必要になる。これらの知識や経験の蓄積が，シェアオフィス運営と他企業（個人も含む）との協業の成功につながったと考えられる。

さて，後継経営者による経営革新は，第二創業ともいわれる。中小企業研究センター［2002］では，第二創業はイノベーションの一種であるとし，第二創業は行われるタイミングが事業承継の時期であることから，実際に行うのは後継経営者である。ここでいわれるイノベーションとは，中小企業基本法に則った「新商品の開発又は生産，新役務の開発又は提供，商品の新たな生産又は販売方式の導入，役務の新たな提供の方法の導入，新たな経営管理方法の導入，その他の新たな事業活動」であり，第二創業はさらに「既存企業が新たな技術や市場に進出して事業を大きく発展・変革させること」である。一度目の創業時において，これらイノベーションのいずれかが生じており，さらに経営者の交代（＝事業承継）により，後継経営者が同じ企業で創業時と同等のイノベーションを起こす現象であることから，第二創業，と名づけられている。特に中小企業において第二創業が必要なのは，そもそも環境変化と戦うのが中小企業経営であり，同じ経営方針，市場，製品に固着するのみで存続するのはほとんど不可能であることからだと示している。

本章の例でもサンコーの２代目である克明氏は，製版一本から環境変化に対応すべくCTP機械の導入を進め，さらに３代目の悦克氏はシェアオフィスを新設するといった第二創業が行われており，今日まで自社を維持し続けてこられたのである。

しかし，なぜサンコーの２代目，３代目は，それぞれ第二創業を実現し，新事業転換を成功させることができたのだろうか。その要因として考えられるのが，墨田区とその近隣地域の環境である。

(3)都市型中小企業論

サンコーは創業以来，東京都墨田区にて事業を継続している。現在でも都内に立地する全企業のうち，従業員数４〜29人の事業所は86.5％と，多くが中小企業形態をとっている（2017年工業統計調査）。この都内に多く立地する中小企業の存立条件について，異なる見解を提示した２つの研究がある。

都市型産業，都市型中小企業という概念は，清成［1972］が発端となって提唱されたものである。東京都のような巨大都市下の産業を前提とした，都市型産業のキーワードとして多様化が挙げられ，類型ならびに主な産業としては，表5-3にまとめたとおりである。前節の例でいえば，墨田区は比較的都心に位置しており，中枢管理機能関連・補助産業（準都心立地型）の１つである印刷・製本業が多く立地していることがわかる。さらにいえばサンコーの異業種との協業は，まさに都市における情報，産業の多様性があって実現したとみることができる。

都市型産業の担い手が中小企業であり，それらは都市型中小企業と呼ばれ，次のようなメカニズムによって増加していく。

都市が発展するかぎり企業の増加は続き，増加する企業は多様化していく。これに伴い多様化する需要に応えるための専門的中小企業が参入する。さらに企業の増加が進むにつれ社会的分業が深化（細分化）し，技術が進歩するとともに，高価な専門機械の導入，専門技術をもつ労働者の集積が進む。専門的中小企業からの受注（あるいは発注）などの需要を見込んで，関連産業，補助産業が立地するようになり，材料の仕入れや製品販売をスムーズに行うことが可能となる。さらに都市には多くの情報が集中するため，都市内の企業らは敏速な情報収集が可能となる。こういった都市における外部経済の存在によって，中小企業の参入が容易になり，都市型中小企業は増加していく。

このような増加の仕方をする中小企業は，外部経済に依存すること，言い換えれば分業体制を前提とする中小企業である。先の東京都における印刷業の分業体制と同様に，土地の絶対量が少ないうえ，高地価である都市においては，中小規模で立地し，周辺企業と分業体制を構築することが合理的といえる。

(4) 小規模企業論

清成は都内に中小企業が増加することを示しながら，都心には高生産性を持てず，高地価による高い家賃，高い賃金を負担できない中小企業は存立しえないことを指摘した。この考えに批判的な立場に立つのが，巽［1974］と中山［1976，1981］である。巽らは東京都において小規模企業が存立する背景として，

表 5-3　都市型産業の分類と具体的な産業例

中枢管理機能関連産業	中枢管理機能を担うソフトな産業（都心立地型）	研究開発産業，デザイン開発産業，情報産業，各種の専門サービス業，マーケティング産業
	中枢管理機能関連・補助産業（準都心立地型）	印刷・製本業，縫製加工業，皮革加工業，機械加工業，労務提供業
住民の生活関連産業	基礎的消費に関する産業（分散立地型）	基礎的消費財の製造業，小売業，対個人サービス業
	高級消費に関する産業（都心・準都心への集中立地型）	専門店，百貨店，一部のレジャー産業
知識集約的重化学工業生産関連産業	投資財・耐久消費財生産関連産業	
	上記のための生産財生産関連産業	

（出所）清成［1972］。

表 5-4　小規模企業の法的な定義

業　種	中小企業者（資本金または従業員数いずれかを満たすこと）		うち小規模企業者
	資本金	常時雇用する従業員数	常時雇用する従業員数
製造業・建設業・運輸業，その他の業種	3 億円以下	300 人以下	20 人以下
卸売業	1 億円以下	100 人以下	5 人以下
サービス業	5000 万円以下	100 人以下	5 人以下
小売業	5000 万円以下	50 人以下	5 人以下

注：サービス業について，宿泊業・娯楽業については，常時雇用する従業員 20 人以下を小規模企業者とする。
（出所）中小企業庁［2019］。

次の要件を挙げている。なお巽らの研究では小規模企業ではなく，小零細企業という呼称が使用されているが，本章では現在において一般的に使用されている小規模企業に統一している。ちなみに現在の小規模企業の法的な定義（中小企業基本法第２条第５項）は表 5-4 のように規定されている。

まず巽は，東京都と同等の都市である大阪市において，存立している小規模企業の実態を挙げた。それは小規模企業における従業員１人あたりの粗付加価値額・給与について，小規模でない他の企業よりも低く，必ずしも高生産性を持つ小規模企業だけが存立しているわけではないことを示している。

次に中山は当時の東京都において存立，集積している企業群の小規模性と，これら企業群は下請制，問屋制のもとで存立していることとを示し，さらに清成が指摘した，高地価，高賃金への対応については，中山は都内の小規模企業が「非合理的強さ」によってカバーしていることを主張した。この「非合理的強さ」とは，具体的には経営者やその家族による低賃金，もしくは無給での長時間労働を指す。中山はこの前提として，小規模企業は生業性が高く，家族経営であることを述べている。生業とはその企業の利益が経営者とその家族が生活できる程度のものであり，事業に再投資される分はわずかとなる経営形態である。このため，生業形態をとる小規模企業は事業拡大を前提としておらず，経営の維持も自分たちの1代限り，すなわち事業承継はしないこととしていると考えられる。

時代が下り，和田［2008］では，1990年代以降はこれらの存立条件は成り立たないことを指摘している。90年代，部品製造や部品加工などの工程が，賃金や地価が安価なことから低コストである海外へ流出する，いわゆる製造業における国際化が進んだことを挙げており，かつて中山が提示した「非合理的強さ」などではコスト競争に対応できなくなったのである。結果として都内における製造業は，印刷業をはじめとしてなお減少を続けている。

⑸　都市型産業集積の影響と後継者がリンゲージ機能を持つ可能性

しかし一方で，サンコーのように，小規模企業であっても事業承継を経て存続し，さらに後継者による新事業転換が実現している。以下ではその理由について考察する。

サンコーが置かれた環境は，かつては都市型中小企業が集積した地域であったものの，印刷技術におけるデジタル化などの影響により，周辺企業は姿を消していった。しかし同社はかつての印刷工程にかかる分業から，現在の異業種との協業関係に徐々に転換させることで存続している。この協業関係の転換が可能であった背景として，かつての都市型中小企業集積と多様なニーズの存在が少なからず影響していると考えられる。

清成が示したように，高付加価値の実現なしに都市型中小企業は存続しえないことの反証が，サンコーと協業関係を結んだ浜野製作所である。浜野製作所もかつては他の企業でも製造できるような金属製品製造が中心であったものの，今や全国の他企業や大学機関，ベンチャー企業から難加工の試作依頼が殺到する企業となっている。1970年代と比べて都内に存続する企業数は減少したものの，浜野製作所のように従来の専門分野を深める，またはサンコーのように事業転換をさせることで存続している小規模企業があるのである。

都市型中小企業の集積のキーワードとして多様性が掲げられていたように，企業数が減ったとしても多様性という要素は残存している。それを端的に示すのが墨田区の産業構造である。それは隣の台東区に関しても同様であり，この業種の多様性を強みとして創業希望者を集め，地域内の製造業とリンクさせる。これを事業化したのが後継者らである。

小規模企業であるために，事業転換に乗り出すとしても，生産設備や人員を新たに増やす余裕はない。しかしインキュベーション施設や，シェアオフィスの形態ならば，自社で雇用するリスクを軽減できる。多様な人材を地域外から惹きつけることができるのも，残存する多様な製造業の存在と，彼らとのリンゲージ機能を持つことができたからである。

印刷業は工程ごとに分業体制があったため，印刷業のなかにはサンコーのように，複数企業を取りまとめる知見の蓄積を持つ企業は珍しくない。また印刷業に限らず，すみだ塾のように異業種の後継者らが集まり，実際に成功させたロールモデルとの交流を通じて，塾の修了生から，複数の企業同士を結びつけることができる後継者が続くことが期待できる。

3　研究コーナー：ファミリービジネス論におけるスリーサークル・モデルと地縁型承継の可能性

図5-3のとおり，事業承継のおよそ5割以上が親族内承継，言い換えれば同族内での承継である。この同族内での承継と関連して，ファミリービジネスという概念が存在する。和訳される際には同族企業とされることもあるが，定義づけはいまだ明確になされていない。たとえば広義でのファミリービジネスとは，ファミリーが所有権（株式）を握っている企業ともとれ，ストックホルム・スクール・オブ・エコノミクスによる定義では次の①から③，すなわち①

図5-4　スリーサークル・モデル

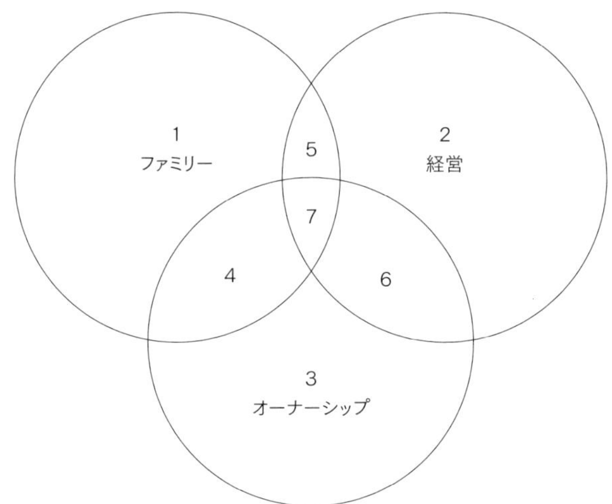

（出所）タジウリ，R.，デービス，J，A.［1992］

3名以上のファミリーメンバーが経営に関与している，②2世代以上にわたりファミリーが企業を支配している，③現在のファミリーオーナーが次世代のファミリーに経営権を譲渡するつもりでいる，のうち少なくとも1つが当てはまる企業としている。

またはこういった定義ではなく，ファミリービジネスとする条件としては，創業者（一族）の築いた理念や価値，あるいは創業以降長年にわたり発展し，社内で共有されるに至った価値基準が継承されているかどうかで判断することを重視する論者もいる。

「ファミリービジネスとは相互に影響し合うサブシステムで構成された複雑なシステム」であるという考えのもと，基本的なサブシステムであるファミリー，経営，オーナーシップ（株主など企業を所有すること）が相互に影響し合う様子を示したものとして提唱されたのがスリーサークル・モデルである（図5-4）。

このモデルにより，構成メンバーそれぞれの立場と，立場によってファミリービジネスに対する考え方が異なることが分かる。なおファミリービジネスの構成メンバーには，経営者（創業者）一族に限らず，一般の株主など外部の者も含まれている。

このモデルを用いることで，たとえばある企業で事業承継といった課題が生じたときに，どのようなメンバーが利害関係者として想定されるのか？　その利害関係者らは，どのようなポイントに着目するだろうか？　といった点について考える手がかりが得られる。本章の事例でいえば，サンコーの事業承継が生じた際に想定される主なメンバーは，経営者（克明氏），後継者（悦克氏），近隣企業（浜野製作所，篠原紙工など）だろう。経営者は図上でいえば７の立場にあり，５の立場にいる後継者を７の立場に据えようと考えている。近隣企業は上記のスリーサークル・モデル上のいずれにも該当しないものの，事業承継が起こることで，２の部分での関係性（取引関係が新たに結ばれる，逆に取引関係が消滅するなど）に変化が生じる可能性がある。

前節のとおり，たとえば篠原紙工はサンコーと２代にわたって面識を持っており，後に両社は若手後継者（経営者）同士によって協業関係に発展した。ほか悦克氏はシェアオフィスの新設といった第二創業，新事業転換も実現しており，これに寄与したのが先代同士から続く地縁にあるとも考えられる。また同じ区内事業者である浜野製作所は，異業種であっても製造業であることは共通しており，さらに区内における製造業に対する危機感にも共感することができる。その危機感はサンコーも浜野製作所も先代から抱き続けており，後継者もその現状認識を「承継」する。共通の認識を持った後継者が，近隣区を含む地域の産業振興に向けた協力関係を結びやすいのは想像に難くない。

墨田区に限らず，東京都の製造業はいまだ縮小傾向にあるものの，ファミリービジネスの存続が，つまり地縁の継承が広がることで，その縮小傾向に歯止めがかかるかもしれない。

【演習問題】

①現代における都内の小規模企業が存立できる条件は，かつての条件とどのような相違点があるだろうか。共通点とともに整理してみよう。

②近年，インターネットをはじめとする通信技術の進化により，遠隔地でのリモートワークなどに取り組む個人，企業の例が続いている。この現象は都市型産業に対して，影響を与えているだろうか。今後，影響が生じるとして，どのようなものが考えられるだろうか。

【文献案内】

国民生活金融公庫総合研究所編［2008］『小企業の事業承継問題——新たな支援の可能性を探る』中小企業リサーチセンター。

小企業における事業承継についての実態・課題抽出に加え，承継後の状況分析や，後継者別（先代経営者との間に血縁関係あり／なし）の承継パターンごとの企業事例が盛り込まれている。

関満博編［2019］『メイド・イン・トーキョー——墨田区モノづくり中小企業の未来』新評論。

墨田区における製造業の変遷と，区内に存続している103社について，創業から現在に至る経営内容が詳しく紹介されており，さらに本章で取りあげた後継者塾を含む，これまで講じられた同区の産業政策についてまとめられている。

中小企業研究センター編［2002］『中小企業の世代交代と次世代経営者の育成』中小企業研究センター。

本章で挙げた第二創業について，後継者の能力形成とその発現に着目したものである。14社の事例を能力形成過程別に類型化したうえで，どのような知識の習得や，先代をはじめとするステークホルダーとの関係性構築を経ることが第二創業に寄与したのかが考察されている。

ファミリービジネス学会編［2016］『日本のファミリービジネス——その永続性を探る』中央経済社。

ファミリービジネスに関する諸理論をはじめ，日本におけるファミリービジネスの特徴や存立要因，地域社会における役割等について体系的に説明されている。

【参考文献】

清成忠男［1972］『現代中小企業の新展開——動態的中小企業論の試み』日本経済新聞社。

久保田典夫［2011］「世代交代期の中小企業経営——次世代経営者の育成」日本中小企業学会編『世代交代期の中小企業経営〈日本中小企業学会論集㉚〉』同友館。

総務省・経済産業省「経済センサス——活動調査　製造業（産業編）」各年版。

巽信晴［1974］「大都市小零細企業の基本問題」大阪経済大学中小企業・経営研究所編『中小企業季報』3月号11巻，pp.2〜11。

中小企業研究センター［2002］「中小企業の世代交代と次世代経営者の育成」「調査研究報告」第109号。

中小企業研究センター編［2004］『巨大都市印刷業の新展開——デジタル化の衝撃』同友館。

中小企業庁［2019］『小規模企業白書』。

中小企業庁『中小企業白書』各年版

東京都墨田区すみだ中小企業センター［2016］『すみだプロダクト——こだわりをカ

タチに人・技・すみだ　墨田区産業PR冊子』墨田区産業観光部すみだ中小企業センター。

中山金治［1976］「中小企業問題」加藤誠一・水野武・小林靖雄編『経済構造と中小企業――現代・中小企業基礎講座1』第8章，pp.217〜246。

中山金治［1981］「中小・零細企業問題」政治経済研究所『政経研究』第27巻，pp.20〜22。

日本印刷技術協会［2017］『印刷白書2017』日本印刷技術協会。

三井逸友［1981］「印刷・印刷関連業――都心立地集中の意味するもの」佐藤芳雄編『巨大都市の零細工業――都市型末端産業の構造変化』日本経済評論社，第7章，pp.188〜257。

ルヴィネ，D. K.，ウォード，J. L.（秋葉洋子訳，富樫直記監訳）［2007，原著2005］『ファミリービジネス永続の戦略』ダイヤモンド社。

和田耕治［2008］「都市型中小企業の創成と変容に関する考察」『企業環境研究年報』第13号，pp.81〜91。

第6章

台東区のモノマチ——新たな地域コミュニティの形成による地域活性化

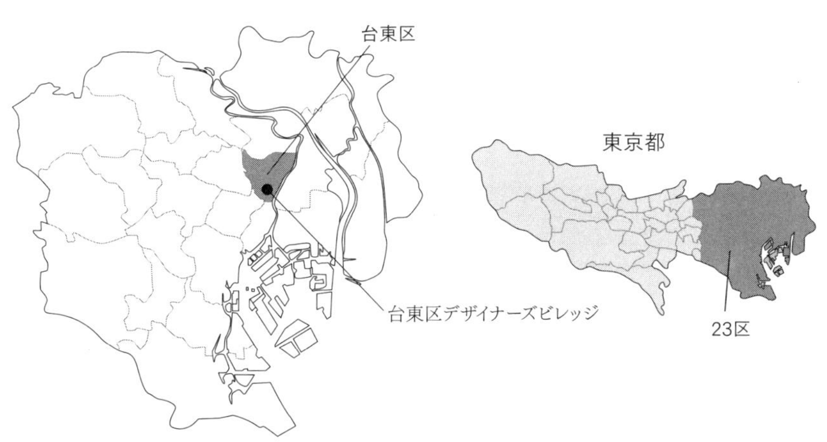

台東区のプロフィール

●ファッション雑貨の産地

●人口：199,498人（世帯数：119,041世帯，2019年2月4日現在）

●自然・地理・歴史：台東区は東京23区の中心からやや東側に位置し，面積は23区で最も狭い。

●主な産業・産業構造：江戸時代から商工業の中心地の1つとして，小規模な製造業や卸売業が集積。皮革産業や貴金属，仏壇，すだれなど多様な製造業や伝統工芸の長い歴史を持つ。100以上の商店街も存在する。

●代表的な企業・機関：台東デザイナーズビレッジほか

キーワード：ゲートキーパー　地域コミュニティ　ソーシャルキャピタル　メイカーズ

本章のねらい

台東区の地場産業である革小物製造業やジュエリー関連企業は，主に OEM 生産を行ってきた。自社ブランドを持つ企業が少ないため，その存在は一般的には知られていない状況であった。

2004 年にファッション産業に特化したインキュベーション施設であるデザイナーズビレッジが開設してからは，全国からデザイナーやクリエイターたちが集まるようになった。入居者は，副資材調達や加工・縫製など，地域の企業と取引するようになる。こうした人たちが共に開催した「モノマチ」により，これらの企業の存在がオープンになっていった。また，モノマチの開催を重ねる中で，ソーシャルキャピタルと地域コミュニティが形成され，地域が活性化されていった。

本章では，地場産業と新規参入者たちがいかにして地域コミュニティを形成し，ソーシャルキャピタルが構築されてきたのか，台東区の「モノマチ」の事例をもとに検討する。

1　ケースを見る：台東区「モノマチ」

(1)　台東区の主力産業の現状

台東区は，江戸時代より商工業の中心地の1つとして，小規模な手工業や製造業，それらの生産や流通を担う問屋・卸売業が集積するまちとして発展してきた。なかでも，革製履物・材料・付属品，なめし革・同製品・毛皮等，貴金属・宝石製品，装身具・装飾品・ボタン・関連商品，伝統工芸品（指物・桐たんす，銀器，彫金，仏壇，べっ甲，木版画，刺繍，組紐，提灯，すだれなどの製造業は長い歴史をもつこともあり，地場産業の特色を備えている（台東区文化産業観光部産業振興課［2017］)。地場産業とは，地元資本による中小企業群が比較的広域的な地域に集積し，その地方の経営資源（原材料，技術，人材，販売網など）を活用して，生産，販売活動を行っている産業のことをいう。

台東区の製造業全体では 2129 の事業所が存在し，23 区内では第 6 位に位置している。業種別にみると，「なめし革・同製品」が 452 事業所，「その他製造業」が 383 事業所で，ともに 23 区で 1 位となっている（台東区分科産業観光部にぎわい計画課［2016］)。「なめし革・同製品・毛皮」産業の事業所数，従業者数，製品出荷額等，付加価値額を見ると，「革製履物用材料・同付属品」「革

図 6-1　台東区産業分布マップ

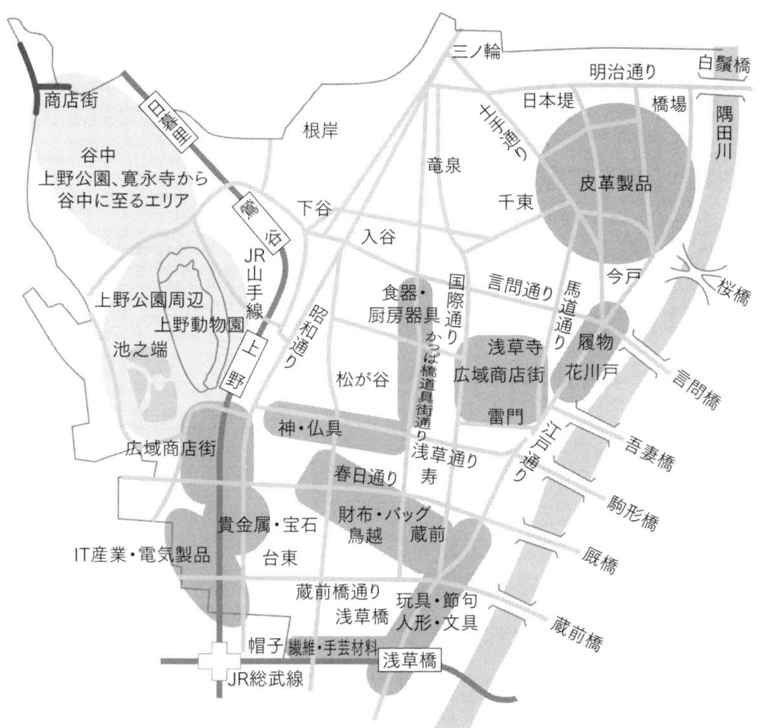

（出所）台東区［2012］

製履物」「袋物」が中核業種となっている。また，「その他の製造業」では「貴金属・宝石製品」「装身具・装飾品・ボタン・関連商品」が中核となっており，これらが台東区の主力産業であることがわかる（同上［2016］，p.24）。

また，図 6-1 を見るとわかるように，台東区には多様な産業が各地に集積していることも特徴である。以下では，台東区の南部に位置する貴金属・宝石や財布・バッグなどの地場産業と関連を深めながら地域コミュニティの形成に貢献してきた，台東デザイナーズビレッジ，そしてその上で重要な役割を果たしているモノマチについてみていく。

図 6-2　台東デザイナーズビレッジ村長：鈴木淳氏

(2)　台東デザイナーズビレッジ

台東デザイナーズビレッジ（以下，デザビレ）は，ファッション関連ビジネス分野のクリエイターを支援する施設として，台東区が 2004 年 4 月に設立したインキュベーション施設である。2019 年には設立 15 年目を迎え，5 月現在で 19 組の多様なジャンルのクリエイターが入居している。入居期間は 3 年以内である。

入居資格は，①ファッション関連産業およびデザイン・コンテンツ関連産業に携わるデザイナー等であること，またはそれを支援する業務を行うものであること，②台東区内で創業を予定している，または創業 5 年以内の法人または個人であること，③ビジネスを拡大する意欲が高く，また創業のための支援が必要と認められること，④台東区内の産業や地域の活性化に寄与する活動を行う意欲があること，⑤施設の利用期間終了後，台東区内において引き続き事業を行おうとする意思を有すること（プレインキュベーション利用者及び既入居施設による推薦状のあるものを除く），⑥他の公的創業支援施設への入居経験がないこと，⑦住民税・事業税を滞納していないことなどである（台東デザイナーズビレッジ施設案内［2018］）。

デザビレは，昭和 3 年に建てられた旧小島小学校の教室をアトリエにリノベーションして活用しており，低廉な家賃で創業時期の負担を減らしている。施設内には共有スペースとして，制作室やショールーム，図書館なども整備されている。事務所は完全な個室で 24 時間 365 日利用可能であり，使用料は月額 000 千円〜1 万 6000 円，共益費は月額 2 万 1000 円〜2 万 7000 円となっている（平成 30 年 4 月 1 日現在）。

インキュベーションマネージャー（以下，村長）を務めるのが，鈴木淳氏である。鈴木村長は創業初期からのブランド育成に力を入れている。また，村長をはじめ台東区も，ブランドを成長させるためのアドバイスや助成金などの相談に応じる体制を整備して支援している。そして何より，入居者同士のつながりや卒業生との交流が盛んなことが，デザビレの入居者にとっては大きなメリットとなる。同じようにビジネスの成長を目指す仲間や，すでに卒業した先輩たちが，時には刺激になり，時には助け合う仲間となる。鈴木村長によると，これまで93組の卒業生のうち，32組がその後も継続して台東区で事業を行っている。台東区には古くからシューズ，バッグ，財布，帽子，アクセサリー，ジュエリーなどの資材屋やメーカー，卸売業等のファッション関連企業や職人が集積しており，ものづくりに適したエリアとなっている。そのため，デザビレに入居したクリエイターたちは，先輩や村長の紹介で地元の職人や業者と取引が始まることが多く，卒業後もこの地域を離れずに，近隣で事務所や小売店舗を構えるケースが多くなる。

以上のように，デザビレは，ハード（施設）面のみならず，ソフト（支援・指導），ネットワーク（交流）の面での支援を行っている。入居者がきちんと独立できるように手をかけて育成するところが，強みとなっている。

(3)　モノマチ

地元業界と連携したまちづくりイベント「モノマチ」の開催は，この地域の大きな特徴である。

台東区南部に位置する御徒町～蔵前～浅草橋にかけての2km四方の地域は，古くから製造業・卸売業の集積地としての歴史を持つエリアである。モノマチは，鈴木村長に加えて，デザビレ卒業生や旧小島小学校出身の社長たちが加わり「モノづくりのマチ」の魅力に触れてもらうイベントとして2011年にスタートし，2019年には第11回目を迎える。第1回は近隣の企業16社に声をかけて仕事場公開，デザビレ施設公開，佐竹商店街のモノづくり市の3本柱でスタートした。第2回では，64組，第3回では約220組，第4回にはピークの約350組を超える企業や個人等が参加した。第5回からは運営組織を「台東モノづくりのマチづくり協会」へと変更し，イベント主催団体からマチおこし組織へと進化している。

モノマチは普段は見ることができないモノづくりの工房の中を見学できることや，職人と直接話ができること，ワークショップでクリエイターの仕事を体験できることから，大きな関心と人気を集めている。

さらには，この地域には，モノづくりに必要なものが集積していることもアピールされている。職人やデザイナーだけでなく，企画する人，デザインする

図6-3　モノマチ開催エリア

（出所）第10回モノマチマップ

図6-4　このモノが，このマチでできるまでツアーの紹介ページ

（出所）monomachi 10th 公式ガイドブック，p.6

人，素材を加工する人，製品化する人，パッケージを作る人，伝える人，売る人など，モノがつくられ，消費者に届くまでの必要不可欠なプロセスがこのエリアに存在している（第10回モノマチ実行委員会，2018）。そしてモノマチに参加することで，ビジネスパートナーに出会うチャンスも生まれる。

実際に第10回モノマチの「モノマチツアー」では，新企画として「このモノがこのマチでできるまでツアー」を開催し，赤ちゃんのガーゼスタイが商品になるまでの過程を，各企業を訪問して話を聞きながら見学する機会を提供した。

OVLOV社は，国内生産により，品質とガーゼの優しさにこだわった商品づくりをしている。そのOVLOV社のガーゼスタイのスナップボタンを作っているYKK（ファスニングメーカー），商品を固定するための袋の中の台紙を印刷するBRASS社（印刷業＆雑貨販売），ギフト用パッケージをデザインしたSOL style社（デザイン事務所），OVLOVのブランド名を入れたテープ紐を作るコンポ社（服飾副資材販売），そして最後にOVLOV社の店舗に行くというツアーである。

これらの企業の連携も，この地域においてモノマチで知り合ったことで取引が始まったり，ワークショップに参加することで，その会社の商品のすばらしさを知り，自社商品に取り入れたりすることが実際に起きている。モノマチが継続して同じ地域，そして年々コアメンバーに加えて新たなメンバーが加わることで，地域にコミュニティが根づいてきたことが伺える。なお，この地域の活性化については，許［2013, 2014］に詳しい。

(4)　村長（ゲートキーパー）

台東デザイナーズビレッジの鈴木淳氏（以下，村長）は，2004年の就任以降，インキュベーションマネージャーとして15年に渡りこの場所でデザイナーやクリエイターの支援をしてきた。また，モノマチを通してカチクラ（徒蔵）をモノづくりのマチとしてPRする立役者ともなった。

他の地域でも創業支援施設は増加しているが，デザビレのように地域に根づき，マチづくりイベントも開催し，地域コミュニティを築くようになるケースは珍しい。そこに村長の果たした役割は大きい。以下，1つずつ見ていく。

①入居者を育てて独立させること

デザビレでは，半年に1回，入居者に事業報告書を提出させる。事業報告書は，会社概要，取引先（所在地・割合等），自己目標，その達成度，活動報告，重点的な取組み（いつまでに何をするかを詳細に），卒業に向けて何をするか，自由記述欄，売り上げの数字（目標，実態，3年後）等を記入するものである。提出後に，村長と入居者で面接をし，もし改善すべき点が多い場合は，複数回面接をする。入居者は，この書類作成のプロセスや，村長とのやり取りの中で，自己を客観的に見ることになる。目標に届かず，反省しているならば，反省して何をやったかも書かせている。課題を認識し，行動に落とすまでをやらせる。こうした村長と入居者の本気のコミュニケーションが，行動へと導くことになる。そうして独立した卒業生たちは，この地域に根づいて事業所を構えるものも出てくることになる。

②卒業生や地域の人との交流の場をつくり，人脈を広げさせること

デザビレは毎年卒業生が出るため，1年目から3年目の入居者が混在することになる。入居者の交流会や卒業生の報告会を開催し，お互いを知るきっかけにもなっている。先輩から地域のこと，取引先や展示会のことなど，さまざまな情報を得ることができる環境にある。また，革小物，アクセサリーなど，同

業者の仲間もいるため，技術を教えあったり，顧客とのトラブルを相談することもある。

③デザビレのブランド価値を高めること

インキュベーション施設は東京都内でも増えてきているが，入居者が定員を下回るところもある。そうした中，デザビレの施設のブランディングはうまくいっている。鈴木村長によれば，うまくいかないインキュベーションのケースは，施設を満室にしたいからと，入居者のハードルを下げてしまう上に，きちんと指導をしない傾向にある。家賃を下げると，安いからという理由で入る人が出てくる。入口でやる気のある人に入ってもらわないと，意欲がないと伸びない。

④モノマチを通して，地元からリーダーを創り出す

鈴木村長は，モノマチを始めることで，この地域に新たなコミュニティを築いてきた。当初は小規模で始めたこのイベントも，徐々に大きくなるにつれて，お互いに顔を知らないメンバーが増えてくるため，実行委員会は準備の会合があるたびに，毎回最初は自己紹介を全員ですることにした。するとこの地域に自分の知らなかったモノづくり企業やクリエイターがいることを知ることになり，そこからコラボレーションが生まれたり，取引が始まるケースがある。実際に，台東モノづくりのマチづくり協会「台東モノマチです！」第9号では，茶筒メーカーの加藤製作所の“缶板娘”の沖村菜穂美氏と，デザイン事務所のSOL style 代表の劔持良美氏・伊東裕氏が，第3回モノマチの全体ミーティングの自己紹介の際に知り合い，沖村氏が在庫の缶を使ってコラボできる人を探していると話したところ，伊東氏と意気投合して実現していった話が書かれている。

また，徒蔵を3つのエリア（センター，イースト，ウェスト）に分けることで，それぞれご近所さんのメンバーとより絆を深めることになっていった。鈴木村長は，4回までは運営に全力で取り組んできたが，その後モノマチ協会設立のための準備会を立ち上げて引退した。そして8回以降は手伝う程度にしていった。実行委員会も世代交代をし，新たな地元のリーダーを生み出すことを促していった。実際に初期の頃は，センターでは木本硝子株式会社の木本誠一氏，アーキ株式会社の青木誠治氏，イーストではエムピウの村上雄一郎氏，カ

キモリ（株式会社ほたか）の広瀬琢磨氏，ウェストでは株式会社カワゴエの川越浩司氏のように，地元の経営者，企業家，住民である職人などがリーダーとしてそのエリアを引っ張っていき，地域コミュニティが形成されていった。また，台東モノづくりのマチづくり協会の会長・副会長としては，株式会社ラモーダヨシダの吉田昌充氏，@griffe 東京の藤井タケヲ氏，その次の世代として株式会社リアライズの佐藤正裕氏，有限会社ファッションメイト片岡の片岡清高氏，株式会社ブラスの大井谷猛氏などが続くようになった。

2　ケースを解く：なぜ，徒蔵地域では，新たな地域コミュニティを形成できたのか

(1)　ソーシャルキャピタル

ソーシャルキャピタルとは，ロバート・パットナム［1993］によれば「人々の協調行動を活発にすることによって社会の効率性を高めることのできる，「信頼」「規範」「ネットワーク」といった社会組織の特徴」である。社会関係資本とも訳され，産業集積や地域経済の発展にとって，重要な要素であると考えられている。具体的には，「信頼」があると，取引先を疑って色々と調べたりするコストが削減できることなどから，取引コストを減らすことができる。また，パットナムによれば，信頼は「知っている人に対する厚い信頼」と「知らない人に対する薄い信頼」に区別ができ，後者の方が自発的な協力や協調が促進される。

モノマチの場合も，徒蔵地域にどのような事業を行っている人がいるか，モノマチの準備会合においてはじめて知ることも多い。そこでの自己紹介で知り合ったり，モノマチのスタンプラリーやコラボレーションにより，新たに仲間を築いたりしている。そうした中で「信頼」が生まれ，実際に取引が始まったケースも出てきている。

また，パットナムが重視した「規範」は，相互依存的な利益交換といった互酬性などである。それも同等の価値の交換（均衡のとれた互酬性）と均衡のとれていない価値の交換（一般的な互酬性）に区別され，後者の方が，短期的には自分の利益にはならない（利他心）が，長期的に見たらお互いの利益を高めるだ

ろうという利己心にもとづいている。

最後に「ネットワーク」では，垂直的ネットワークと水平的ネットワークが区別され，後者が密になるほど，相互利益に向けて幅広く協力する。これについてグラノベッター［1973］は，家族や親友のような「強い紐帯」よりも，頻繁に会うことのない知人などの「弱い紐帯」の方が，新たな発見や有益性の高い情報交換などが可能となると述べている。

これらのことは，モノマチの準備のための会議において，コアメンバーに加えて新しいメンバーが増えていき，近隣にこのような面白い人たちがいたのかという驚きとともに，コラボレーションや取引が開始されることの説明となる。特に，OEM 生産を手がけてきた革小物製造業の一工程を担う職人たちは，自分たちの技能が思いがけない個人的ニーズに応えらえるものだと気づき，個人から注文を受けるようになったり，オリジナルブランドを手がけるようになったり，モノマチのたびにワークショップを自らが企画して直接消費者と交流するきっかけになったりしている。

これにかんして，パットナム［2006］は，ソーシャルキャピタルには多様性があると指摘し，なかでも「橋渡し型（Bridging)」と「結束型（Bonding)」を区別した。結束型ソーシャルキャピタルは，組織内部における人と人の同質的な結びつきであり，家族や民族グループのように信頼・協力・結束を生むものである。このタイプは内向きの指向を持っており，排他的なアイデンティティを強化する。

一方，橋渡し型ソーシャルキャピタルは，異なる組織間における異質な人や組織を結びつけるネットワークであり，例えば民族グループを超えた人間の関係や，知人，友人の友人などといった，外向きでさまざまな社会的亀裂をまたいで人々を包含するネットワークである。その繋がりは，結束型と比べるとより薄くて弱いが，社会の潤滑油ともいうべき役割を果たすと考えられる。

(2)　ゲートキーパー

上記のような地域コミュニティの形成に一役買うのが，ゲートキーパー（gatekeeper）である。ゲートキーパーという概念は，アレン［1977］が研究開発組織のコミュニケーションに焦点をあてた研究により導き出したものである。ゲートキーパーとは，直訳だと「門番」であるが，組織や企業の境界を越えて，その内部と外部を情報面からつなぎ合わせる人間のことを指す（高橋編［2000］)。ゲートキーパーは，組織内の誰とでもなんらかのかたちで接触しているいわばスター的な存在である。また，組織外部との接触も極めて多い人間である。

徒蔵地域においては，鈴木村長がゲートキーパーとして，地域コミュニティ内のさまざまなエリアの人たちを結びつけ，そしてその人たちが独自にネットワークを深めていく状況になったら，鈴木村長はそっと身を引き，また別のネットワーク構築や別の地域コミュニティ構築へと動き出している。デザビレという存在やモノマチを通して人々をつなげることで，新たなイノベーションが生まれ，産業の活性化や地域コミュニティの進化へとつながっていく。

(3)　地域コミュニティの変遷：地縁型コミュニティから，テーマ型コミュニティへ

地域コミュニティは，かつては1丁目町会，2丁目町会などのように，地縁型コミュニティが普通であった。同じ地域に住んでいるのだからという理由で人々がまとまることができていた。しかし今日では，高齢化や人口減少，核家族化などの様々な理由から，そうした地縁型コミュニティの機能は弱まってきている。1つの事例として，地元のお祭りのおみこしを担ぐ人が不足して，お祭りが成り立たなくなる地域が出てきていることが挙げられる。

そうした地縁型に変わり，近年では，テーマ型コミュニティが盛況である。モノマチは，まさにモノづくりでこのマチを盛り上げよう，ファンを増やして仲間を増やそうという目的のもと，出身地や年齢性別を問わず，多様な人たちの集まりにより開催されるイベントであり，それを通して新たなコミュニティが形成されている。

これについて山崎［2003］は，ボランティアやNPO活動などのテーマ型コミュニティ活動と，自治会などの地縁型コミュニティが接点を持ち，相互に刺激しあい，地域に新しい風を起こすことが，住民自治の力をより高めると指摘している。さらに山崎［2011］は「コミュニティデザイン」を人がつながるしくみをつくること，と定義した上で，課題解決型のコミュニティデザインの実

践例を多く積み重ねてきている。

モノマチの事例も，地域の住民と，地域の事業者，そしてデザビレ入居者やモノマチの来場者などの外からの「よそ者」がつながることが見て取れる。そして，モノマチの来場者の中から，この地域に魅力を感じた人がこの地域で事業を始めるケースや，移住する動きが出てきている。そして，新たにこの地域に参入した人たちと，地元の事業者などがモノマチのリーダーや実行委員会に積極的に関わり，テーマ型コミュニティを実践している。モノマチはこれらの活動を通して，地域の「顔」を何人も生み出していることが特徴である。

(4) メイカーズ

クリス・アンダーソン（2012）は『MAKERS　21世紀の産業革命が始まる』の中で，個人が3Dプリンターやレーザーカッターなどのデジタル設備を活用してものづくりを行う「メイカーズ」の登場を伝えた。それまでの製造業（メーカー）と区別し，「メイカー」という言葉が使用される。それまで工場や工場デザインの会社で行われてきたことが，個人のデスクトップや工房でも行われつつあることを指摘したのである。それらを広めているのが，「工作（メイカー）スペース」と呼ばれる共有工作施設の登場である。

これが「メイカームーブメント」という新しいモノづくりの潮流として注目された背景には，これまでと異なり，デジタル技術を使ってクリエイターがモノづくりをして，そのデザインをオンラインのコミュニティで共有し，仲間と協力する。そのおかげで，誰でも自分のデザインをモノに作ることができるようになるためである。この点にかんしてアンダーソン（2012）は，「メイカームーブメント」が生み出す最大の力は，小規模でもグローバルになれる能力であると指摘した。職人肌でありながら革新的。ハイテクながら低コスト。小さく生んで大きく育てる。そしてなんといっても，世界が望む製品，古い大量生産モデルに沿わないためにこれまで世に出なかった，優れた製品を作ることができるようになることである，と強調している（p.24）。こうしたメイカームーブメントで重要なことは，消費者と製造者の間の分断が薄れてきている点にある。個人がモノづくりを通して，起業家になれる環境が整ってきており，それを可能にしているのが，デジタル技術の進化なのである。

3　研究コーナー：モノづくりのまちにおけるメイカーズ×デザイン（現実のモノづくりにおけるデザインと技術の融合）

「東東京（ひがしとうきょう）」がモノづくりの創業を支えるマチとして変化してきたきっかけは，デザビレの開設1周年記念の施設公開であると鈴木村長は述べている（イッサイガッサイ東東京モノづくりHUB［2018］）。地元住民からクリエイターがどんな仕事をしているか知りたい，見たいという声をもらったのをきっかけに，仕事場を見せることで交流することが増えていったという。かつてから存在した材料商，道具商，工場の職人などが，新規参入者としてのデザイナーやクリエイターの作りたいものに応えていく中で，アドバイスをしたりお節介をやいたりする空気が醸成されていった（イッサイガッサイ，p.110）。かつての「OEM生産のまち」から，「等身大のモノづくり」ができる場所へと変化してきているのである。

この地域で起きていることで注目すべき点は，それまでの製造業の職人たちと，モノマチ（準備も含め）を通して交流する一般消費者やクリエイターたちとの出会いの重要性である。たとえば，これまでは分業体制の中の一工程を担っていた箔押し職人や，革漉き職人などが，こうした人たちと出会うことで，思いもしなかったデザインの加工をするきっかけとなったり，自らが加工だけではなく，1つの製品を作り上げるアイデアを生み出したりしている。それらは，モノマチのワークショップで他の参加者とコラボレーションをしたりする中で生まれてきたものもある。こうした現象は，「メイカーズ×デザイン」の一形態ということができるだろう。決してデジタル技術だけではなく，むしろアナログの世界でも，消費者と職人が出会うことで，お互いが新たなモノづくりの可能性を広げているのである。

さらに，ゲートキーパーである鈴木淳氏は，3人の仲間とともに，2016年に創業支援ネットワーク「Eastside Goodside（イッサイガッサイ）東東京モノづくりHUB」をスタートさせている。今村ひろゆき氏（まちづくり会社ドラマチック），第5章でも紹介した有薗悦克氏（co-lab墨田亀沢：re-printing），そして小林一雄氏（ベンチャーステージ上野）の経営者たちがその仲間である。有薗氏（株式会社サンコー）と小林氏（メトロ設計株式会社）は，親から事業承継した本業を持ちつつ，後継者として新たにシェアオフィスをスタートした。今村氏は，浅草の一軒家をリノベーションした交流空間「Lwp asakusa」を運営したり，隙間空間を間借りできる「Magari」という事業を展開する中で鈴木村長と知り合い，浅草の地元の皮革産業の社長たちともつながりができていった。2013 年からはこうして知り合った皮革産業の地元の人たちと，浅草地域の「革×モノづくりの祭典　浅草 A-round」というイベントも運営している。今村氏は「村長や地元のキーパーソンとの出会いが大きかった」と話している。さらに，小林氏と今村氏は合同でシェアアトリエ「reboot」を設立している。

鈴木村長は，台東区と墨田区（有園氏）以外にも，人とのつながりを広げたい，区外の面白い人とつながりたいと考え，イッサイガッサイのスタートが実現することになった。区内の交流に縛られるのではなく，蔵前，清澄白河などの地域のそれぞれのキーパーソンと繋がり，彼らをまたつなげるような場にしていった。こうしたことから，鈴木村長は「地域のリーダーを結びつける場」を自ら作り上げていったことがわかる。これはまさにゲートキーパーとしての役割である。また，イッサイガッサイでは，創業支援に力をいれている。2017 年からは「デザビレ村長のクリエイター起業塾」を開講し，デザビレに入居希望しながらも落ちてしまった人たちも受け入れて熱血指導をしている。

このようにみていくと，ゲートキーパーが近隣地域のキーパーソンとつながり，さらにコミュニティとネットワークを拡大させていっていることがわかる。各地のキーパーソンと知り合うことで，点から線，そして線へと広がる力が拡大していく。この事例は，ネットワークの進化と深化を表しているともいえる。

【演習問題】

①モノマチは，既存のモノづくり企業や材料商などが，クリエイターや一般消費者とつながることで，盛り上がりを見せてきた。クリエイターや一般消費者が，零細企業の職人（特に工程のみを行っているケース）の技能に触れ，このような商品を作ってほしいというニーズに応えている。このように，もともとある企業と「よそ者」が接点を持つことで，どのようなことが可能になるだろうか。メイカーズ×デザインの事例を，さまざまな業種や地域について，考えてみよう。

②高齢化や人口流出，人口減少などにより地縁型コミュニティが崩れていく中，テー

マ型コミュニティは今後も発展する可能性を秘めている。あなたの住んでいる地域や，知っている地域について，どのようなテーマ型コミュニティの可能性があるか，考えてみよう。

【文献案内】

ロバート・パットナム［1993］『哲学する民主主義——伝統と改革の市民的構造』NTT 出版。

政治学者のパットナムが，イタリアの南北格差をソーシャルキャピタルの蓄積の違いをもって説明した著書。さらにパットナムは［2000］『孤独なボウリング——米国コミュニティの崩壊と再生』において，アメリカにおけるソーシャルキャピタルの衰退に警鐘を鳴らした。

クリス・アンダーソン［2012］『MAKERS——21 世紀の産業革命が始まる』NHK 出版。

アンダーソンが，3D プリンターやレーザーカッターなどのデジタル技術の登場と普及により，個人が「メイカー」となり，モノづくりを実現できるようになったこと，それが「メイカームーブメント」として産業の様相を変えてきたことを指摘した著書。マーク・ハッチ［2014］『Maker ムーブメント宣言　草の根からイノベーションを生む 9 つのルール』にも具体例が示されている。

高橋伸夫編［2000］『超企業・組織論』有斐閣。

第 12 章で「ゲートキーパー」に触れている。アレン［1977］の著書の説明をする中で，ゲートキーパーとコミュニケーション研究の位置づけを分かりやすく説明している。

山崎亮［2011］『コミュニティデザイン——人がつながるしくみをつくる』学芸出版社。

全国各地で地域の人たちとコミュニティデザインを実践してきた山崎氏の著書。地域で新しくモノを作ってまちを盛り上げるのではなく，いかに今あるものを使うか考えることを重視した実践例が多数紹介されている。

イッサイガッサイ東東京モノづくり HUB［2018］『「好き」を仕事にする働き方——東京下町のクリエイティブな起業』。

東東京で起業した 16 組のインタビューを載せた著書。クリエイティブな活動をする人たちの紹介をすることで，東東京の魅力を発信している。後半は，東東京で起業するためのガイドブックとなっている。

【参考文献】

アレン，T. J.［1977］*Managing the Flow of Technology,* Cambridge MIT Press.

イッサイガッサイ東東京モノづくり HUB［2018］『「好き」を仕事にする働き方——東京下町のクリエイティブな起業』Book & Design。

株式会社 NTT データ経営研究所『情報未来』No.57（2018 年 2 月号）「特集：成熟社会における処方箋　ものづくりの民主化〜メイカームーブメントのその後〜」http://www.keieiken.co.jp/pub/infofuture/backnumbers/57/report05.html（2019 年 5 月 21 日最終閲覧）。

許伸江［2013］「東トーキョーエリアの地域活性化の現状と課題——ものづくりとまちづくりをつなぐ「徒蔵（カチクラ）」地域の取組み」『跡見学園女子大学マネジメント学部紀要』第 15 号，跡見学園女子大学マネジメント学部，pp.177–196.

許伸江［2014］「デザインと起業による地域産業の活性化——徒蔵（カチクラ）地域のまちづくりイベントの事例」『日本中小企業学会論集㉝』日本中小企業学会，pp.121–133.

グラノベッター［1973］“The strength of Weak Ties,” *American Journal of Sociology* 78, pp.1360–1380.

台東区文化産業観光部にぎわい計画課［2012］「台東区産業振興プラン——想像力あふれる産業文化都市 たいとう」。

台東区文化産業観光部にぎわい計画課［2016］「（仮称）台東区産業振興計画策定のための実態調査報告書」。

台東区文化産業観光部産業振興課［2017］「台東区産業振興計画——世界に躍動する産業都市 たいとう」。

台東区総務部広報課［2018］「台東区のあらまし」。

第 10 回モノマチ実行委員会［2018］「monomachi 10th 公式ガイドブック」。

台東モノマチ編集部［2018］「台東モノマチです！ 第 9 号」台東モノづくりのマチづくり協会。

高橋伸夫［2000］『超企業・組織論』有斐閣。

パットナム，R.D（河田潤一訳）［2001，原著 1993］『哲学する民主主義——伝統と改革の市民的構造』NTT 出版。

パットナム，R.D（柴内康文訳）［2006，原著 2000］『孤独なボウリング——米国コミュニティの崩壊と再生』柏書房。

山崎丈夫［2003］『地域コミュニティ論——地域住民自治組織と NPO，行政の協働』自治体研究社。

山崎亮［2011］『コミュニティデザイン——人がつながるしくみをつくる』学芸出版社。

第Ⅲ部

産業クラスターと地域イノベーションシステム

第7章

長野県飯田・下伊那地域がめざす航空宇宙産業クラスター

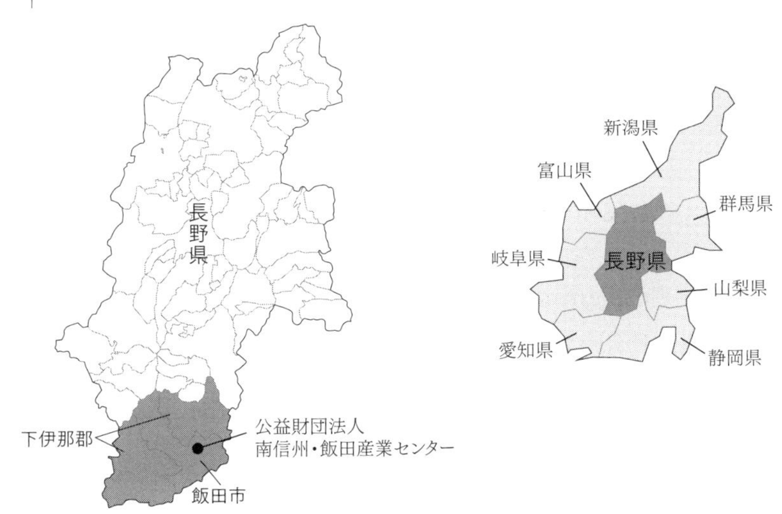

飯田・下伊那地域のプロフィール

- ●機械産業集積を活かした航空宇宙産業への進出
- ●人口：162,200人（2015年国勢調査）
- ●自然・地理・歴史：飯田市と下伊那郡の3町10村で構成される。面積は約1,929k㎡(2015年国勢調査)。古くから城下町としての歴史を有する飯田市を行政，経済の中心都市として本地域全体が密接に結びついている。
- ●主要な産業・産業構造：製造業（機械産業，伝統的地場産業，農産物加工品産業）
- ●代表的な企業・機関：公益財団法人 南信州・飯田産業センター

キーワード：クラスター理論　地域資源　イノベーション　産学官連携　飯田航空宇宙プロジェクト　航空宇宙産業クラスター

本章のねらい

飯田・下伊那地域では，航空宇宙産業クラスターの形成をめざす飯田航空宇宙プロジェクトが産学官連携で進められており，着実に成果を上げつつある。本章では，マイケル・E・ポーター (Michael Eugene Porter) によるクラスター理論を適用し，地域資源を活用して，この成果を継続的な発展に導くための方策について考察する。

さらに，クラスターの形成を成功に導く上で有効と考えられるソーシャル・キャピタルやコミュニティ・キャピタルの役割を，発展的な研究への糸口として示したい。

1　ケースを見る：飯田航空宇宙プロジェクトとその推進体制

飯田・下伊那地域の産業の主要な特色は，『南信州地域産業活性化基本計画』が的確に示していることから，当該計画にもとづいて主な点を概観する。

製造業（加工組立型産業）

①機械系工業のウェイトが高い構成である。

②部品・部材産業の集積である。本地域で産出する機械系工業製品は，最終製品は少なく，関東圏，名古屋圏に集積する工業や，海外を対象とする精密部品・部材の加工が主流を占めている。

③本地域の工業集積の中心となっている機械系工業の特性は「精密加工」である。大企業の工場や中堅企業以外にも，高い精密加工技術を有する中小企業が多様な業種にわたって集積している。

製造業（伝統的地場産業）

水引，ランドセル用本革という全国で高いシェアを持つ地場産業を有している。水引は，本地域で何世代にもわたって伝え続けられてきた伝統工芸品「飯田水引」として知られており，全国の約70%を生産している。また，ランドセル用本革の生産は，飯田市には全国の80%のシェアを有する企業があり，その関連もあって皮革工芸の事業所は，県全体で16社の内，9社が南信州地域（飯田・下伊那地域）にある。

農業と農産物加工産業

山間部が多い地形もあり，稲作のほかに，野菜や柿，りんご，梨などの果実，山菜等が豊かであり，これらを加工した農産物加工産業が盛んである。果実農家では，観光農園を営むところが多く，果実の実る季節には多数の観光客を誘引している。

また，地域未来投資促進法（2017年制定）にもとづく『長野県南信州地域基本計画』（計画期間：2017年度～2022年度）は，地域の特性及びその地域の特性を重点的に活用する分野として，次の産業分野を挙げている。

①航空宇宙関連産業の集積を活用した成長ものづくり分野
②飯田メディカル・バイオクラスターなどメディカル・バイオ関連の知見を活用したヘルスケア分野
③精密加工組立技術を活用した先進的ものづくり分野
④南信州の気候，地理的特性などの自然環境を活用した農林畜産加工・地域商社分野
⑤山岳高原，天竜川水系，水引，農山村，農村歌舞伎などの観光資源を活用した観光・スポーツ・文化・まちづくり分野
⑥水引・皮革・繊維等の生産技術を活用した地場産業の新市場開拓
⑦リニア中央新幹線・三遠南信自動車道のインフラ需要を活用した建設・関連サービス分野
⑧豊富な日射量や森林資源など特徴ある自然環境を活用した環境・エネルギー分野。

(1)　飯田・下伊那地域の製造業の特色

産業構造（従業者数による）からみた製造業は，産業規模が相対的に大きく（図7-1），併せて特化係数の値も大きい（図7-2）ことから，製造業はこの地域の産業を特徴づける主要産業の１つであるといえる。また，製造業における産業構造（従業者数による）に着目すると，その産業規模が相対的に大きく，併せて特化係数の値も大きな産業は，電子部品・デバイス・電子回路製造業，電気機械器具製造業，業務用機械器具製造業であり，機械産業が製造業における主要な産業分野であることが分かる（図7-3・7-4）。飯田航空宇宙プロジェク

図 7-1　飯田・下伊那地域の産業構造（従業者数による）

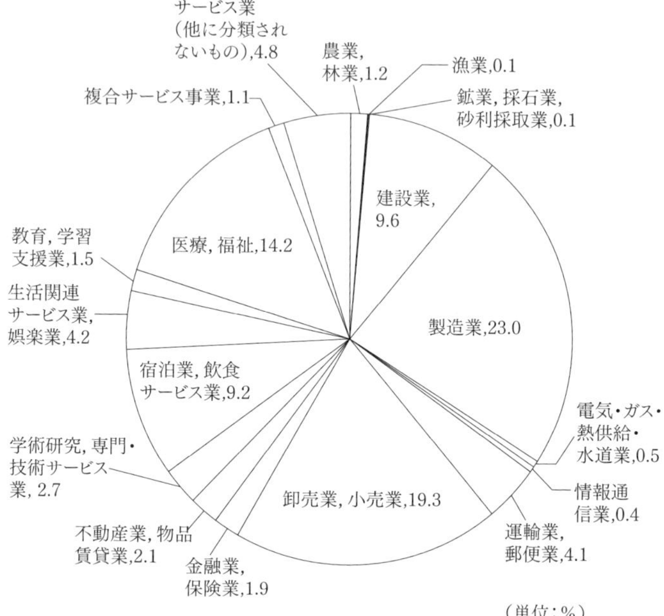

（出所）総務省統計局『経済センサス基礎調査』2014 年より筆者作成。

図 7-2　飯田・下伊那地域の産業の特化係数（従業者数による）

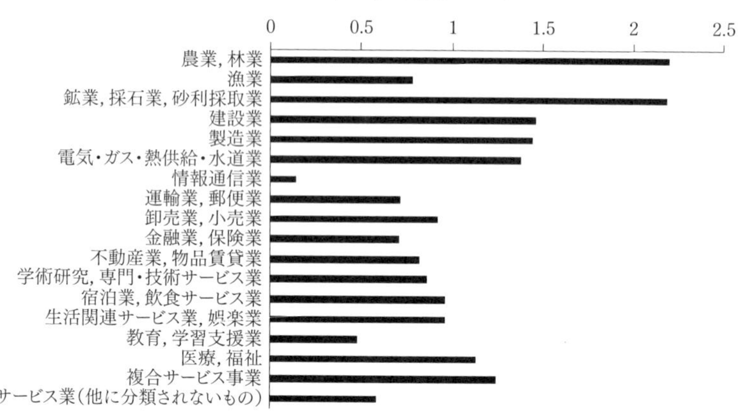

（出所）総務省統計局『経済センサス基礎調査』2014 年より筆者作成。

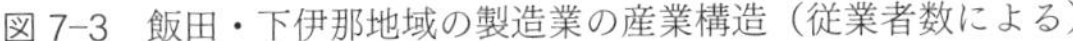

図 7-3　飯田・下伊那地域の製造業の産業構造（従業者数による）

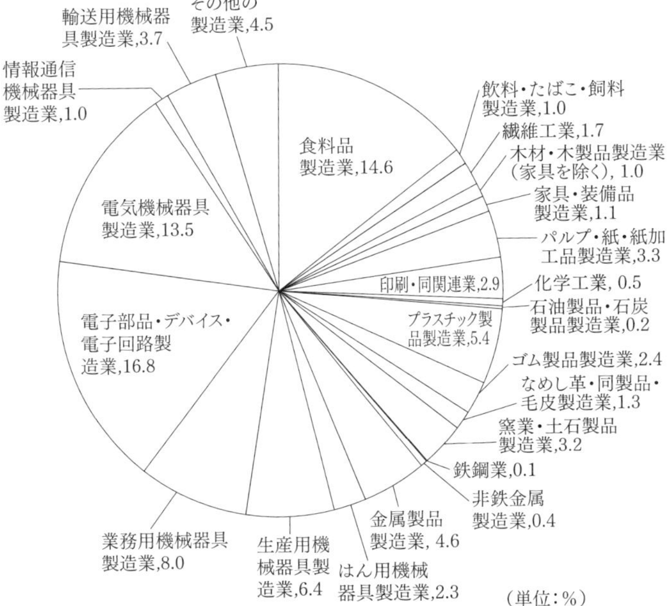

（出所）総務省統計局『経済センサス基礎調査』2014 年より筆者作成。

図 7-4　飯田・下伊那地域の製造業の特化係数（従業者数による）

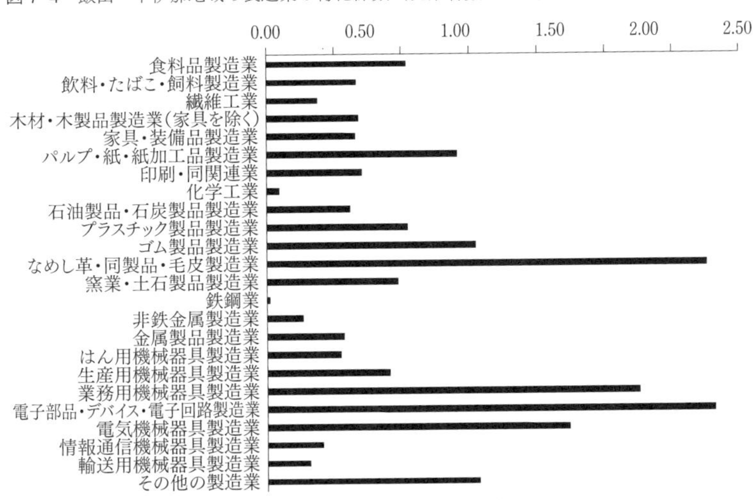

（出所）総務省統計局『経済センサス基礎調査』2014 年より筆者作成。

トへの取組みは，こうした製造業の産業分野を基盤として進められていると考えられる。

以下では，飯田航空宇宙プロジェクトとその推進体制について，河藤〔2018〕にもとづき概観する（数値の時点修正など加筆を行っている）。

(2) 飯田航空宇宙プロジェクトの概要

飯田航空宇宙プロジェクトの概要について，エアロスペース飯田（Aerospace IIDA）（http://www.aerospace-iida.com，2018年8月18日取得）にもとづき要点を整理する。

まずは，飯田航空宇宙プロジェクトは，航空宇宙関連の技術を持つ企業38社で構成されている。その主な活動内容は，①航空機需要と業界情報の提供，②航空機関連工場見学会開催，③航空機部品ビジネスセミナー開催，④航空宇宙QMS（航空宇宙・防衛産業において製品・サービスの安全性を確保し信頼性を向上させるためのマネジメントシステム規格：一般財団法人日本品質保証機構〔ttps://www.jqa.jp，2019年2月21日〕）の解説と認証取得に向けたセミナー開催，⑤航空機部品・難削材加工セミナー開催，⑥CAD／CAMソフト研修会開催，⑦航空宇宙関連の研修会・セミナー・見学会への共同参加，⑧国内外展示会出展・商談会参加，⑨共同受注開拓と試作・量産受注である。2カ月に1回開催されるプロジェクト会議を中心として，4つのワーキングチーム：「共同受注推進」「品質保証システム構築」「5軸ソフト開発」「難削・難加工」がその下で活動している。2006年5月から活動を行っており，プロジェクト会議は年6回，ワーキングチームは年50回以上のペースで開催されている。

とりわけ，飯田航空宇宙プロジェクトの共同受注推進ワーキンググループから立ち上がり，10社が参加して活動している「エアロスペース飯田」（Aerospace IIDA）が注目される。このグループは，飯田・下伊那地域の中小企業が精密機械加工の技術を結集し，地域一貫生産体制を可能とする共同受注体制の確立を目指し，2006年5月に設立された。主なテーマは，大手顧客窓口開拓・共同受注，受注システム構築・受注体制構築，生産技術・行程設計，加工分担・生産管理，品質保証トレーサビリティー，コストダウン・採算管理，納期管理である。

図 7-5　南信州・飯田産業センター（長野県・南信州「産業振興と人材育成の拠点」S-BIRD 内）

（出所）2019 年 2 月 27 日筆者撮影。

図 7-6　南信州・飯田産業センター防爆性試験評価装置

（出所）2019 年 2 月 27 日筆者撮影。

(3)　公益財団法人 南信州・飯田産業センターによる支援事業

公益財団法人 南信州・飯田産業センター（以下，「南信州・飯田産業センター」とする）（図 7-5・7-6）は，前身である「産業センター IIDA」が 1984 年に，長野県，飯田・下伊那地域の市町村，業界が一体となって地域内の産業振興のため，第三セクター方式で建設された（公益財団法人 南信州・飯田産業センター〔https://www.isilip.com，2019 年 2 月 9 日取得〕による）。この南信州・飯田産業センターは，飯田航空宇宙プロジェクトについて，新産業クラスター事業における航空宇宙産業クラスターと位置づけた。同センターによる『南信州・飯田産業センター 2017（平成 29）年度事業報告書』（2018 年）によると，2017 年度には次のような支援が実施された。

①プロジェクト活動推進：全体会議（6 回／年），②ワーキングチーム活動（77 回／年），③共同顧客開拓及び技術補完企業開拓（28 回），④一貫生産体制の強化支援：専門コーディネーターによる生産技術・コストダウンのコンサルティング指導，⑤国内外展示会出展等による販路開拓事業，⑥「アジア No.1 航空宇宙産業クラスター形成特区」の変更及び継続申請支援：飯田・下伊那 35 事業所指定，⑦航空宇宙産業クラスター拠点支援事業（航空機産業における特殊工程技術〔熱処理・表面処理・非破壊検査〕機能を有する「航空宇宙産業クラスター拠点工場」が整備された：公益財団法人 南信州・飯田産業センター〔http://guide.isilip.org，2017 年 10 月 10 日〕）。

2　ケースを解く：飯田・下伊那地域で航空宇宙産業クラスターの形成が期待される理由

(1)　考察の枠組み

先述のように，南信州・飯田産業センターは，飯田航空宇宙プロジェクトについて，新産業クラスター事業における航空宇宙産業クラスターと位置づけて，その促進に取り組んでいる。そこで本節では，飯田・下伊那地域における航空宇宙産業クラスター形成の可能性を，当該地域におけるヒアリング調査の結果をもとに，ポーターのクラスター理論を適用することにより検討する。

ヒアリング調査は，次の3者に対して実施した。①公益財団法人 南信州・飯田産業センター及び飯田市役所：2018年5月1日／飯田航空宇宙プロジェクトマネージャー，飯田市産業経済部工業課の担当者。②国立大学法人 信州大学：2018年5月1日／工学部 航空宇宙システム研究センター航空機システム部門 工学部教授・副部門長。③長野県工業技術総合センター：2018年5月1日／精密・電子・航空技術部門 電子部 航空機産業支援サテライト（飯田駐在）の研究企画主幹，航空機システム研究マネージャー。

まず，クラスター理論の概要を確認した上で，当該理論の中核的な枠組みを示すダイヤモンド形の概念モデルを用いて，理論の諸条件の飯田・下伊那地域への適合性について考察する。すなわち，飯田・下伊那地域の産業集積が航空宇宙産業クラスターを形成する要件を備えていること，またその具体的な内容について確認する。次に，航空宇宙産業クラスターの形成を可能とする諸要素を，クラスター形成のために活用してきた過程を確認するため，地域として航空宇宙産業クラスターの創出に取り組み始めた契機や動機，参入のための具体的な行動について振り返る。

(2)　クラスター理論の適用

製造業の企業が立地の競争優位を獲得する源泉と，それを活用するための有効な理論的視座を提供してくれるのが，「クラスター理論」である。ポーター［1999］は，クラスターを次のように定義している。「クラスターとは，ある特定の分野に属し，相互に関連した，企業と機関からなる地理的に近接した集団である。これらの企業と機関は，共通性や補完性によって結ばれている」(p.70)。そして，「クラスターとは，互いに結びついた企業と機関からなるシステムであり，その全体としての価値が各部分の総和よりも大きくなるようなもの」(p.86) としている。

ポーターは，企業の立地が競争に与える影響を，ダイヤモンド形の概念モデルで表している（図7-7)。このモデルは，産業集積に立地する企業が経営戦略を立てる際に，競争優位性を獲得するための4つの源泉：「企業戦略および競争環境」「要素（投入資源）条件」「需要条件」「関連産業・支援産業」を活用できることを示している。そこでは，企業が地域資源を自らの経営戦略の最適化のためにどのように選択し，何に重点を置き組み合わせていくのかなど，「ポジショニング」のあり方が重要なポイントとなる。

しかし，このモデルは，企業の競争戦略の決定要素とその相互関係について説明するに留まるものではない。ポーターは，地域の産業集積の発展の形態としてのクラスターの意義についても言及している。すなわちポーターは，このモデルとクラスターとの関係について，次のように述べている。「クラスターはダイヤモンドの4つの要素の相互作用を示したものとして考えるのがベストである」(p.86),「クラスターは，大きく分けて3つの形で競争に影響を与える。第1に，クラスターを構成する企業や産業の生産性を向上させる。第2に，その企業や産業がイノベーションを進める能力を強化し，それによって生産性の成長を支える。第3に，イノベーションを支えるクラスターを拡大するような新規事業の形成を刺激する」(p.86)。すなわちクラスターは，そこに属する企業の生産性を向上させるだけでなく，クラスターを構成する企業や産業，さらにはクラスター全体のイノベーションを強化し，発展拡大を促進する力を持つ産業集積として捉えることができる。

飯田・下伊那地域における航空宇宙産業関連の集積は航空機産業を中心とするものであり，また完成品メーカーは存在しない。現時点では，その多くが部品を供給する比較的小規模な事業者に留まる。しかし，小規模事業者が連携して共同受注体制を採ることにより，一定のまとまった機能を持つユニット部品（航空装備品）の供給体制を構築することを目指している。部品であっても極め

図 7-7　立地の競争優位の源泉

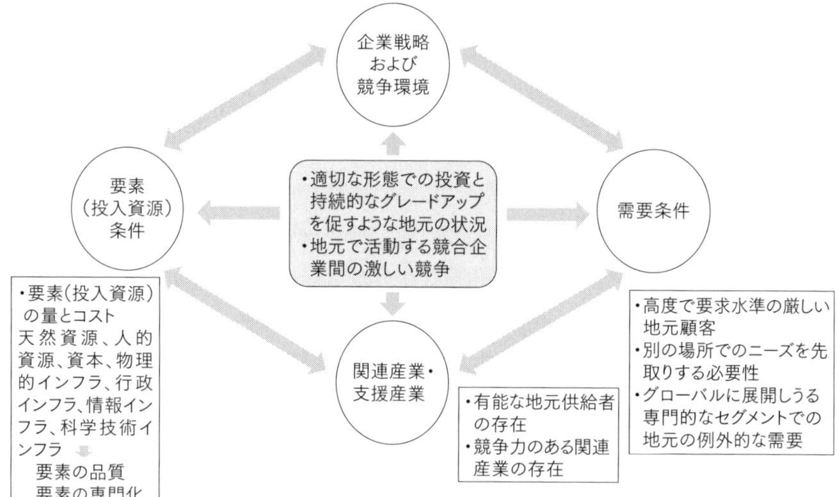

（出所）マイケル・E・ポーター（竹内弘高訳）〔1999〕『競争戦略論Ⅱ』ダイヤモンド社，p.83 より筆者作成。

て高い精度と品質が求められることから，そこには少なくとも高度なプロセス・イノベーション（製造工程・業務過程におけるイノベーション）が求められる。また，その実現のために，企業間や産学官相互の連携が重要な役割を担うことになる。この取組みがポーターの理論におけるクラスターとしての要件を満たせば，この連携体は航空機産業のクラスターとして捉えることができる。

人口減少社会の進展に伴い，多くの産業集積において，企業や従業者の数が減少していく。こうした状況の中での産業集積の発展とは，集積内の競争や連携が活発になることによって，集積全体のイノベーションが継続し生産性が向上する状態が実現することである。産業集積の内部に最終製品を生産する中核企業が存在しなくとも，主要なユニット部品を生産できる体制を持ち，地域外部にある最終製品の生産地との密接な取引が構築されるのであれば，その集積はポーターの理論におけるクラスター成立の本質的な要件を満たす。こうした観点に立ち，航空機のユニット部品の生産体制の構築を目指す飯田・下伊那地域の産業集積を，クラスター形成を目指す産業集積として捉える。

表 7-1　クラスター形成の要件と飯田・下伊那地域の状況

競争優位の源泉（クラスター形成の要件）	ヒアリング調査の相手方	飯田・下伊那地域の状況（ヒアリング調査の結果）
企業戦略および競争環境	南信州・飯田産業センター	航空機産業への取組みは，機械部品の製造を中心とする地域の中小企業が，大手企業からの受注を待つ受身型の経営から脱却し，将来性ある産業にチャレンジするものであり，次のようなメリットを意図して始められた。①高い技術にチャレンジすることで，他の産業分野にも波及効果が期待できる。②①に伴い人材が育つ。③品質保証の力をつけることで，企業の体質が強くなる。④協力意識・協働意識が涵養されるとともに，個々の企業の弱点を補うことができる。
要素（投入資源）条件	南信州・飯田産業センター	重要な投入要素としての人材の育成のため，2006年に南信州・飯田産業センターが中心となり，バーチャル大学としての飯田産業技術大学を開設した。現在では初級，中級，上級，専門のコースまで含め，年間約30〜50講座を開講しており，派遣企業も延べ1000社から2000社になる。
	南信州・飯田産業センター 信州大学	企業戦略において活用できる行政インフラ，情報インフラ，科学技術インフラが重層的に存在している。すなわち，国，長野県，大学による多様な支援が行われている。クラスター形成促進政策として重要な意義を持つ。
需要条件	南信州・飯田産業センター	市場への近接性という点において，日本の航空機産業の中心である名古屋・中京圏に比較的近いという好立地にある。
	信州大学	製品に対する需要に関しては，装備品であるアクチュエーターやセンサー類，これに付随する電気制御系の電子回路のソフトに大きな需要が期待される。 またエンジンについては，日本では現在ライセンス生産を行っているが，技術を育て自前のエンジンを作っていくことにより市場の拡大が期待される。タービンなどは，国の支援もあり日本企業で作れるようになってきた。エンジンの分野ではドイツが先進国であり，日本はその後を追いかけている状況にあるが，次第に自前のものになっていける。
関連産業・支援産業	南信州・飯田産業センター	人材も技術も設備も不足する中小企業が，個々に航空機産業に参入することは難しい。そこで，地域の複数企業が協力して共同体を作り，航空機産業にチャレンジしていく。 航空機産業への参入にベースとして活かせる強みは，精密機械や機械装置の部品の製造分野において，第2次世界大戦後に地域に根付いてきた企業が百数十社存在することである。また，戦時中から航空機産業に関わってきた大手企業が存在することも重要である。

（出所）ヒアリング調査（2018年5月1日）にもとづき筆者作成。

(3)　クラスター形成要件の確認

先述のとおりポーターは，企業の立地が競争に与える影響を，ダイヤモンド形の概念モデルで表している（図 7-7）。以下，クラスターにおける競争優位の4つの源泉（クラスター形成の要件）の各々について，飯田・下伊那地域の航空宇宙産業における状況を，ヒアリング調査（2018年5月1日）の結果にもとづき確認する（表7-1)。なお，調査の相手方については次のように略記する。公益財団法人 南信州・飯田産業センター及び飯田市役所：南信州・飯田産業センター，国立大学法人 信州大学：信州大学，長野県工業技術総合センター：工業技術総合センター。

(4)　公的機関による支援

クラスターの形成を促進するための支援策を実施する公的機関の存在は，ポーターによる概念モデル（図7-7）では，企業における競争優位の源泉の1つ「要素（投入資源）条件」として位置づけられる。しかし，政策的見地に立てば，クラスター形成における政策手段を提供する重要な主体である。そこで，政策の実施に重要な役割を担う公的機関に着目し，ヒアリング調査（2018年5月1日）の結果から，各々の取組みを確認する（各項の〔　〕内は，当該事項に関する主なヒアリング先を示す)。

①国による支援

国の産業クラスター計画の中の「地域産業活性化プロジェクト」における，「三遠南信ネットワーク支援活動」にもとづく支援対象に位置づけられたことによる恩恵も大きい。その計画体系の中で三遠南信地域の自治体などの連携により「三遠南信地域連携ビジョン」が策定され，その主要施策の1つとして「特徴ある産業クラスターの形成」が盛り込まれた。

そこに航空宇宙プロジェクトが位置づけられ，飯田・下伊那地域が中心となって牽引する体制が取られた。また，2014年には「アジア No.1 航空宇宙産業クラスター形成特区」の指定を受けた。〔南信州・飯田産業センター〕

②長野県による支援

長野県工業技術総合センターには，技術部門が4つある。材料技術部門，精密・電子・航空宇宙部門（岡谷)，環境技術部門，食品技術部門である。そのなかの精密・電子・航空宇宙部門について，2017年4月に飯田市内（旧飯田工業高等学校）に事務所を新たに開設し，職員2名が駐在している。

航空機産業支援サテライトでは，コーディネート活動や技術相談のほか，航空機産業中核企業育成事業などに取り組んでいる。2018年度は，募集参加の企業によるグループ研究会を実施している。これは，他県のクラスター見学や工場見学だけではなく，加工トライアルという仮想的な受注トライアルを行ってもらい，最終的には取引マッチングに繋げることを目指している。前年度もグループ研究会の参加企業が取り組んだ。〔工業技術総合センター〕

③南信州・飯田産業センター

開発の速度を上げるうえで，航空機システムの試験機能の強化も重要である。そのために，国内唯一といってよい試験装置が飯田市にはある。それは，装備品の環境試験を行うものであり（温度・高度・湿度耐候性着氷試験槽，防爆性試験評価装置：設置者は南信州・飯田産業センター），航空機産業の拠点化に重要な役割を担う。〔工業技術総合センター〕

④信州大学による支援

飯田市との連携に伴い，2017年４月に信州大学南信州・飯田サテライトキャンパスに「信州大学航空機システム共同研究講座」が設置された。飯田市における講座は，大学院生の大学という位置づけである。航空機に関する基礎的な知識を持つ卒業生を育て，企業貢献に繋げることを目指している。

また，非接触防爆型油量計システムの研究開発，民間航空機搭載次世代ハイブリッド型ブレーキの実現性に関する調査，GPS／INS複合航法システムの研究開発など，次世代航空機システムの基幹技術の研究開発も行っている。〔信州大学〕

(5)　プロジェクト具体化のための政策的な取組み

航空機分野を中心とする航空宇宙産業クラスターの形成に向けた取組みの経過や実態について，南信州・飯田産業センターの飯田航空宇宙プロジェクトマネージャーへのヒアリング調査（2018年５月１日）の結果にもとづいて確認する。

①航空機産業への取組みの契機

第２次世界大戦以降に東京から進出してきた大手企業は，地域企業を下請としていたが，現在は下請関係にある企業は少なくなっている。その要因は主に，大手企業において内製化が進んだことにある。すなわち，製造行程の自動化が進み，下請取引を行う必要性が小さくなっている。このため，地域の中小企業は自立化を図るようになった。

自立を目指す中小企業の進出分野は，精密機械や半導体製造装置など，機械装置の部品の製造・加工が比較的多かった。その多くが従業者十数名ほどの小規模企業であるため，自動車部品のように大量生産が求められる製品は製造できない。そこで，多品種・少量生産の機械装置部品の製造・加工分野に進出したのである。それでも，1990年代当初のバブル崩壊以降，長期不況やリーマンショック，東日本大震災などさまざまな苦難を被ってきた。その度に機械装置産業は生産が減少し，受注が半分以下になることも経験してきた。そこで，経済変動の影響を受けにくく将来性の高い高付加価値な産業分野として，航空機産業に注目した。

②行動の立ち上げ

現在の飯田航空宇宙プロジェクトマネージャーが，飯田市において（株）平和時計製作所（現在のシチズン時計マニュファクチャリング㈱）の社長に就任した1994年当時には，地域における協力体制はほとんどなかった。そこで，大手企業であるオムロン飯田㈱，多摩川精機㈱の経営者と自分の3名が共同して，次のような取組みを始めた。1つは「改善」というテーマに着目し，1990年代半ばに3社で改善研究会を立ち上げた（1995～6年頃)。もう1つは，3社で地域ぐるみのISO研究会を立ち上げた。それは現在も続いている。産業における地域協働の風土は，その頃から少しずつ始まっていったといえる。

2006年5月には，地域の精密工業関係の企業に呼びかけ，南信州・飯田産業センターにおいて，将来の航空機産業の展望に関する講演会を2名の講師を招いて実施した。そして講演会の後に参加企業に呼びかけたところ，講演会の参加企業50社のうち半分の25社の関心を得たことから，航空宇宙プロジェクトを立ち上げた。そして，発起人を5社の社長に引き受けていただいた。ただし，その5社の全てが現在はプロジェクトに残っていない。それほど航空機産業は参入が難しいものだといえる。

③課題と対応

事業立ち上げ当初に最も力を入れてきたことは，グループの信頼関係を作り協力の風土づくりを行うことであった。スタート段階では，将来目標については参加企業の皆が合意するが，互いに競争相手であり自社の技術やノウハウを明らかにすることはしない。1つの目標に向かって共同体として取り組むためには，企業の壁を全部取り払うことが求められた。そこで，地域内の企業が互いを競争相手としてのみ認識していては地域全体が衰退してしまうこと，競争相手は同じ地域内の企業ではなく諸外国であると説いた。その結果，互いに工場の中を見せ合うことができるようになった。

しかし，それではまだ十分ではない。共同で行動する時間をできるだけ多く持つことも重要であり，当初はそのことに力を大きく注いだ。具体的には，客を訪問する際に，ワゴン車に同乗して意見交流の時間を持ったり，海外出張に一緒に行く際の旅程をともにすることなどにより，徐々に心の壁を取り払っていった。地域が共同体となる地域風土を生み出すための取組みをすれば，地域全体にその波及効果が及ぶ。

④取組みと将来展望に関する考察

飯田・下伊那地域が，航空機産業を中心とした航空宇宙産業クラスター構築のプロジェクトに参入したきっかけは，機械部品を中心とした当該地域の産業構造の将来に危機感を持った人物による取組みであった。そこに地域の大手企業の経営者が同志として加わり，地域協働の取組みに発展していった。

その取組みを，将来性が期待される航空機産業へと結びつけていった。地域の産業集積として機械部品に関係する企業が数多くあったことも，クラスター形成の基盤として重要であった。その企業群にプロジェクト参加を働きかけ，共同意識と信頼関係を醸成していったのである。既存の産業集積を有効活用すること，企業の共同意識と信頼関係の醸成を進めてきたことが成功要因であり，今後の発展においても重要な要件となる。

(6)　産業クラスター形成要件に関する考察

飯田・下伊那地域における航空宇宙産業クラスター形成の要件として，ポーターが提唱する競争優位の４つの源泉及び公的機関の支援，政策的な取組みの内容について，ヒアリング調査（2018年５月１日）の結果により確認した。その結果により，次のことがいえる。

「企業戦略および競争環境」については，機械部品製造を中心とする中小企業が厳しい経営環境にあったこと，また，地域産業の指導的立場にある人物が，地域企業の自立性を高めるため，将来性のある航空機産業への参入に着目し，地域産業に関係する諸主体がそれに賛同して，協働体制の構築に取り組んできたことなど，事業者にとって，航空機産業が育つための厳しく，かつ先進的な経営環境が整っているといえる。

「要素（投入資源）条件」については，重要と認識されたのはまず人材である。バーチャル大学としての飯田産業技術大学の開設・拡充を図ることにより，高度人材の育成を進めている。また，公的支援機関によるクラスター形成政策の役割も重要である。飯田・下伊那地域では，公的機関による支援体制が充実している。すなわち，国の産業クラスター振興政策，「アジア No.1 航空宇宙産業クラスター形成特区」の指定（2014年），南信州・飯田産業センターが支援する飯田航空宇宙プロジェクトの活動，長野県工業技術総合センターの支援，信州大学との連携などである。公的支援機関による，航空宇宙産業クラスター創出への強い政策的意図が，飯田・下伊那地域における航空宇宙産業クラスターの実現には極めて重要であるといえる。

「需要条件」については，市場として，近接地に日本の航空機産業の中心である名古屋・中京圏がある。また市場分野についても，航空機のエンジンに係る技術に大きな期待が寄せられており，有望な市場を擁しているといえる。

「関連産業・支援産業」については，精密機械や機械装置の部品の製造分野の企業が多数存在し集積を形成していること，戦時中から航空機産業に関わってきた大手企業として多摩川精機㈱があり，これらの企業が協働して取り組んでいける産業環境が整っているといえる。

以上のことを踏まえると，飯田・下伊那地域は，航空宇宙産業のクラスターが形成される要件が整っているといえる。これを総合的にコーディネートする重要な役割を基礎自治体の飯田市が担うことにより，航空宇宙産業クラスターの形成は着実に進んでいくものと期待される。

3　研究コーナー：クラスター形成における地域コミュニティの役割の重要性

クラスターの形成に有益な地域資源の活用を，ポーターのクラスター理論を適用することにより促進することが効果的であることは第2節で考察した。飯田航空宇宙プロジェクトは，理論と経験にもとづき，産学官が連携してこの取組みを着実に実践している数少ない事例といえる。

飯田航空宇宙プロジェクトの着実な進捗の理由について理解するには，地域資源の存在と活用ノウハウのみならず，その実践を根底において支える，共同体としてのコミュニティの役割にまで踏み込んで考察を深める必要がある。すなわち，産業集積がクラスターを形成するためには，産業集積の構成企業が自らの競争力を高めるとともに，地域の諸主体が連携を強化できる社会的環境を活かすことが重要になると考えられる。

飯田・下伊那地域では現在，特に航空機産業の発展に産学官が連携してクラスターの形成に向けて取組みを進めている。航空機産業は高度な技術分野であり，参入し役割を担うことは企業にとって容易なことではない。また一企業が単独で担えるものでもなく，多くの企業が連携して取り組む必要がある。地域においてこのような連携体制を構築するためには，相互の信頼と互恵の精神がその基盤として重要な意義を持つと考えられる。その理論的な根拠を，制度経済学やソーシャル・キャピタル，コミュニティ・キャピタルの理論に求めたい。すなわち，産業集積がクラスターを形成するためには，産業集積の構成企業が自らの競争力を高めるとともに，地域の諸主体が連携を強化できる社会的環境を活かすことが重要になるとの認識に立ち，クラスター形成における地域コミュニティの役割を重視するものである。

その理論的根拠としてまず注目されるのが，制度経済学である。高橋［2012］は，制度について「ある一定の時空間において，ある社会を構成する人々によって共通に認識され，共有されているものの考え方とその表現形態であり，憲法や法律や条例などの明文化された公式なものから，慣例，慣習，しきたりや式典などの明文化されないものまでを含んでいるもの」（p.7）と定義し，「制度経済学は，経済事象の因果分析において経済的要素だけでなく社会諸要素にその原因を求める」（p.10）と述べている。地域経済のメカニズムやそれを構成する企業の活動は，競争原理にもとづく市場機構によってのみ規定されるものではない。条例や産業支援制度など明文化された公式制度，伝統や文化などの明文化されていない制度には，市場機構の阻害要因を排除したり地域社会の信頼関係を強める作用があり，市場機構を超えた経済効果が期待される。その重要な効果の1つが，経済活動に対して安定的な信頼基盤を提供することである。それにより，経済諸主体による安定した連携関係の構築の促進も期待される。

制度の中で，非公式な制度として重要な効果が期待されるのが，ソーシャル・キャピタルである。ソーシャル・キャピタルの定義として坪郷［2015］は，「社会的ネットワーク（人々のつながり），信頼，互酬性の規範」としている（p.1）。また長尾［2015］は，「制度派経済学（制度経済学：筆者）が明らかにしてきたように，市場は「価格メカニズム」だけでは機能しない。そこには取引費用の削減などの点で「調整」が不可欠となるため，「組織」の機能が不可欠である」（p.103）とする。ソーシャル・キャピタルの概念が，制度経済学の概念と密接な関係を有していることが分かる。制度により市場取引の調整コストが軽減され，市場機能がより効率的に機能するようになるといえる。

さらに，コミュニティ・キャピタルの役割を考察に加えたい。西口・辻田［2017］は「コミュニティ・キャピタル」（community capital）について，「特定のメンバーシップによって明確に境界が定まり，その成員間でのみ共有され利用されうる関係資本」（p.77）と定義している。「仲間同士，あるいは，直近の取引先と切磋琢磨し，失敗を乗り越えて，共同で問題解決を図りながら，成功体験をより深め，蓄積する過程で生じる「刷り込み」（imprinting）が，集団的繁栄への道程を加速する」（p.81）とし，「この種のコミュニティーのメンバーは，完全に属人的でも汎社会的でもない，第3のタイプの信頼である「同一尺度の信頼」（commensurate trust）によって支えられている」（p.85），「成員間に，成功体験に基づく相互信頼が浸透しているかどうかが，決定的に重要である」（p.83）とする。地域の産業集積がクラスターに発展するためには，共同受注や共同研究開発など，企業や経済主体が緊密な連携関係を構築することが必要であるが，コミュニティ・キャピタルがその重要性に理論的な根拠を提供してくれる。

地域経済については，単に集積し構成企業が市場メカニズムの中で個々に競争力を高める努力をするだけでは顕著な発展を期待することは難しい。産業集積の構成企業が取引のみならず，異業種交流や産学官連携，共同受注や共同研究開発など多様な形態で相互連携や協働態勢を構築する必要がある。制度経済学やソーシャル・キャピタル，コミュニティ・キャピタルの理論は，その実現可能性に理論的な根拠を提供してくれる。今後，これらの理論的根拠も踏まえ，飯田・下伊那地域における航空宇宙産業クラスターの形成と発展の可能性について考察を深めたい。

【演習問題】

①クラスターとは何か，説明しなさい。

②クラスターが形成されることのメリットは何か，企業の経営戦略と地域経済への効果の両面から説明しなさい。

③飯田・下伊那地域において，航空宇宙産業クラスター形成の実現を可能とする，地域としての優位性とは何かについて説明しなさい。

【文献案内】

マイケル・E・ポーター（竹内弘高訳）[1999]『競争戦略論Ⅱ』ダイヤモンド社。

第2章「クラスターと競争」を中心に，クラスターの意義や，企業や産業の立地とクラスター形成の関係が理論と事例を交えて解説されており，クラスラー理論の基本書といえる。

笹野尚 [2014]『産業クラスターと活動体』エネルギーフォーラム。

クラスターの概念と現代的意義が平易に解説されている。またクラスターの形成と発展には自発的な個人や組織の「活動体」が重要であるとして，成功事例を紹介している。

二神恭一・高山貢・高橋賢編著 [2014]『地域再生のための経営と会計――産業クラスターの可能性』中央経済社。

クラスターを地域再生に活かすことを基本とし，地域経営の視点から考察が進められていることが注目される。地域事例も織り込みながら，分かりやすい展開となっている。

大木裕子 [2017]『産業クラスターのダイナミズム――技術に感性を埋め込むものづくり』文眞堂。

ものづくりのクラスターの意義について，先行研究を踏まえつつ確認したうえで，最先端と伝統的なクラスターに共通する製品高度化のメカニズムを考察している。

【参考文献】

河藤佳彦 [2018]「協働により自立的な経済発展を進める飯田・下伊那地域」『地域政策研究』（高崎経済大学地域政策学会）第20巻第4号，pp.75-86。

高橋真 [2012]『制度経済学原理』税務経理協会。

西口敏宏・辻田素子 [2017]『コミュニティー・キャピタル論』光文社。

坪郷實 [2015]「序論 ソーシャル・キャピタルの意義と射程」，坪郷實編『福祉＋α

⑦ソーシャル・キャピタル』ミネルヴァ書房。
長尾伸一［2015］「第８章 ソーシャル・キャピタルと産業発展・企業」，坪郷實編『福祉＋α⑦ソーシャル・キャピタル』ミネルヴァ書房。
マイケル・E・ポーター（竹内弘高訳）［1999］『競争戦略論Ⅱ』ダイヤモンド社。

第8章

静岡県浜松の地域イノベーションシステム

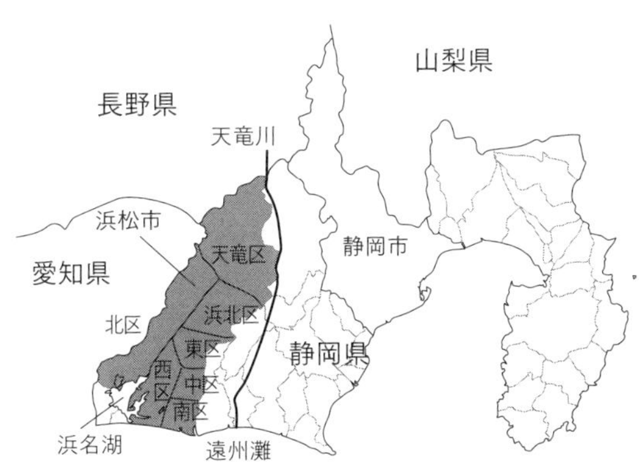

浜松のプロフィール

●ものづくり都市，イノベーティブな内発的発展の地方都市

●人口：784,198人（2018年1月1日）

●自然・地理：首都圏と関西圏のほぼ中間，静岡県の西部に位置し，面積は1,558㎢（東西約52㎞，南北約73㎞：全国市町村第2位の広さ）。気候は全国的に見て温暖で恵まれた気象条件（日照時間日本一）

●歴史：戦国時代に東海道の宿場町としてにぎわい，徳川家康が浜松城を築いたことで，近世の浜松城下町が誕生。

●主な産業：輸送用機械，楽器，光電子

●主要企業：スズキ㈱，ヤマハ㈱，㈱ユタカ技研，㈱エフ・シー・シー，㈱河合楽器製作所，浜松ホトニクス㈱，エンシュウ㈱，パルステック工業㈱，ローランド㈱

キーワード：地域ネットワーク型産業システム　シリコンバレー・モデル　スピンオフ・ベンチャー　オープンイノベーション　オプトロニクス（光電子）クラスター　組織的知識創造（SECIモデル）　人的資本論の知識類型　日本的経営システム　比較地域的制度アプローチ　リレーションシップ・バンキング

本章のねらい

日本のものづくり都市の多くは，工業化時代から知識経済時代のパラダイムシフトに対応できず衰退の一途をたどっている。浜松地域は90年代に輸送用機械の企業城下町型産業集積が地域経済の核となり，閉鎖的な独立企業型の地域産業システムの性格を強めた。ただ，2000年代に入ると，光電子分野のハイテク型産業クラスターが形成され，知識経済時代に応じた独自の地域的産業システムへと経路修正を実現している。その展開について本章では，国民的制度の枠組みだけでは解けない地域的メカニズムの動態的分析，比較地域的制度アプローチ（労働・雇用，技術・知識，金融の３つの制度領域分析）により解明する。

1　ケースを見る：浜松の地域産業システム形成・発展の変遷

(1)　浜松地域経済の特徴

浜松市は，2005年天竜川・浜名湖地域の12市町村が合併し，約80万人の人口を擁する政令指定都市へと移行した。まずは，同じ人口規模の政令指定都市のデータと比較してみたい（表8-1）。

ものづくり都市と呼ばれる浜松地域経済の特徴がよく出ている。浜松市は，製造業の従業者構成比が高く，工業の事業所数・製造品出荷額等・粗付加価値額の全てが大きい。静岡市は工業・商業のバランスが良く，新潟市・岡山市は3次産業のウエイトが大きい。1人当たり所得，地方税収，財政力指数を見ると，支店経済化している新潟市に比べて浜松市の方が良い。これらのデータから見て，浜松市の場合，工業が地域経済を牽引するものづくり都市と言ってよいだろう。また，浜松市は，1工業事業所当たり製造品出荷額（⑦／⑥）が小さいことから，中小規模の工場が数多く地域的に集積しているといえる。

(2)　三大産業・複合工業集積の形成（戦前〜1980年代）

戦前〜1980年代までの歴史を振り返ると，浜松地域の三大産業といえば，繊維，楽器，オートバイであった。この地域産業集積のルーツは，江戸時代からの綿織物と製材業にあった。江戸時代，遠江の国といわれた浜松地域では，温暖な気候と豊富な水をもとに，綿花の栽培が盛んであった。綿花の生産

表8-1　類似地方都市（政令指定都市）の比較統計

		浜松市	静岡市	新潟市	岡山市
①	人口（2018年1月1日）	784,198人	697,210人	791,459人	697,158人
②	就業者（2015年）	401,729人	350,852人	391,863人	341,230人
③	同・製造業構成比（2015年）	33.5%	25.2%	21.3%	20.7%
④	同・第3次産業構成比（2015年）	59.9%	67.9%	71.5%	71.1%
⑤	全産業の事業所数（2014年）	37,204	36,657	36,850	32,544
⑥	工業・事業所数（2015年）	2,214	1,582	1,076	924
⑦	製造品出荷額等（2015年）	1.8兆円	1.7兆円	1.0兆円	1.0兆円
⑧	同・粗付加価値額（2015年）	7,103億円	6,796億円	4,114億円	4,190億円
⑨	商業年間販売額（2016年）	2.9兆円	3.0兆円	3.2兆円	3.2兆円
⑩	課税対象所得額（2017年度）	1.2兆円	1.1兆円	1.1兆円	1.0兆円
⑪	1人当たり所得（2017年度）	3.3百万円	3.3百万円	3.0百万円	3.2百万円
⑫	地方税収（2016年度）	1299億円	1263億円	1196億円	1145億円
⑬	財政力指数（2016年度）	0.89	0.92	0.75	0.80

（出所）①は総務省『住民基本台帳人口要覧』 ②，③，④は総務省『国勢調査』 ⑤は総務省『経済センサス基礎調査』 ⑥，⑦，⑧は経済産業省『工業統計調査』 ⑩，⑪は総務省『市町村税課税状況等の調』 ⑫，⑬は総務省『市町村別決算状況調』

から発展した綿織物は，農家の副業として始まり盛んとなった。1870年には，大工や指物師等によって，織機の改良が始まった。宮大工の父親のもとで大工仕事に従事していた豊田佐吉（トヨタ自動車創業者の豊田喜一郎の父で発明王）が1896年に木製動力織機を発明する。浜松地域ではこの力織機の発明を契機に技術伝播し，遠州織機（現，エンシュウ）や鈴木織機（現，スズキ）といった織機メーカーが設立されていった。力織機の発明は，その後の木工機械や工作機械など一般機械工業の発展や，オートバイ・四輪自動車など輸送用機械の発展の基盤となった。

もう1つのルーツである製材業は，天竜川流域の豊富な木材資源を筏で搬出できる環境から育まれた。明治以降，木材の伐採に使用する木工刃物を製造する鍛冶職人を中心に刃物工業が発展する一方，その刃物を利用して木材加工を機械的に行なう木工機械メーカーが設立されていった。当時，浜松地域はすでに楽器の一大産地を形成しており，それも木工機械工業の発展に寄与した。浜松地域の楽器産業は，山葉寅楠が小学校のアメリカ製オルガンを修理したことに始まる。山葉はオルガンの構造を模写して試作品を製作し，1889年，山葉風琴製造所（現，ヤマハ）が設立された。山葉はオルガンの成功に続き，国産第1号のアップライトピアノ，グランドピアノを開発する。1927年には，ヤマハでピアノ開発を手掛けた河合小市が河合楽器研究所（現，河合楽器製作所）をスピンオフ創業している。1940年代，スピンオフ創業が相次ぎ，隆盛期には30社近くの楽器メーカーが浜松地域に立地し，国内最大の楽器産地へと発展していった。現在でもヤマハ・河合の2大楽器メーカーが浜松市に本社を置いていることから，浜松地域のピアノ国内生産シェアは100%を誇っている。

繊維，楽器に続く三大産業の1つであるオートバイ産業は，戦後1946年，本田宗一郎が旧陸軍の航空機用発電エンジンを自転車に取り付け，エンジン付自転車（ポンポン）として発売したことに始まる。1949年には，本格的なオートバイを完成させ，本田技研工業（ホンダ）を設立している。その後，浜松地域では，繊維機械メーカーから進出した鈴木自動車工業㈱（現，スズキ）を含め，オートバイ製造業が相次いで設立された。1955年には，楽器メーカーのヤマハがオートバイ製造に進出して，ヤマハ発動機を設立している。最盛期には，浜松地域に約40社のオートバイメーカーが立地し，国内最大級の産業集積を形成した。

以上のように，浜松地域では，戦前に綿織物から織機・力織機が生まれ，繊維産業が発達した。さらに，製材が木工機械，楽器産業へと発展していった。戦後は，繊維・楽器産業と軍需産業で培われた技術を基盤として，工作機械などの一般機械，オートバイなどの輸送用機械産業，電子楽器からエレクトロニクス産業へと地域内産業連関的な発展を遂げてきた。そして，浜松地域には，力織機の豊田佐吉（トヨタ），楽器の山葉寅楠（ヤマハ），オートバイの本田宗一郎（ホンダ）といった数々の著名な企業家が輩出されたことから，「やらまいか精神（「とにかくやってみよう」「一緒にやろうじゃないか」という意味の方言）」といったチャレンジ精神を大切にする起業文化が根付いていったと言われる。

(3)　輸送用機械の産業集積の変容（80年代から90年代）

1980年代後半以降，浜松地域を牽引するリーディング産業は，三大産業から四輪自動車へと代わっていく。浜松地域の2002年の製造品出荷額を90年と比較すると，繊維工業は58.4%，その他製造業（主に楽器）は50.6%の大幅減となっていた。その一方で，輸送用機械は，90年／2002年比で55.7％増の伸びを示しており，特化係数も3.6（2002年）と際立った。四輪自動車への取り組みが本格化したためである。1980年代後半以降，浜松地域の輸送用機械の産業集積は，オートバイから四輪自動車へと主要製品の変更が進んでいった。

浜松地域における四輪自動車の産業発展史は，スズキの歴史と重ねて見ていける。スズキは，鈴木道雄による鈴木式織機の開発を機として，1909年に浜松地域に設立された。スズキが軽自動車メーカーとして急成長を遂げたのは，「アルト」発売（79年）の大ヒットによるところが大きい。80年代，スズキの成長に呼応して下請け中小製造業（サプライヤー）も成長し，浜松地域には四輪自動車の一大産業集積が形成されていった。スズキはサプライヤーに対して設備近代化支援と技術指導を積極的に行ない，一方でサプライヤーはスケールアップして専用機械の大型投資とQCD（品質・コスト・納期）の改善に対応した。こうして，スズキを頂点とするヒエラルキーな下請け分業構造が形成された。

90年代になると，四輪自動車の産業集積が浜松地域の経済を一手に掌握し牽引していく。スズキの影響力は圧倒的に大きく，浜松地域の中で売上高№1企業となり，輸送用機械の産業集積の頂点でその存在感を高めていった。スズキの主たる製品は国内向けの軽自動車であり，他の自動車メーカーに比べて輸出比率が低かった。また，国内で税制優遇のある低価格の軽自動車は，バブル崩壊後の平成デフレ不況においても国内市場に陰りが見えなかった。スズキは90年代以降も国内向けの軽自動車を国内（浜松地域）で生産する方針を堅持したこともあり，浜松地域経済はますます同社への依存を高めていった。90年代の浜松地域は，かつての複合工業集積というよりもむしろ，スズキを頂点とする企業城下町型産業集積の性格を色濃くしていった（浜松信用金庫・信金中央金庫総合研究所編［2004］）。

そもそも安価な軽自動車はコスト削減の努力が必然であるが，それはサプライヤーにも当然に求められた。経営体力のある大手の1次サプライヤーは，スズキからのコスト削減要請に対して，VA（Value Analysis）／VE（Value Engineering）による工程面の改善（プロセス・イノベーション）で対応した。たとえば，冷間鍛造の大規模設備投資を実施して，機械加工から冷間鍛造へと工法変更し，複数の加工工程を1つにまとめて省略し原価低減に結びつけるといった改善努力である。ただ，このような対応は，資本力の劣る2次サプライヤー以下の中小製造業では困難であり，下請けの選別が強まり市場撤退するケースも相次いだ。実際，90年から2002年にかけて，浜松地域の輸送用機械の製造品出荷額は伸びたが，工場数（特に小規模の工場）は減少している。こうしてスズキを頂点とする企業城下町型産業集積は徐々に裾野が狭まって縮小していき，中小製造業の廃業と地域経済の雇用面においての問題を残すこととなった。

(4) 地域中核企業発のスピンオフ・ベンチャー叢生，ソフトウェアと光電子分野の産業クラスター形成（1990年代）

90年代の平成不況時，大企業のリストラ（事業の再構築）が横行したのは記憶に新しい。それは主に80年代に進めた多角化路線の軌道修正であり，コア事業への「選択と集中」であった。そして，不採算事業やノンコア事業からの撤退であった。リストラを機にノンコア事業などに所属していた技術者が大企業を退社し，新製品開発・新市場開拓（プロダクト・イノベーション）を志向するベンチャービジネスをスピンオフ創業する事例が当時の日本でも出ていた。90年代，浜松地域においてもスピンオフ・ベンチャーの叢生が見られ，それがベースとなり新しい産業クラスターの形成につながっている（長山［2012］）。

1つは，ヤマハ発動機の舟艇事業部を母体とするスピンオフ・ベンチャーの連鎖的な発生である（図8-1）。アルモニコスやアメリオなどスピンオフ・ベンチャーはいずれも3次元システム関連の事業を展開しており，それが浜松地域のソフトウェア・クラスターを形成することとなった。当時，3次元関連のソフトウェア分野は市場の成長性が高く，また市場の細分化が進みやすい大企業不在の分野であった。こうしたスピンオフ・ベンチャーの多くは受託開発型ソフトウェア業であり，その初期の顧客は浜松地域のものづくりの既存産業集積にあった。浜松に立地する自動車や電機の工場が初めての顧客となってくれたのである。そこには3次元システムの導入によって設計や検査などの工程を改善したいという潜在的ニーズがあった。

もう1つは，浜松ホトニクスのシステム事業部を母体とするスピンオフ・ベンチャーの連鎖的な創業，それによる光電子分野の産業クラスターの形成である（図8-2）。浜松ホトニクスのルーツは，「テレビの父」といわれる高柳健次

図 8-1　ヤマハ発動機からのスピンオフ連鎖図（浜松地域のソフトウェア集積形成プロセス）

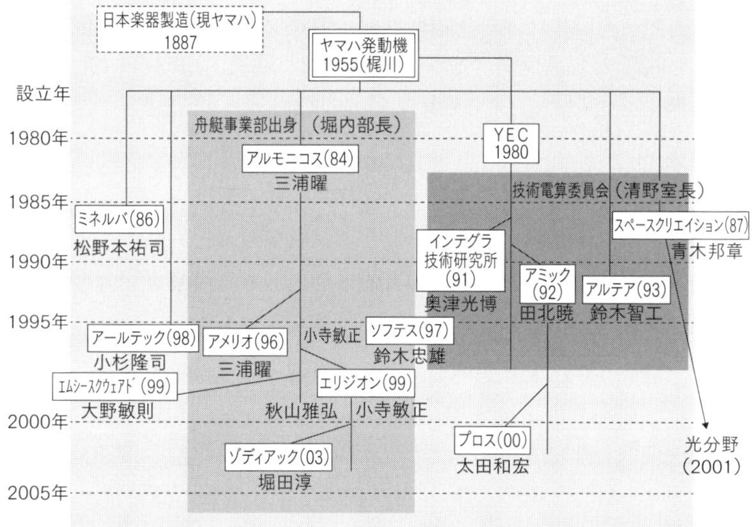

（出所）スピンオフ・ベンチャー各社に対するヒアリングより筆者作成。

図 8-2　浜松ホトニクスからのスピンオフ連鎖図（浜松地域の光電子集積形成プロセス）

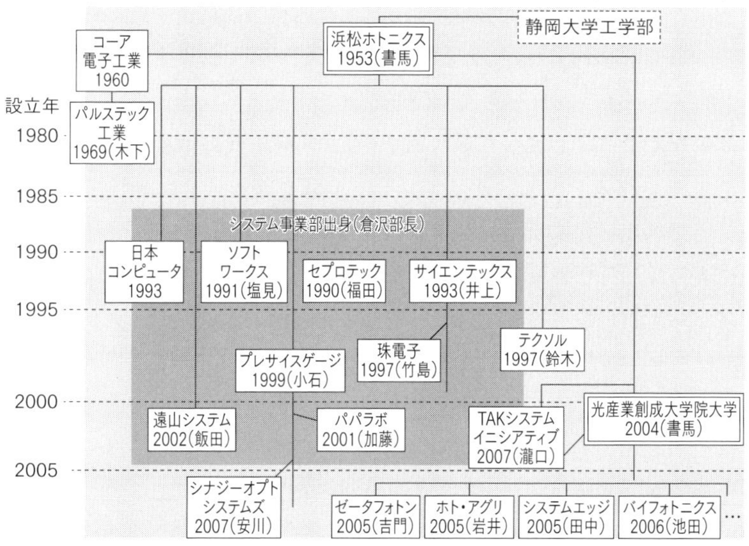

注：(　) は社長名、敬称略。
（出所）スピンオフ・ベンチャー各社に対するヒアリングより筆者作成。

郎と浜松高等工業学校（現，静岡大学工学部）にある。戦前，浜松ホトニクスの創業社長である堀内平八郎は，浜松高等工業学校電気科において高柳研究室に所属し，暗視管の製品開発等を手がけていた。戦後，1953年，光電管の製造販売を開始するため，堀内は晝馬輝夫（浜松ホトニクス元会長）・羽生紀夫とともに，浜松ホトニクスの前身である浜松テレビを設立している。スタートアップ期，静岡大学工学部の研究成果を事業化したのであり，浜松ホトニクスは今でいうところの大学発ベンチャーといえる。現在の浜松ホトニクスのコア事業は，光電子増倍管や光半導体といった光部品である。浜松ホトニクスの光電子増倍管は，ノーベル物理学賞を受賞した小柴・東京大学名誉教授のニュートリノ観測を可能にした点で有名になった。世界的に最先端の光電子事業を手掛けるため，当社の海外売上高比率は50％を超えている。高度先端技術をベースに創業以来順調に業績を伸ばしていた浜松ホトニクスであったが，1990年代になると半導体市場の競争激化と市況低迷にさらされて低利益率構造に陥っていく。そこでノンコア事業の光機器・装置分野における選択と集中を進め，PET（癌の早期発見に貢献する画像診断装置）のような医療分野の光機器・装置の開発に経営資源を重点配分したのである。

浜松ホトニクスとしては2000年代になり高利益率構造（売上高対営業利益率10％超）への体質改善に成功するが，これまでシステム事業部でストリークカメラやフォトンカウンターの製品開発などを手掛けていたベテラン技術者の行き場は少なくなってしまった。これを機に1990年代，浜松ホトニクスのシステム事業部を母体として，サイエンテックスなどのスピンオフ・ベンチャーが相次いで創業した。浜松地域テクノポリス推進機構による2001年版調査報告書によれば，浜松地域において光電子技術分野の開発に取り組む企業は118社存在し，光測定器（40社），レーザー応用生産装置（32社），光伝送機器・装置（15社）といった光機器・装置の開発を手がけていた。こうした光機器・装置ベンチャーの多くはソフトウェアと同じく受託開発型であり，やはり初期の顧客は浜松地域のものづくり産業集積にあった。1990年代，浜松地域では地域中核企業発のスピンオフ・ベンチャー叢生によって，ソフトウェアと光電子分野の産業クラスターが形成されつつあったといえる。

(5) 産学官連携によるオプトロニクス・クラスター政策の展開（2000年代）

浜松地域には，浜松商工会議所・浜松地域テクノポリス推進機構・浜名湖国際頭脳センター・静岡県浜松工業技術センターなどの産業支援機関があり，地域イノベーションのインフラが充実している。1980年代以降，テクノポリス法（1983年）の支援対象地域に指定を受けるなど，国の様々な科学技術振興策を活用してきた。その過程において産業支援機関が時代環境に応じた異業種交流や技術交流を進めており，特に中小製造業のネットワーク支援体制が充実した地域となった。2000年代に入ると，経済産業省による産業クラスター事業，文部科学省の知的クラスター創成事業の両事業にもとづき，研究型大学である静岡大学や浜松医科大学の知的インフラを活用した産官学連携によるオプトロニクス（光電子）クラスターの形成が促進された。このクラスター構想に関する基本的な考え方としては，「輸送用機械・楽器・繊維の三大産業の成熟化と産業空洞化への対応」，そのために「産学官連携を通じた科学研究促進と新産業・ベンチャー創出」を政策的に支援することが打ち出されていた。全国的に見て浜松地域のクラスター事業の評価は高く，文部科学省・経済産業省の政策評価報告書においてもAランクの高い評価を得た。第一期の計画期間（2002年～2006年度）には，事業化20件，特許出願254件（海外72件）の成果を上げている。具体的には，医療用イメージングシステムの研究開発をもとに「内視鏡手術ナビゲーター」などの事業化に成功している。

2000年代，浜松地域においてオプトロニクス・クラスターを発展させたもう1つの流れは，浜松ホトニクスによる光産業創成大学院大学の設置・開学（2005年）にある。同大学の建学の精神は，「光技術を中心としたニーズとシーズの融合による新産業創成」であり，「光技術を中心とした起業（実践のための研究，創業のための教育，製品開発のための教育）」を教学の柱にしている。大学院の入学試験は，受験生の「ビジネスプラン（製品開発テーマ）」，すなわち解決すべきニーズの審査である。入学後，学生（勤務経験者が対象）は，解決すべきニーズ（製品開発テーマ）の課題意識を強く持ちながら，講義で光技術の一般的汎用的知識（光医療，光バイオ，光加工，光情報など）を学ぶ。また，浜松ホトニクス中央研究所のシーズを活用する。学生は，光技術の一般的知識をベースに，ビジネスプランの製品開発に取り組み，さらに商業化を目指して在学中に起業

表 8-2　浜松市の産業振興策の変遷

	1980年代，90年代	2000年代	2010年代
既存産業の高度化	・ローカル技術開発協会（81年） ・異業種交流グループ：浜松技術交流プラザ82（82年） →テクノランド細江（86年） ・TMプラザはままつ（87年） →都田テクノパーク（92年） ・浜松地域テクノポリス構想（84年）	・地域コンソーシアム「半導体レーザー溶接」（01年） ・新連携支援（05年） ・西部地域しんきん経済研究所，はままつ産業創造センター（07年） ・地域イノベーション創出事業（地域資源活用型：6次産業化）（09年）	・産業創造センターとテクノ機構が統合 →「浜松地域イノベーション推進機構」（12年） ・はままつ医工連携拠点（11年） ・地域イノベーション戦略支援事業「浜松・東三河ライフフォトニクスイノベーション」（12年）
新産業の創出	・地域フロンティア技術開発事業，電子化機械技術研究所（83年） →ローカル協会と統合し，浜松地域テクノポリス推進機構（91年） ・商工会議所「半導体レーザー産業応用研究会」（98年）	・三遠南信バイタライゼーション（02年） ・浜松地域オプトロニクスクラスター第1期（02年〜），第2期（07年〜11年） ・テクノ機構「イメージング技術事業化研究会」（03年） ・商工会議所「医工連携研究会」（05年）	

（出所）浜松市HP等により，筆者作成。

するのである。同大学からは，すでに20社強の光ベンチャーが創出されており，その中に浜松ホトニクスの出身者（同大学に企業派遣された浜松ホトニクスの技術者）も多く存在する。

(6)　医工連携による地域イノベーション（2010年代）

2010年代に入ると，産業クラスターの多様性を狙って，「はままつ産業イノベーション構想」において成長6分野（次世代輸送用機器，健康・医療，新農業，光・電子，環境・エネルギー，デジタルネットワーク・コンテンツ）を地域産業政策の標的とする。そして，浜松地域イノベーション推進機構を設立し，これまでの「既存産業の高度化」策と「新産業の創出」策の相乗効果を意識した地域産業政策を展開する（表8-2）。

そのなかでも特に目立つのが，医工連携による地域イノベーションへの取り組みである。2011年度以降，浜松地域ではJST事業「はままつ次世代光・健康医療産業創出拠点（通称：はままつ医工連携拠点）」により医工連携の仕組みを整備している。本事業のテーマは，「ものづくり技術と医療・医学との融合による地域イノベーションの創出」である。医工連携・産学官共同研究により，光電子技術と医学・医療を融合（工業と医療の融合，工学と医学の融合）し，健康・医療機器の開発および装置の製品化・事業化を進め，浜松地域における医療関連産業の基幹産業化を目指している。

2　ケースを解く：比較地域的制度アプローチから浜松地域イノベーションシステムを動態的に解明する

(1)　シリコンバレー・モデル：地域ネットワーク型産業システム

日本は東京一極集中により地方工業都市の多くが分工場経済の特徴を持ち，多様で自律的な地域経済の内発的発展が弱いとされる。一方，浜松地域においては戦前から1980年代にかけて，三大産業（繊維，楽器，オートバイ）の産業集積を基礎とする集積経済を形成してきた。こうした浜松地域の産業連関的な発展モデルは，地方工業都市における内発的発展論の典型例として捉えられてきた。ただ，90年代に入ると，スズキを頂点とする輸送用機械（軽自動車）の企業城下町型産業集積が地域経済の核となっていき，他の日本の地方工業都市と同じく，浜松地域は閉鎖的な独立企業型の地域産業システムの性格を強めることになる。バブル崩壊後の日本は開業率が廃業率を下回り，アントレプレナーシップ（起業活動）の減退が国民経済を覆っていた。戦前から多くの企業家を輩出し，「やらまいか」と呼ばれる起業家精神の溢れる浜松地域であったが，90年代には経済発展の経路に矛盾や葛藤が見られる。それでも，2000年代に，光電子（オプトロニクス）分野のハイテク型産業クラスターが発展し，知識経済時代に応じた地域産業システムへの転換を実現している。工業化時代の漸進的な製品改良改善型のプロセス・イノベーションではなく，知識経済時代にはサイエンスベースで研究開発型のラディカルなプロダクト・イノベーションが求められる。ものづくりの地方工業都市と言われる浜松地域がどのようにして，シリコンバレー・モデルのような地域ネットワーク型産業システムへと経路を修正することができたのであろうか。

表8-3　地域ネットワーク型産業システムと独立企業型産業システムの比較

	シリコンバレー	ボストン郊外ルート128
産業・業種	半導体・コンピュータの成長産業・ハイテク産業	
生産要素	MIT・スタンフォードといった大学，積極的な軍事支出	
社会構造・文化	革新的・オープン	保守的・閉鎖的
産業構造	水平的・競争と協力のネットワーク型	垂直的・独立企業の自己完結型
企業の内部組織	権限が分散	権限の集中

（出所）サクセニアン［1994］より筆者作成。

シリコンバレー・モデルの特徴は，サクセニアン（1994）が次のように示している（表8-3）。そこでは半導体・コンピュータなどハイテク産業で同一条件にある，アメリカ西海岸のシリコンバレーと，東海岸のボストン郊外ルート128を取り上げ，地域優位性の比較研究を行っている。その結果，前者を「地域ネットワーク型産業システム」，後者を「独立企業型産業システム」と命名し，「シリコンバレーでは，さまざまな関連技術を持つIT専門企業同士が，激しく競争しながら同時に協力もする。それは，非公式な社会的ネットワークやオープンな労働市場にもとづく協力・学習行動であり，実験的な試みやイノベーションが促され，ハイテク市場や技術の変化に素早く対応できる」と分析している。このようにシリコンバレー・モデルの特徴はイノベーションとアントレプレナーシップの活発な産業コミュニティの形成にあるが，まさに浜松地域においてはそのような地域的起業家経済システムが見てとれる。ただ，日本の地方工業都市を見渡せば分かるように，シリコンバレーや浜松のような地域産業システムの特徴をもつ事例は例外的なものと捉えられよう。

(2)　産業クラスター政策，シリコンバレー・モデルの輸入失敗

2000年代に国（経済産業省・文部科学省）は，シリコンバレー・モデルの導入促進を目指した地域クラスター政策を全国各地で一斉に展開した。しかしながら，その試みは，国の自己点検・政策評価を見てもわかるように，有効に機能したものとは言い難い。なぜ，国の産業クラスター政策が多くの地域で所期の目標（起業件数・特許件数など）を達成できず，「事業仕分け」で失策の烙印を押されてしまったのか（産業クラスター政策の詳細は，長山［2011］を参照)。それは，「資本主義の多様性」論（ホール&ソスキス［2001］など）における国民的制

度の差異を無視して，安易にシリコンバレー・モデルの導入を目指したからに違いない。中村（2008）の指摘にあるとおり，アメリカのような自由主義的な市場経済体制と，日本のような社会的調整的な市場経済体制との間には制度的差異が大きく，後者は前者に比べてハイリスク・ハイリターン型のハイテク分野が弱くなる。日本のような社会的調整的な市場経済体制の場合，大企業の従業員は労働権や安定的な労働市場に守られているのでスピンオフ起業のようなリスクをとる行動に消極的となり，金融市場はベンチャーキャピタル市場の発展が弱く新規開業資金は自己資金や銀行融資が中心になってしまう。そのため，日本ではハイテク分野でベンチャービジネスの起業を活性化するために必要な主体形成とビジネス環境の整備という点でアメリカに立ち遅れてしまうという指摘である。

そのため日本の地域経済の多くは，サクセニアンがシリコンバレーと対比させたボストン郊外ルート128に似た特徴をもつ。大企業体制のもとでの独立企業による垂直統合型のクローズド・イノベーションとなり，シリコンバレー・モデルの特徴といえるベンチャービジネスの組織横断的なオープン・イノベーション・ネットワークが形成されにくい面がある。振り返ってみると，高度経済成長期を経て日本では，いわゆる日本的経営システムが確立された。長期的見通しに立った雇用制度のもと，新規一括採用，OJTやジョブローテーションによる職場訓練を通じて，当該企業固有の業務知識・スキルを習得し，会社共同体のメンバー（会社人間）となる経路が浸透した。1970年～80年代の日本の大企業は，日本的経営システムのもとでの，組織的知識創造モデル（野中・竹内［1995］）によって競争優位性を確立していた。

日本発の組織的知識創造の理論について，以下，簡潔に説明する。このモデルは，まず，認識論的次元として，「暗黙知」と「形式知」とに分ける。暗黙知とは，ノウハウや技能など，言葉で表現できないが実行できる能力を指す。一方，形式知とは，言葉や数字で表現できるコード化された知識である。分かり易く対比すると，暗黙知は，「主観的な知（個人知）」「経験知（身体）」「同時的な知（今ここにある知）」「アナログ的な知」であり，一方，形式知は，「客観的な知（組織知）」「理性知（精神）」「順序的な知（過去の知）」「デジタル的な知」といえる。西洋人は個人中心で形式知を重視するのに対し，日本人はグループ志向で暗黙知を強調する傾向にあると言われる。次に，存在論的次元として，個人，グループ，組織，組織間というステージに分ける。そして，4つの知識変換モードとして，「暗黙知から暗黙知への共同化」⇒「暗黙知から形式知への表出化」⇒「形式知から形式知への連結化」⇒「形式知から暗黙知への内面化」を挙げ，これらのモードの相互作用による「知識創造スパイラル論（SECIモデル）」が示される。組織的知識創造モデルの特徴は，社内での情報共有化をベースとしたグループ集団でのイノベーション（共同化と表出化のモード）にあり，自動車の製品開発のような，数多くの要素技術を組み合わせる複雑なアーキテクチャの革新（インテグラル・擦り合わせ型）にアドバンテージがあった。

日本は，80年代までの工業化時代，自動車などのものづくり産業を基盤とする日本的経営システムを確立し，「ジャパン・アズ・ナンバーワン」の賛美を得るまで経済成長を謳歌した。日本的経営システムの特徴は，①分業関係を「曖昧」にして労働者同士での協力で柔軟に作業を進めることを基本とするシステム，②終身雇用・年功序列賃金などの日本型雇用慣行によって「協調の利益」を生み出すシステム，③協調の利益を生み出すための「情報の共有」と労働者間のネットワーク型システム，④下請け・系列の企業間の協力・協調のネットワーク，などが挙げられる（吉田［1996］）。日本の工業化時代におけるキャッチアップ型経済成長（量的拡大）の前提には，社会的調整的な市場経済体制という制度的条件があったといえる。

しかし，1990年代以降，グローバリゼーションが進展し，本格的な知識経済時代に突入すると，日本企業の組織的知識創造モデルならびに日本的経営システムは十分に適応できず，一方で，シリコンバレーを典型とするオープン・イノベーションモデル，地域ネットワーク型産業システムが競争優位性を高めた。その特徴は，アイデンティティの確立した企業家の個人主導による要素技術そのもののサイエンス型知識創造であり，バイオやソフトウェア分野のように，市場と技術の緊密性が高く変化スピードの速い製品開発，モジュラー・寄せ集め型アーキテクチャの革新にアドバンテージがある。その前提には国民的制度として自由主義的な市場経済体制があり，知識労働市場の流動性の高さと，組織の境界を越えた企業家個人の多様性とアントレプレナーシップがあった。

図8-3　地域産業システムの分析アプローチ
（「既存産業の再生」と「新産業の創出」の発展的統合）

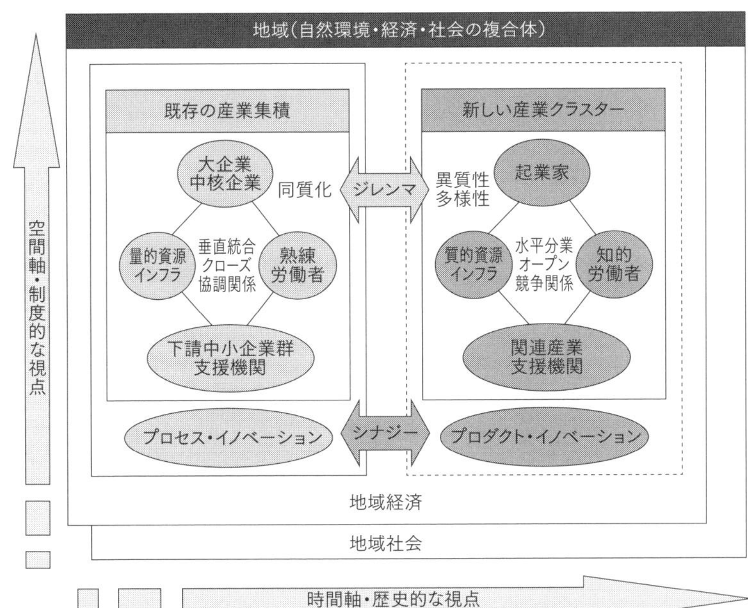

（出所）筆者作成

(3)　スピンオフ連鎖のメカニズム，既存産業再生と新産業創出の発展的統合モデル

ハイテク型の産業クラスターの形成プロセスは，シリコンバレーに限らず，サンディエゴ，ノースカロライナ，オースティンにおいても同じく，地域中核企業（アンカー企業）を母体とするスピンオフ・ベンチャーの連鎖的な発生（スピンオフ連鎖）として説明できる。90年代，浜松地域においてもスピンオフ連鎖が見られ，自然発生的に産業クラスターが形成されたが，その発生メカニズムを動態的に分析してみたい。浜松地域の事例分析の結果，①80年代まで日本的経営システムを堅持したアンカー企業の組織内に技術者の学習コミュニティが形成される，②その学習コミュニティで製品開発力を習得しアイデンティティを確立した技術者が90年代のリストラを機に社外へ流出する，③母体を同じくするスピンオフ起業家が専門分野の共通的基盤的知識をベースに組

織の境界を越えた学習コミュニティを形成する，④地域産業支援機関の仲介機能によってスピンオフ起業家の学習コミュニティが拡張し，既存産業・中小企業との相互交流・相互学習を通じた技術伝播が地域に起きる，⑤イノベーションと起業家精神の活発な産業コミュニティが基盤となって地域的起業家経済システムが形成される，といった流れで捉えることができた（長山［2012］）。

90年代の浜松地域は，一方でスズキを頂点とする輸送用機械の企業城下町型産業集積といった独立企業型産業システム，もう一方で光電子のスピンオフ連鎖と産業クラスターに見られる地域ネットワーク型産業システムの両面の特徴が矛盾・葛藤を伴って表出していた。ただ，2000年代，浜松地域では，これまで歴史的に埋め込められた技術や人的ネットワークをベースとして，既存の輸送用機械との産業連関性や相乗効果をもたらす新産業創出プランを描くことができた。対して，産業クラスター政策に失敗した多くの地方都市では，当該地域固有に蓄積された資源を無視して連関性のない新産業を創出しようとした。そのため，既存産業への波及効果が少なく地域振興にも結び付かないことから，当初の計画を変更せざるを得ない事態に陥った。浜松地域の場合は，産業支援機関や地域金融機関が既存産業の実態をよく調査した上で，そことのシナジーの高い新産業を選定し，既存産業の再生と新産業の創出の矛盾・葛藤を乗り越えて発展統合する地域イノベーション戦略が見られた（図8-3）。

(4)　比較地域的制度アプローチによる浜松地域産業システムの分析

2000年以降，浜松地域は，オプトロニクス・クラスターのグレードアップに成功し地域ネットワーク型産業システムへの転換を進めた。浜松地域の場合，地理的に恵まれ，長い歴史の中で育まれてきた起業文化もあるので，産業クラスターの形成は歴史的偶然性の産物であると捉える見方もあろう。ただ，経路依存性やロックインの概念を取り込んだ進化経済地理学のアプローチだけでは，どうしても静態的分析で決定論的となり現実の地域政策に貢献できない。2000年以降，進化経済地理学においても制度経済地理学と融合して発展してきており，地域イノベーション研究は制度的局面と強固に結び付くようになっている（青山ら［2011］）。

日本のような社会的調整的な市場経済体制の国において，独創的なイノベーションを必要とする成長産業のクラスターを形成するには，従来型の制度そのままにシリコンバレー・モデルを形式的要素論的に導入しても成功しないし，また，アメリカのような自由主義的な市場経済体制に急展開する制度変更は非現実的で混乱を招く（中村，2008）。そこで，浜松地域の事例分析では，従来型の日本の国民的制度的枠組みの制約のもと，部分的にシリコンバレー・モデルを導入し，地域レベルの制度の進化，経路の修正によって独自の地域産業システムを形成したものと捉える。その展開のメカニズムを明らかにするためには，国民的制度の枠組みだけでは解けない地域的メカニズムの動態的な分析，すなわち比較地域的制度アプローチが必要となる（中村，2012）。

2000年以降，浜松地域ではどのような独自の地域的実験や仕掛けが行われ，制度拡張方式による浜松地域独自の地域産業システムが形成されたのだろうか。比較地域的制度アプローチによる事例研究としては，スウェーデンのストックホルム地域およびフィンランド・オウル地域の経済発展モデルのケースがある。いずれも，福祉国家型市場経済モデルの地域政治経済システムをベースにしながら，アメリカ・シリコンバレー型発展モデルを部分的に導入することで経路修正に成功した事例である。これらの事例を参考にしながら，浜松地域のオプトロニクス・クラスターについて，主に「労働」「技術」「金融」の3つの制度領域から，諸要素・諸アクター間の連結による地域産業システムのイノベーティブな動態を分析してみたい。

①「労働」領域に見られる制度的仕掛け

2000年以降，浜松地域のオプトロニクス分野の労働市場の変化として，浜松ホトニクスのスピンオフ起業に関する制度拡張が見られた。それは，浜松ホトニクスが長期見通しに立つ日本的雇用制度を維持しながらも，知識経済時代のイノベーション競争に対応するためにオープン・イノベーション・モデルの導入を進めたことによる。チェスブロウ（Chesbrough［2003］）によれば，オープン・イノベーションとは，「企業内部と外部のアイデアを有機的に結合させ価値を創造すること」である。大企業の中央研究所が主導する従来型のクローズド・イノベーション，すなわち，チャンドラーの提唱した伝統的な垂直統合モデルのアンチテーゼとして理解することができる。垂直統合モデルの大企業は，グローバルなイノベーション競争のもと，「新しい科学や技術の創造」と

「研究成果・技術のスピーディな商用化」の両立というジレンマに陥った。アメリカの大企業では，このジレンマを乗り越えるため，「中央研究所の時代から産学連携の時代へ」「自前主義の時代から連携・協力の時代へ」「大企業の時代からベンチャー企業の時代へ」「経営者資本主義から企業家資本主義へ」といった転換，すなわち，「垂直統合構造（タテ）からオープンな多層水平展開構造（ヨコ）へ」の転換，シリコンバレー・モデルに見られるオープン・イノベーション・ネットワークへの転換を進めたのである（西村［2003］）。

90年代，浜松ホトニクスでは，市場と技術のスピードが速く不確実性の高い光分野でのプロダクト・イノベーションのグローバル競争にあたって，メディカル分野への選択と集中のリストラを進めた。そのことで研究投資効率が上がったものの，多様な幅の広い潜在的顧客ニーズをキャッチしにくくなり，メディカル分野に続く「次の飯の種」を見出せないといった，イノベーションのジレンマ（クリステンセン，1997）を感じていた。一方で，地域に目を転じれば，浜松ホトニクスを母体とするスピンオフ・ベンチャーの叢生があり，多様な光機器装置の製品開発が実現されつつあった。そこで2000年代，浜松ホトニクスは，多様な潜在的顧客ニーズが入りやすく，社内技術者の流動性も高めるために，光産業創成大学院大学の設置を通じてスピンオフ制度を拡張し，オープンなイノベーションモデルを部分的に導入していく。

光産業創成大学院大学で育成・輩出したスピンオフ起業家とのWin-Win連携の道を選んだのである。浜松ホトニクスにとって見れば，スピンオフ起業家との連携は社内の優秀な技術者の取り込みとなり，社内にアントレプレナーシップを取り戻すことが期待できる。一方，浜松ホトニクスから大学院に派遣されてスピンオフ・ベンチャーを創業する技術者にとっては，このWin-Win連携によって起業リスクを緩和することができる。具体的には，スピンオフ創業後，仮に失敗した場合，元の職場に復帰することを許されているケースや，事業が成功すれば関連会社となる選択肢を与えられるケースもあり，起業リスク緩和の制度的拡張が見て取れる。

②「技術」領域に見られる制度的仕掛け

市場のスピードが速く既存の知識や技術が陳腐化しやすい先端分野のイノベーション競争では，大企業で蓄積された企業内特殊的知識があまり役立たない。既存の知識体系を持つ大企業内の古参技術者がグループ集団で情報共有化を幾ら進めても，先端分野の多様な製品開発には対応できない。ここでの文脈は，暗黙的知識と形式的知識のどちらもが企業内特殊的知識の構成要素に過ぎず，既存の知識体系のもとでの組織的知識創造モデルの限界が露呈される。先端分野のイノベーションに取り組むにあたっては，当該専門分野の一般的基盤的知識の創造が求められる。なぜならば，先端分野の場合，一般的知識の創造が，直接，製品開発に結びつきやすいからだ。そのため，先端分野の新製品開発を担う技術者は，専門分野の原理・法則や理論・構造といった一般的知識まで深く学ぶ必要がある。ただ，従来の人的資本論（ベッカー，1975）によれば，一般的知識は，当該企業以外でも役立つポータビリティの高い知識であり，その訓練費用は従業員が主に負担することとなる（一般的知識の訓練コストを企業が払う動機は少ない）。日本的経営システムのもとで重視される企業内特殊的知識は，当該企業においてのみ役立つ知識でありポータビリティが低く，その訓練の費用は長期的見通しに立つ雇用制度のもと，企業と従業員が双方で分かち合うというものであった。このため日本の大企業に囲い込まれた研究人材の多くは，企業内部での知識交流にとどまって企業内特殊的知識を増やすだけで，新しい創造的な製品の開発力や他の企業で通用する本質的概念的な新しい知識を創造する能力の形成が弱くなる。したがって，日本的経営システムを堅持する従前の大企業においてはスピンオフ・ベンチャーが創出されにくい状況にあったものと捉えられる。

では，どうして浜松ホトニクスからはスピンオフ・ベンチャーが創出されたのであろうか。スピンオフ起業家のキャリア形成を分析した結果，ポータビリティの高い専門分野の一般的知識のベースの上に，産業特殊的知識が積み重なり，さらに企業内特殊的知識が重層的に蓄積され，それらが相互作用することによって先端分野での製品開発力の習得に結びついていたことを見出した（図8-4)。知識経済時代，企業内特殊的知識のための訓練だけを切り離して投資コストを払うことは効果的といえない。社内の技術者が先端分野での新製品開発などプロダクト・イノベーションを実現するためには，企業内特殊的知識と一般的知識の相互関係性を意識して訓練コストを払うこと，具体的には，課題意識（製品開発テーマ）を持たせながら一般的知識を学ばせるといった訓練を行う

図 8-4　スピンオフ起業家が習得した製品開発の知識（人的資本論の知識類型の応用）

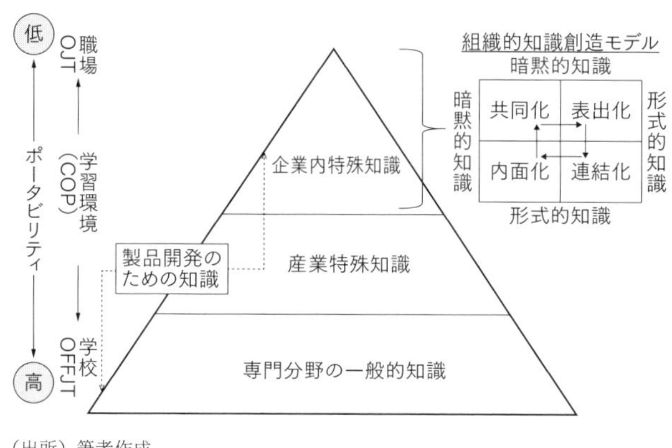

（出所）筆者作成

ことが求められる。

このような製品開発力を習得するための学習には，学校教育と職場教育，OJT と OFF・JT といった二分法を超えた学習環境が求められる。それは，学校での一般的知識と職場での企業内特殊的知識を相互作用できるような，技術者相互の主体的な参加にもとづく COP（コミュニティ・オブ・プラクティス），すなわち実践コミュニティ（ウェンガーほか [2002]）という学習環境が相応しい。実は，浜松ホトニクスを母体とするスピンオフ起業家の多くは，創業前に母体組織でインフォーマルに形成した実践コミュニティに参加し，そこで開発テーマに関連する専門分野の一般的知識を学習し，ベンチャー創業に不可欠な製品開発力を習得することができていた。ただ，浜松ホトニクスに限らず，90 年代ではリストラによって大企業内の実践コミュニティは消滅していき，マネジメントの強化で自由を失った社内技術者のイノベーション創出力は失われていった。

2000 年以降，浜松ホトニクスでは，光産業創成大学院大学の設立によって，製品開発力を習得するための技術者の学習コミュニティを戦略的に育成していった。ハイテク分野でのイノベーション競争への対応として，製品開発テーマを持たせながら一般的知識を学ばせる，そのための訓練コストを企業サイドが支払うといった制度的仕掛けを試みたといえる。光産業創成大学院大学には，浜松ホトニクスの守備範囲外の思いもよらないニーズやビジネスアイデアを持って入学してくる学生（創業予備軍）が数多くいる。学生達は入学時にビジネスプランで挙げた製品開発テーマに関連付けて光技術の一般的知識を学び，浜松地域の諸アクターと連携しながら，農業・医療・健康・食品・ナノ材料・スポーツ・教育など多種多様な分野の光ベンチャーを起業している。光産業創成大学院大学発のベンチャー起業家は，グローバル企業の浜松ホトニクスと浜松地域のローカルな諸アクターとの連結ピンになり，光技術の地域的な伝播が進む。加えて，浜松地域では産業支援機関が仲介機能を担い，輸送用機械や農業など既存産業の担い手を巻き込んでの光技術の地域的伝播を進める。こうして，2000 年以降，浜松地域では，アンカー企業の浜松ホトニクスによるスピンオフ制度の拡張を機にして，地域的なオープン型イノベーション・システムへの経路修正が進んだものと捉えられる。

最後に，地域的な金融制度領域の分析を進めるが，これは研究コーナーで詳述したい。

3　研究コーナー：協同組織金融とリレーションシップ・バンキング

従来，日本の金融市場は銀行融資の間接金融が主体のためリスクマネーを供給できにくく，それゆえにスタートアップ期に起業家が資金調達難の問題を抱えていた。90 年代に国はベンチャーキャピタルによるハイリスク・ハイリターンの投資環境を政策主導で整備しようとしたが，日本の国民的制度の大転換となるためハードルが高く，未だに直接金融制度の活性化に至っていない。そもそも銀行は安定的な預金を主な調達原資とするため，リスクの高い運用ができない。融資をする場合，貸出先との情報の非対称性があるため，そのリスクを低減するために担保や保証を求めることになる。とはいえ，スタートアップ期の起業家はそもそも担保に差し出す固定資産を持っていないばかりか，経営の実績もないため不確実で情報の非対称性が大きい。創業資金を含めリスキーな中小企業金融の場合，従来の産業金融モデルでは解決しえない限界を抱えていた。

80 年代までの経済成長を前提に土地建物や設備の資産価値が上昇すること

の見込める時代ならば，担保主義の産業金融モデルでも十分に企業の資金需要に応えることができた。しかし，バブル崩壊後のデフレ不況のもとでは，地価の下落に伴う担保価値の毀損，さらに貸出先の返済能力の低下などにより不良債権問題が生じる。90年代後半から国（金融庁）は不良債権対策として銀行に貸出審査を厳しく求め，それより銀行は融資を抑制（貸し渋り）した。具体的には，金融機能早期健全化法（1998年），金融再生委員会（1999年），金融検査マニュアル（2000年）などの金融行政により不良債権対策が講じられ，銀行には合併統合による経営強化や公的資金注入による自己資本比率の改善が求められた。銀行はリスキーな融資に慎重となり，預貸率は低下の一途を辿った。

2000年代以降，銀行による貸し渋りが地域経済を衰退させるとの問題意識から，地域金融機関（地方銀行・第二地方銀行・信用金庫・信用組合など）に対する金融行政はメガバンクと分けてダブルスタンダードに運用されることになった。そして，2003年，地域金融機関に対しては，不良債権対策と同時に地域経済の活性化を図ることを目的としたリレーションシップ・バンキング（通称「リレバン」／「地域密着型金融」）のアクションプログラムが求められた。金融庁報告書によれば，リレバンとは，「金融機関が顧客との間で親密な関係を長く維持することにより顧客に関する情報を蓄積し，この情報をもとに貸出等の金融サービスの提供を行うことで展開するビジネス」と定義される。リレバンという貸出手法は，情報の非対称性のある中小企業向け金融に適している。なぜならば，長期継続的な取引関係，顧客との密接な接触と信頼関係にもとづく固有のソフト情報の蓄積を活かして，情報の非対称性を克服しモニタリングコストを軽減することができるからである。リレバンという貸出手法は，担保・保証に過度に依存しない中小企業金融の貸出手法といえる。以後，地域金融機関は，リレバンの一環としてコンサルティング機能を強化し，創業・新事業開拓支援，成長段階企業支援，経営改善支援，事業再生・業種転換支援，事業承継支援といった，中小企業のライフサイクル支援を展開している（詳しくは，長山［2014］を参照）。さらに，近年は，金融庁の監督指針において，地域の面的再生への積極的参画を求められている。

浜松地域には，このリレバンを実践する地方銀行や信用金庫が存在する。わけても，浜松信用金庫の地域振興支援は，既存産業の再生と新産業の創出といった地域戦略の策定や，オプトロニクス・クラスターの形成・発展に大きく貢献している。本文でも紹介したが，浜松信用金庫は，人間対人間のフェイス・トゥ・フェイス・コミュニケーションによって起業家の属人的情報を収集・蓄積し，中小企業ネットワークのコーディネート支援を行っている。浜松信用金庫は地域での信頼を基礎に，企業横断的な創造的人的ネットワークの形成とそれによる地域的イノベーション・システムの構築に貢献している。そもそも，信用金庫とは，地域に埋め込められた民間非営利セクターの協同組織であり，社会的経済セクターの性格を持つ。したがって，株式会社の銀行とは異なり，協同性という点に存在意義がある。信用金庫は，相互扶助を基本理念に据えた中小企業や地域住民・社会のための協同組織の地域金融機関なのである。それ故に信用金庫は，地域社会関係資本をベースに，地域の諸アクターの対立・矛盾を乗り越えてネットワーキングすることができるのである。

中村（2005）の指摘のとおり，知識経済時代においては，市場経済の効率性や成長性だけの議論ではなく，知識を創造し活用する人間，複雑で主体的に行動する人間を基本に据えた経済を見ていく必要がある。工業化の時代と違って，生活の場と経済活動の場が空間的に分離せずに一致する傾向があるのが知識経済時代の特徴でもある。そして，地域経済は，そうした活動主体の多様な人間が出会い，対立・矛盾を乗り越えて協働的に学習し，非経済的価値と経済的価値を創造する実験の場となる可能性を持つ。信用金庫のルーツにある協同組合原理とは，「社会に貢献する理念」「人を大切にする経営」「住民の主体性と参加・信頼と助け合い」「話し合いによる合意形成と民主主義」をテーマとする。また，信用金庫の持つ協同組織性は，それが「政府の失敗」と「市場の失敗」を補完し，多様なコミュニティのニーズを反映する存在となり，非経済的価値と経済的価値を発展的に統合する「第三の道」を示す。

地域の活性化には，主体となる多様な「人間」が出会い，対立・矛盾を乗り越えて協働的に学習し，非経済的価値と経済的価値を発展的に統合・創造することが肝要である。地域金融機関は，リレーションシップ力を生かして，地域内外の多様で異質なアクター間の「ネットワークの穴」を埋め，伝統（既存産業の再生）と革新（新産業の創出）の相互作用をもたらすことができる。地域金融機関が試みるリレーションシップ・バンキングという制度的実験は，独自の自律的で内発的な地域経済システムの実現に向けての確かな一歩となっているのではないか。

【演習問題】

①日本では起業活動（アントレプレナーシップ）が活発ではなく，スピンオフ・ベンチャーの叢生もあまり見られない。どのような国民的制度の制約条件があると考えられるか整理してみなさい。

②ものづくりの地方工業都市と言われる浜松地域がどのようにしてシリコンバレーのような地域産業クラスターを形成することができたのであろうか。比較地域的制度アプローチにもとづき論じなさい。

③経済発展の単位としての地域経済の意義を踏まえ，そこでの地域金融機関の存在意義と期待される役割について論じなさい。

【文献案内】

浜松信用金庫・信金中央金庫総合研究所編［2004］『産業クラスターと地域活性化』同友館。

1990年代までの浜松地域の経済・産業の実態を解明。特に，輸送用機械の産業集積に関する調査データは資料的価値が高い。筆者がこの本の大半（序章・3〜6章）を執筆している。

長山宗広［2012］『日本的スピンオフ・ベンチャー創出論――新しい産業集積と実践コミュニティを事例とする実証研究』同友館。

日本の国民的制度枠組みのもと，いかにしてスピンオフ・ベンチャーの叢生と地域産業クラスターの形成が起こるのか，そのメカニズムを解明。2000年以降の浜松地域の産業クラスターについて詳しい実態分析がある。

チェスブロウ，H.W.（大前恵一朗訳）［2004，原著2003］『オープンイノベーション』産業能率大学出版部。

シリコンバレー・モデルの成立条件とも言える「オープンイノベーション」の概念を提起。大企業とスピンオフ・ベンチャーのWIN-WIN関係モデルの道筋を示す。

中村剛治郎編［2005］『信用金庫双書①地域の力を日本の活力に』全国信用金庫協会。

信用金庫職員にとってはバイブル的な書籍。地域経済における信用金庫（地域金融機関・協同組織金融機関）の存在意義について，地域政治経済学の立場から鋭く論じる。

【参考文献】

青山裕子ほか（小田宏信ほか訳）［2014，原書2011］『経済地域学キーコンセプト』古今書院。

ウェンガー，E. ほか（野村恭彦監訳）［2002，原著 2002］『コミュニティ・オブ・プラクティス』翔泳社。
クリステンセン，C.M.（伊豆原弓訳）［2001，原著 1997］『イノベーションのジレンマ』翔泳社。
ケニー，M. 編（加藤敏春監訳）［2002，原著 2000］『シリコンバレーは死んだか』日本経済評論社。
サクセニアン，A.（大前研一訳）［1995，原著 1994］『現代の二都物語』講談社。
中村剛治郎［2004］『地域政治経済学』有斐閣。
中村剛治郎編［2008］『基本ケースで学ぶ地域経済学』有斐閣ブックス。
中村剛治郎［2012］「地域問題と地域振興をめぐる研究課題」『経済地理学年報』第 58 巻。
長山宗広「産業クラスター政策」［2011］永山利和編著『現代中小企業の新機軸』同友館。
長山宗広「信用金庫と地域活性化——リレーションシップ・バンキングの実践」［2014］『2014 年版信用金庫職員のための経済金融ガイド』全国信用金庫協会。
長山宗広［2016］「医工連携による地域イノベーション－浜松地域の実践コミュニティを事例に」『商工金融』第 66 巻第 8 号。
西村吉雄［2003］『産学連携——「中央研究所の時代」を超えて』日経 BP 社。
野中郁次郎・竹内弘高（梅本勝博訳）［1996，原著 1995］『知識創造企業』東洋経済新報社。
ベッカー，G.（佐野陽子訳）［1976，原著 1975］『人的資本——教育を中心とした理論的・経験的分析』東洋経済新報社。
ホール，P. &ソスキス，D.（遠山弘徳ほか訳）［2007，原著 2001］『資本主義の多様性——比較優位の制度的基礎』ナカニシヤ出版。
ポーター，M.E.（土岐坤ほか訳）［1992，原著 1990］『国の競争優位』上・下，ダイヤモンド社。
松原宏編［2013］『日本のクラスター政策と地域イノベーション』東京大学出版会。
吉田和男［1996］『日本型経営システムの再構築』生産性出版。
渡辺幸男［2011］『現代日本の産業集積研究』慶應義塾大学出版会。

第Ⅳ部

アントレプレナーシップと地域プラットフォーム

第9章

ハワイの移住企業家コミュニティ

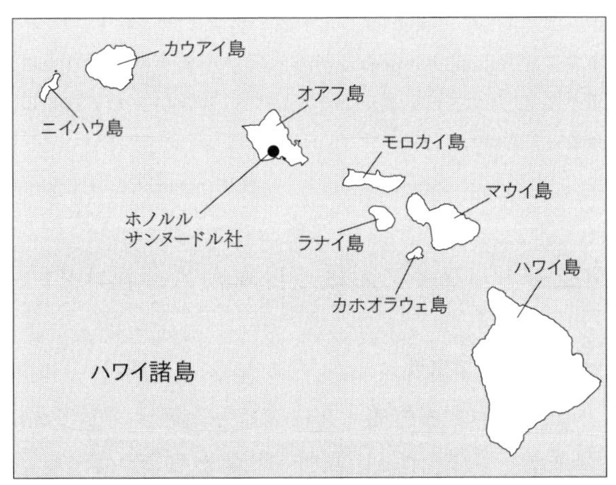

ハワイのプロフィール

●移民都市，多民族・多文化都市，中小ビジネスの多産多死地域

●人口：約143万人，そのうち白人は4割弱でアジア系，ハワイアン系を含む有色人種がおよそ6割を占める。

●自然・地理・歴史：ハワイ州は，主要な8島と100以上の小島で構成される。ハワイ州最大規模の都市ホノルルは，政治・経済の中心となっている。

●主な産業・産業構造：観光業を中心としたサービス産業，不動産業，軍需，農業。

●代表的な企業・機関：アレクサンダー＆ボールドウィン，ファースト・ハワイアン・バンク，ハワイアン航空，サンヌードル社，ハワイ大学，ハワイ州観光局，米軍基地。

キーワード：アントレプレナーシップ　国際経営　現地発イノベーション　バリューネットワーク　暗黙知　ハイブリッド経営　リバースイノベーション　ビジネスモデル　企業家コミュニティ　創業　ローカル人材　共同開発　人材育成

本章のねらい

近年，経済のボーダレス化が進みイノベーションの源泉は世界中に点在した。そのため，新たなビジネスチャンスは先進国のみならず途上国・新興国を含む世界中に広がっている。こうしたパラダイムシフトは，母国を離れ起業する「移住起業」を決して珍しくないものにしている。本国とは異なる海外市場において，スタートアップビジネスを成功させるためには，どのような取り組みが有効になるのだろうか。本章では，日本からアメリカ・ハワイ州（以下「ハワイ」という）に移住し，現地で創業し成功を収めた日本人起業家の事例を取り上げ，決して容易ではない海外での「アントレプレナーシップ」を成功させるためのポイントについて，考えてみたい。

1　ケースを見る：ハワイにおける日本人アントレプレナーの挑戦

(1)　ハワイの起源と経済概況

ハワイは，本土とは異なる歴史・文化を持ち，アメリカにおける州の中でも最も多文化な州として知られる。西暦 300 年から 750 年くらいのあいだに，ポリネシア諸島からカヌーを漕いでたどり着いた先住民にハワイ文化の起源がある。移民が現れる 18 世紀末までは，「ハワイ」という名のもとに統一されておらず，数名の「王」によって分割統治によって，独自の生活文化を築いてきたとされている（矢口［2002］pp.175–182)。18 世紀後半以降，アメリカとイギリスをはじめとして，ヨーロッパ諸国や日本を含むアジア諸国など多くの国々の人々が海を渡り，この国に移り住んだ。1810 年，カメハメハ大王がハワイ諸島を統一し，ハワイ王国が誕生し西洋人の技術を取り入れながら発展したが，貿易による莫大な負債と白人たちのクーデターによってハワイ王朝は滅亡した。環太平洋の真ん中に位置するハワイは，安全保障と経済（貿易）のオペレーション上，重要な立地であることから，1898 年にアメリカ合衆国連邦政府は，ハワイを併合することを議会で正式に決定した。その後 1959 年，ハワイはアメリカの 50 番目の州となった。

恵まれた自然環境に加え，食生活や習慣・風習に日系文化の影響が色濃いことから，ハワイには日系企業の進出が多い。帝国データバンク（2016）の調査

表9-1　ハワイの日系企業・現地法人企業数と業種内訳（2017年）

現地法人企業		業　種	
本　店	68	農業・林業	1
支店等	19	建設業	1
合併企業	10	製造業	7
日本人が現地で創業した企業	87	情報通信業	11
合　計	201	運輸業・郵便業	7
		卸売業・小売業	41
		金融業・保険業	6
		不動産業・物品賃貸業	14
		学術研究・専門・技術サービス業	5
		宿泊業・飲食サービス業	38
		生活関連サービス業，娯楽業	47
		教育，学習支援業	4
		医療・福祉	11
		複合サービス業	1
		サービス業（その他）	5
		その他	2
		合　計	201

（出所）ジェトロ［2017］をもとに筆者作成。

によれば，アメリカへの進出企業は全部で3779社（2016年時点）で，これを州別にみるとカリフォルニア州が1517社で全体の構成比40.1%と最も多く，これに対しハワイは277社の（構成比7.3%）の第4位となっている。ジェトロの調査によれば，2017年時点における在留日本人は約2万1000人，日系企業201社が進出し，このうち日本人が現地で創業した企業は87社である（表9-1）。

業種内訳は，サービス産業が大半を占める。日系移民の歴史や観光のイメージからも，一般にハワイは日本人にとって親しみやすい国と思われがちであるが，起業や直接投資など形態問わずビジネスで成功することは容易ではない。ハワイは日本とは市場特性，商慣習，経済観念，価値観などが著しく異なるからである。苦労の末，現在の地位を築いてきた日系移民は今や6世，7世の代となった。日系移民は2世以降は，ルーツこそ日本であるが，母国語を英語として教育を受け，生活スタイルや考え方は「アメリカ人」である。むしろ，多文化としての特徴を持つハワイは，「ローカル」顧客の支持を獲得するのは難

表 9-2　サンヌードル社の企業概要と沿革（2018 年 3 月現在）

創業年	1981 年
社名	SUNNOODLE（サンヌードル）
創業者	代表取締役社長　夘木栄人（初代）
企業理念	全従業員の物心両面の幸福を追求すると同時に，人類，社会の進歩発展に貢献すること。サンヌードルは，麺作りを通して安心と安全を第 1 に考え，お客様の笑顔と喜びを広げることを目標にします。
年　商	3200 万ドル（US）
従業員	200 名（Japanese 8%，Non Japanese/Local 92%）
本　社	1933 Colburn St., Honolulu HI 96819, U.S.A
工場等	Los Angels, New Jersey, New York Lab.
取引先	ラーメン店，スーパー，レストラン，卸売，学校，病院等
事業内容	製麺企画，製麺製造，ラーメン文化啓蒙活動

（出所）筆者作成

図 9-1　サンヌードル社の売上・利益の推移（単位：US）

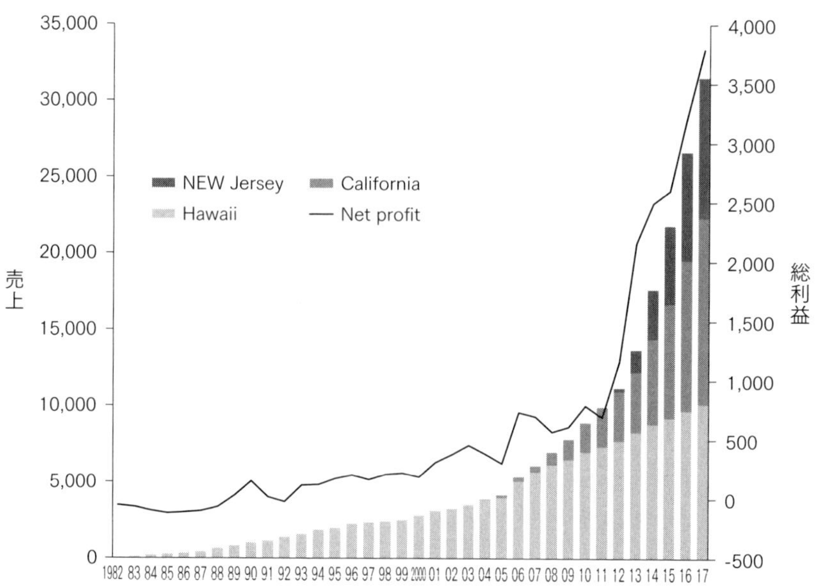

（出所）サンヌードル社提供。

しいといわれる。ハワイは日本から進出してくる日系企業や現地で創業する日本人の数は他の国・地域と比べ相対的に多いが，失敗する割合も高い。大手企業の拠点としての進出を除き，日系中小企業や現地で創業する日系中小企業は，撤退・廃業を強いられるケースが後を絶たない。意外にもハワイは，スモールビジネスの競争が激しく，存続が難しい多産多死地域としての特徴を持つ。

図9-2　夘木栄人社長

（出所）筆者撮影：2018年3月

(2)　企業概要

今回，本章の事例として取り上げるサンヌードル社（表9-2）は，夘木栄人がハワイのホノルルに創業した製麺製造業である。夘木は，1961年栃木に生まれ，ハワイに渡るまでの19歳まで日本で生まれ育った生粋の日本人である。日本人の起業家である夘木が約40年前に，たった一人で海を渡り異国の地で創業したサンヌードル社は，従業員約200名の中小企業にして，年商3,200万(US)ドルを稼ぎ出す製麺メーカーとして，ハワイ州第1位，全米でもトップシェアを狙う成長企業へと発展した。驚くことに，創業以来一度も売上・利益ともに落ち込んだことはなく，これまで約40年間常に右肩上がりの成長を続けきた（図9-1）。

(3)　きっかけ，ハワイへの思い

夘木（図9-2）は高校卒業後，徳島県の製麺会社での修業を経て，両親が営む製麺会社に入社した。父は製麺づくり，母は営業といった役割分担によって切り盛りする生業としての製麺店から，文字通り父の背中から，製麺づくりのこだわりとノウハウを学び育った。母の背中からは，営業の酸いも甘いも学んだ。

1981年，夘木はスーツケースたった1つを抱え，ハワイに渡った。きっかけは，ひょんなことからだった。もともとはアメリカで暮らす日系の知人から父が誘いを受けたものだった。「製麺事業をハワイでやらないか」という知

図 9-3　サンヌードル本社工場

（出所）筆者撮影：2018 年 1 月

人からのその話は，実現間際で頓挫した。資金調達や利益配分など，当初聞かされていた話と食い違う点に不安を募らせた父は，結局ハワイへの進出を断念した。しかし，ハワイ進出を本気で考えていたため，製麺製造機は，既に日本からハワイに送ってしまっていた。せっかくの海外進出のチャンスを惜しんだ夘木は，「自分が挑戦してみたい」と，父を説得した。当時のハワイは，今ほど簡単に移住できる場所ではなく，日本人にとっての憧れの場所であった。また，大学への進学率が高まる中，家業を継ぐために進学せず，高校を卒業してすぐに修行に出た夘木には，特に大卒の同世代には負けたくないという強い想いが，心のうちにあったのだという。負けず嫌いの性分である夘木にとって，「海外で一旗揚げ成功したい」，そんな思いが情熱となり，ハワイへの一歩を実現させた。

(4)　渡米，スタートアップ

渡米のときに父がくれた援助金と修行時代の貯金を合わせた自己資金 5 万ドルを元手に，わずか 1600sqf.（約 149㎡）ほどの小さな倉庫をホノルルに賃貸し創業した（図 9-3)。不足する資金は現地に渡って会社を創業後に，ハワイのローカル銀行から融資を受けた。夘木は今でこそネイティブ並みの，流暢な英語を使いこなすが，渡米当初は，英語をほとんど話すことができなかった。そのため，空き時間には，ダウンタウンの語学学校に通いながら，創業の準備を進めた。創業手続きなどは，知り合いの日系人にサポートを受けながら，なんとか終えることができた。創業準備が整うと，最初は日系ラーメン店一店舗一店舗を周る，地道な営業活動を行った。そこで夘木は，多くのラーメン店が一様に「悩み」を持っていることを発見した。当時のハワイには，20 社ほど製麺製造業者がいたが，どこも製造している麺の品揃えは限られていた。その所以は，ハワイの麺文化を紐解いていくと容易に理解できる。ハワイには，100

年以上も前にハワイに渡った，アジア移民から伝わったとされる「サイミン(Saimin)」といわれる麺文化がある。サイミンは，最初は移民労働者の手軽な軽食として食されていたが，やがてハワイで暮らす人々にとってのローカルフードとして浸透していった。

このような歴史的背景から，サイミンは「美食」としての扱いは受けてこなかったし，特にブームのようなものがあったわけでもない。サイミンは，麺に対してもスープに対しても，バラエティと質へのこだわりは乏しい。そのため，単一の麺を大量生産する製麺工場が多く，スープはエビをダシとした，質素であっさり風味のどこの店も同じようなものがほぼ主流であった。当時，日本から進出してきたラーメン店は，店主こだわりの秘伝のスープを作ったとしても，そのスープの味を引き立たせる上質の麺を提供してくれる製麺屋がなかったのである。「離島」であるハワイは，麺の原料となる資源（小麦粉）はすべて輸入になる。通常，ラーメンに使用する麺は，いくつもの種類の小麦粉を配合して製造する。日本と同じ原料はハワイでは手に入らないため，ラーメン店が自ら手間のかかる製麺を行うことは難しかった。多くのラーメン店はそのような事情から，ローカル製麺屋から他店と同じ麺を仕入れていた。

(5)　ビジネスモデルの構築

ハワイに暮らす人々は，本当に美味しいラーメンの味を知らないのではないか。美味しいラーメンは，こだわり抜いた秘伝のスープに合った麺を掛け合わせて，はじめて完成する。このスープの味を引き立たせる麺を開発するには，製麺屋にもそれなりの質へのこだわりと研究が必要となることを，夘木は父親の背中からと四国での修行の経験から十分に学んでいた。そこにビジネスチャンスを感じた夘木は，スープにマッチングする上質な麺づくりにこだわった。そして，一店舗一店舗のスープに合った麺を，オーダーメイドとカスタムメイドによって実現した。夘木は，営業先であるラーメン店の厨房に自ら入り，スープの味を引き出すための研究に力を注いだ。市場が小さく，全体を掌握できる立地優位性を活かし，店主とともに麺を共同開発する，多品種少量を強みとするビジネスモデルを構築したのである。

夘木がビジネスモデルを構築する際に重視したのが，コンセプト構想を実際

図 9-4　コラボ商品

（出所）サンヌードル社提供

に実現・運用する方法である。ハワイで1年がかりで創業準備を進めるなかで，日本のやり方が通用しないことはなんとなく感じていた。日本国内でさえ，同じ業界においてやり方は千差万別である。「郷に入れば郷に従え」，地域に根付く零細企業であればなおさらのこと，地域によってやり方が違うことを，夘木は自らの徳島の武者修行の経験から学んでいた。

まず，多品種を前提とするカスタムメイドには，麺の原料となる小麦粉と，かん水の調合のパターンを変えていかなくてはならなかった。そもそもハワイで入手できるアメリカ産の小麦粉は，日本で入手できるものとまったく違う上に，配合する水の質まで異なる。製麺機は，日本から送ったものを使った。原料はハワイ日系人の協力者を探し当て，ハワイで入手可能な小麦粉等を調達した。レシピは，日本のものはまったく役に立たなかった。現地で入手できる原料で「黄金比」を見つけ，「ハワイ流レシピ」を完成させるまで，徹底的に研究と実験に明け暮れた。最初は日系ラーメン店，ローカルファミレス，そしてローカルスーパーなどの小売に販路を広げていくが，取引先のニーズに合わせてカスタムメイドしていく手法は，どこの新規取引先開拓にも同じやり方を徹底した。たとえば，オーガニック系無添加食材をコンセプトとするホールフーズ（Whole Foods）は，扱う商材の仕入れに対して独自の厳しい基準を持っているが，その基準をクリアすることはもちろん，ローカルスーパー「ホールフーズ」の一般顧客が求める商材に仕上げるために，ホールフーズと共同開発を行った（図 9-4）。ローカルファミレス「ジッピーズ」で扱う「サイミン」についても，同様に顧客のニーズに合った商品を共同開発することで，定番の人気メニューとなった。扱う商材も，一般消費者向けに主力商品である「卵麺」のほか，「サイミン」「沖縄そば」「やきそば」「うどん」「そば」など，ラインナップを徐々に増やしていった。

このほか，完成した商品を顧客まで届けるための「流通」についても，創意工夫が求められた。従来の単一商品を，配送会社を使って一度に大量に配送する流通方法では，サンヌードル社の作り出す鮮度の高い麺の品質管理が難しくなる。それに，多品種商品を多くの取引先に配送しなくてはならない。そこで，夘木は，社内に自前の配送部門を立ち上げた。

配送部門は，製造部門，研究開発部門に次いで作られた部署であり，サンヌードル社にとって，営業やマーケティングも兼ねた，重要な役割を果たす機能を持った。本社拠点のあるオアフ島では，配送はすべて社員が行い，社長もみずから配送した。地理的に狭いオアフ島だからこそ，中小企業のサンヌードル社でも，多品種小量をこまめに配送することが可能だった。できるだけ同じルートに，同じ社員を張り付け，現場との対面（Face to Face）の関係性を作り，信頼関係を築くよう教育を徹底した。現場で耳に入ってくる問題点や要望などは，すぐさま社内で共有し，対応するように心がけたという。このため，商品に不備があった場合は，配送・納品の時点で不備に気づくことができ，店頭に陳列される前に問題を防げるようになった。こうした流通の工夫によって，常に商品の改善を繰り返し，顧客との信頼関係を構築した。同時に，マーケットインの商品提供を可能としたのである。

(6)　組織をつくる，人材を育てる

サンヌードル社の構想したビジネスモデルを実現する上で欠かせなかったのが，ローカル人材の活用である。サンヌードル社は，圧倒的にローカル人材が多い。この構造は，管理職から平社員，パートタイム社員に至るまで同じである。品質管理の担当役員も，人事の担当役員，経理の専門職などもすべてローカル人材となっている。サンヌードル社のターゲットは，最初こそ日系ラーメン店のみであったが，すぐさま顧客層を日本人からローカルへと広げていった。ローカルが求める製品開発を行うにはローカルのスタイルで組織を作り上げていくことが重要となる。日本から技術や文化などの「優位性（強み）」を現地に持ち込みつつ，ローカルの目線で事業を創り上げ，ローカルの人材を中心に組織を作りあげていく，このスタイルは創業当初から現在に至るまで変わっていない。夘木は，製造を担うパートタイム社員・正社員から，人事や経理などの専門職，役員に至るまでローカル人材を積極的に起用した。そして，「ローカル・コミュニティ」で知り合った人脈から，サンヌードル社の発展に欠かせ

ない「品質管理」のエキスパートを雇い入れた。同氏はハワイ大学で食品栄養学を研究したのちに，ローカルの有名製菓製造企業で品質管理の業務に長く経験を持つ大ベテランのローカル人材である。同氏のヘッドハンティングの成功により，サンヌード社の多品種少量生産を多品種大量生産にシフトさせることを可能とした。

役員の中には，ハワイから全米展開を図る際に雇い入れた，日本人材がいる。これはサンヌードル社の強みであるカスタムメイドの手法をハワイ以外のアメリカ本土の拠点（州）に広げていく際に，日本人の味と質へのこだわりが販路開拓の巧拙を分けると考えたからである。そこで，「日本人コミュニティ」人脈の中から，信頼ある人材に声をかけ，必要とする人材確保に成功した。同氏は，現在，ロサンゼルス拠点の責任者で，全米での販路開拓の一躍を担っている。サンヌードル社には，同氏のほかに，日本から持ち込んでいる機械のメンテナンスや，スープだしやソースなどの原料の取り寄せを行う業務を担当している日本人材が数名いる。

夘木は，社員のモチベーションを高めるべく，人材育成に積極的に取り組んできた。成長段階に応じたインセンティブを与える仕組みを制度化するために，試行錯誤を繰り返してきた。重要なポイントは，日本的経営とローカル経営のハイブリッド経営スタイルとしての強みを，引き出すことにあるのだという。そのため，ローカル人材には，選抜方式で日本の大手製麺会社の工場見学など日本の生産現場を体験できる「日本研修」を実施したり，アメリカで行われる人事や品質管理，経理などの専門研修に派遣をしたりしている。支店が増え，社員が増えるにつれて，1人ひとりの顔を見ながら仕事をすることが物理的に困難になった。社員のモチベーションを高めるために，経営理念を作り「ビジョナリー経営」を取り入れ，サンヌードル社の根底にある考え方を社員に共有した。非公式な場での食事会を企画し，社員1人ひとりの声を聞く機会をできるだけ作るように心がけている。会議室を開放し，有志グループの利用を認めるようにした。このほか，各部署のリーダーを社長が指名し，週に1度「リーダーズ会議」を開催し，各部署の課題などを共有する仕組みを取り入れるようになった。いわゆる「アメーバ経営」の導入である。アメーバ経営とは，京セラの経営理念を実現するために稲盛和夫が創り出した独自の経営管理手法で，現場の社員１人ひとりが主役となり，自主的に経営に参加する「全員参加経営」を実現するためのマネジメント手法のことをいう。ハワイ本社のみのときにはなかった人事評価制度も，支店導入とともに手探りで制度設計をはじめ，最近は成果を昇格・昇給につなげる制度を導入した。人事評価制度の導入のきっかけとなったのが，「ハワイ盛和塾」における勉強会であった。ハワイ盛和塾は，夘木を代表として総勢10名のメンバーで，2010年にハワイに創設された非公式の有志勉強会である。ハワイ盛和塾は，現在，総勢約60名にまで発展している。

(7)　企業家ネットワークの活用とブランド構築

サンヌードルの事業展開において，市場拡大による成長の鍵を握る重要な転換期があった。それは，最初の段階におけるハワイでのローカル市場開拓であり，次の成長ステージにおけるアメリカ本土のローカル市場開拓である。

サンヌードル社は，創業後まもなくして日系ラーメン店の販路をほぼ網羅すると，すぐさまローカル顧客をターゲットとした展開をしていく。ローカルスーパーの売り場で，「日本式実演販売」によって，ローカル顧客を取り込んだり，ローカルレストランのジッピーズ（Zippy's）でサイミンを売り出したりと，ローカル顧客の獲得に向けた仕掛けを積極的に展開した。これは夘木が母の背中から学んだ「どぶ板営業」の成果である。断られても幾度となく現場に足を運び，熱心に商品説明を行った。なかでもハワイのローカル市場開拓において，サンヌードルの認識を変えた決定的な出来事は，サイミンを製造するローカル製麺企業の買収合併である。買収したのは，２代目が継いだ老舗サイミン製麺会社「S&S」で，この会社を最初に買収したのは伊藤園であった。当時，伊藤園はハワイで飲料市場のほか，食品市場の参入を試みていた。サイミンはもともと薄利多売市場で，「たくさん売ってなんぼ」の世界である。しかし，その後，ラーメンやベトナムフォーなどのアジア麺の普及によって，次第にサイミンの市場は縮小されていった。結局，伊藤園は本事業を断念し，サイミン部門を売却することを検討することになる。そこでサンヌードル社は，このS&Sを伊藤園から買収することを決断し，サイミンの製造販売をローカル市場向けにスタートさせた。サイミンの機械や熟練労働者をまとめて引き受けたが，販売戦略を大きく変えるために，技術指導や製品管理などを徹底的に再教育した。それまでよりも高価格帯で，高品質なサイミンを製造販売することにしたのである。高付加価値への転換戦略は見事に成功した。それに追随する形でローカルのサイミン製造会社も次々と品質改良と値上げを行い，サイミンの相場とイメージを引き上げた。サンヌードルのサイミン市場参入は，「安かろう悪かろう」のイメージに凋落してしまっていたローカル製麺市場に，じわりじわりと復活の巻き返しを起こしたのだった。これによりサンヌードルは，ローカル志向の企業であるということがハワイ市場に浸透し，顧客との信頼関係を一層強めた。同時に，アメリカ本土からみた「ハワイアン・ブランド」としての新たな価値を生み出したのである。

このハワイアンブランドの構築は，アメリカ本土への進出をスムーズにさせた。アメリカ本土ではハワイアンブランドは，それだけで歓迎される強い味方なのである。しかし，ブランド力だけで売れるほど単純な話ではない。そこでサンヌードル社が仕掛けたのが，需要を喚起すべく「ラーメンブーム」の火を鎮火させることなく「食文化」として定着させることである。空前の日本食ブームに乗っかる恰好で，ラーメンブームは全米各地で起きていた。このブームに乗っかり，全米にラーメンを食文化として定着させ，その原料を安定的に供給することで持続的な成長を狙った。この発信基地となるのがニュージャージー拠点である。ニュージャージー拠点には，まず製造工場を稼働させたのちに，食文化の啓蒙とマーケティングの機能を担う「ラーメン・ラボ」を開設した。近年アメリカで起こっているラーメンブームを，一過性のものに終わらせるのではなく，日本の食文化をアメリカ人にとって馴染みある食文化として定着するよう，ラーメンの作り方や楽しみ方を実演式で行っている。ラーメン・ラボはラーメン店の創業を目指す，アメリカ人若手職人の武者修行（インキュベーション）の場としての活用が主であるが，一般向けにも公開している。これも「小さく生んで大きく育てる」，夘木のやり方の一環といえよう。

(8)　市場拡大，販路開拓

ニュージャージー拠点の責任者は，ハワイで生まれ育った夘木の長男健士郎である。既述のとおり，ハワイにはもともとアジア系移民が伝えてきた「サイミン」が存在し，アジア系麺文化の素地があった。その素地があったからこそ，日系ラーメンの食文化の浸透は比較的容易だったと考えられる。しかし，同じアメリカにおいてもハワイは他の州と比較したときに圧倒的に日系をはじめとするアジア系移民が多い州であり，地理的にも面積は小さく日本食文化が浸透しやすい環境だったといえる。このため，夘木は新たにアメリカ本土の市場開拓を成功させるためには，麺の文化そのものを普及・浸透させる必要性を感じていた。そこで，アメリカの情報発信基地であり，「人種のるつぼ」ともいわれるニューヨーク・マンハッタンに，ラーメン文化を普及啓蒙することを目的として「ラーメン・ラボ」を展開したのである。すなわち，中長期的な視野に立った，エンドユーザーを創造するための地道な活動が「ラーメン・ラボ」の真骨頂である。

ハワイでは水質も材料も違うアメリカで，日本と同じ味とクオリティの麺をそれぞれの店の味に合わせて作るノウハウを頼って，教えを請いにくるラーメン店は多かった。オープンを手伝った店の中には大成功を収めたラーメン店も存在し，噂はアメリカ人シェフにまで口コミで使わるようになった。そうした経験から日本人ラーメンシェフと協力して，アメリカのラーメンシェフ向けに創業のコンサルとラーメン文化の教育を行う，「ラーメン・ラボ」を開設した。啓蒙活動は，こうしたプロのみならず一般消費者向けのセミナーを開催し，ラーメンの一般層向けのファンの創造を目指している。この「インキュベーション」を巣立った「卒業生」は，ラーメン店を創業する際に原料調達においてサンヌードルから仕入れる。もちろん，その義務はないが，ラボでの経験から一度その技術と品質に対する信頼関係を築いていることは強い。このような展開は，進出拠点での新たな「ネットワーク」を構築したことによる波及効果といえよう。創業を目指す，アメリカ人ラーメンシェフのラボを使ったテストマーケティングから，アメリカ人目線でアレンジされた味の好みや顧客の反応などもサンヌードル社にとって重要な新製品開発のデータになっている。

ハワイアンブランドの活用は，新商品開発にも活かされている。サンヌードル社は，「ロコモコ」のようなハワイ発の新たなソールフードの創出を目指して，新商品「Wiki wiki noodles（ウィキウィキ ヌードルズ）」（2018年３月販売開始）を開発している（図9-5)。「wiki wiki（ウィキウィキ）」はハワイ語の「速い」

図 9-5　新商品「Wiki wiki noodles」

（出所）筆者撮影：2018 年 3 月

を意味し，この商品コンセプトは「素早く手軽に作れる健康食」としている。ハワイは外食率が高く自宅であまり手の込んだ調理をしない慣習と健康志向が高まる近年の動向を加味して，栄養満点の「長崎ちゃんぽん」と掛け合わせてハワイ流にアレンジした。

⑼　成長，競争優位の構築

創業当初からの特注によって，一店舗一店舗の取引先と共同開発するカスタムメイド手法は，現在に至るまで変わっていない。この戦略によって，ハワイの製麺市場において，独自のポジションと競争優位を確立した（図 9-6 参照）。

販路は，市場が小さいハワイの地の利を活かして，日系ラーメン店から徐々に多様な業界に広げていった。また，日系に加えローカル市場を積極的に開拓していった。具体的には，日系ラーメン店からローカルサイミン店，日系スーパーからローカルスーパー，日系レストランからローカルレストランへと市場を拡大した。基本的に，取引先は「自ら開拓し自ら卸す」主義であったが，アメリカ本土からの引き合いが増えたり，一部海外（ヨーロッパや南アメリカなど）からの海外取引を始めたりしたことから，卸売業者との取引が定着した。しかし，従業員が増えた後も，ハワイとアメリカ本土の一部については，現在も社長自ら直接営業活動を行っている。配送については，手の空いているときは社長自ら行うほど，現場や顧客との関係を大切にしている。この姿勢は，創業当初からずっと変わらないのだという。

地道な営業努力が実り，創業から 10 年が経つと「サンヌードル」は，すっかり「ハワイアンブランド」として認知されるようになっていた。このころには，ハワイのテレビ CM にも登場するようになるほど，地元ではちょっとした有名人になっていた。興味深いのは自社の商品を売り込む CM ではなく，ローカル銀行の CM に夘木が登場するのである。日本からスーツケース 1 つ抱えてやってきた青年が，このローカル銀行から融資を受けハワイで成功するという内容で，まさしく夘木社長のサクセスストーリーそのものを描き出し

図9-6　ハワイ市場におけるポジショニング

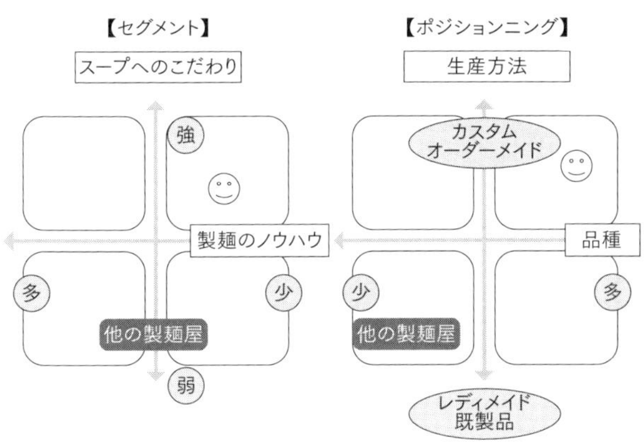

（出所）筆者作成

ている。この知名度と信頼を武器に，1998年にロサンゼルスの小売店に，空輸便で商品を初出荷した。入念なリサーチを行った上で，2004年にロサンゼルス工場を本格稼働し，2012年にニュージャージー工場を稼働させた。こうした市場拡大事業は，ハワイで培ったノウハウを強みとして，一気に顧客を全米から獲得することに成功した。全米展開を機に売上・利益は5年間で3倍以上に成長し，契約店舗数は1200店に至る。契約先の内訳は，ハワイ600店，ロスアンゼルス300店，ニュージャージー300店となっている。現在では，製麺業界において全米で最も競争力のある企業へと成長した。

このように，「市場は自ら創造・浸透させるもの」，裸一貫でハワイに土台を築いた夘木ならではの，全米市場を視野に入れた挑戦に終わりはない。

2　ケースを解く：いかにして「現地発イノベーション」を起こすのか

(1)　なぜ，夘木はハワイで事業創造できたのか

海外移住起業を成功させるために，まず押さえておきたい概念が「アントレプレナーシップ」である。なぜならば，企業の成長の成功の鍵を握るイノベーション活動を実現するためには，アントレプレナーシップの発揮が必要条件と

なるからである（ドラッカー，2007）。アントレプレナーシップとは，経営環境の変化に対し，リスクをとって能動的に行動する企業家の事業創造（イノベーション）活動および企業家精神すべてに関わることをいう。

いうまでもなく，誰でも同じ戦略を真似れば同じような結果がもたらされるわけではなく，企業家精神や事業創造活動の展開のあり方がイノベーション実現の巧拙を左右していることに留意する必要がある。すなわち，現地発イノベーションの実現に，アントレプレナーシップがどのように関係しているかの検討が重要となる。アントレプレナーシップとは，不確実性の中でも，リスクを負って自己の夢・ビジョンの実現のために果敢に挑戦し，新たな価値を創造しようとする企業家精神であり，同時に，社会にいい意味での「革新（イノベーション）」を起こそうとする事業創造活動をいう。アントレプレナーシップが成功すると，社会の課題が解決されたり，より便利な製品・サービスが普及したりすることに繋がり，社会が豊かになる。また，市場に新たな製品・サービスがもたらされることで，経済発展をもたらす。

一方で，企業家精神は必要条件ではあっても十分条件ではない。それだけでビジネスを成功させることは難しい。事業創造活動の展開方法における巧拙が大きく関係する。ヒスリッチとピータース（1989）は事業創造プロセスを，①機会の認識と評価，②事業計画の作成，③必要資源，④事業管理の４つの段階に分けて，スタートアップから成長，発展へと展開していく段階ごとに鍵となる要因を整理している。つまり，起業機会から事業コンセプトの構想，その事業を持続発展できるための仕組み・仕掛けづくり，実現のための資金調達，動き出す事業と組織のマネジメントを的確に展開させていかなければならない。それも，その事業を成し遂げるためのコア能力を備えている（あるいは構築していける）ことが前提となる。そこで，本ケースを，事業創造プロセスが実際にどのように展開され，成功へと結びついていったのか，アントレプレナーシップの観点から，紐解いていこう。

(2)　海外市場におけるアントレナーシップの実際

卯木はハワイ市場での成功を夢見て，見知らぬ海外市場であってもゼロからニーズを掘り起こし，１つひとつ試行錯誤の末困難を乗り越えたことで独自の競争優位を発揮するビジネスモデルを構築させた。そのモチベーションには，とにかくハワイに対する憧れと，大卒の人間には負けたくないという強い思いがあった。同時に，1つのことに徹底的にこだわる職人気質は，納得のいく美味しいラーメン作りに対する情熱となり，異国の地で材料すら満足いく仕入れができない環境でも，かえって夘木のチャレンジ精神に火をつけたのであった。このように，サンヌードルの事業創造の成功ポイントは創業者である夘木のアントレプレナーシップとの深いかかわりがある。

夘木は社会経験こそ浅かったが，小さい頃から製麺業を営む両親の背中から，業界の仕組みと品質管理の重要性を，感覚的に理解していた。同世代の大卒には負けたくない，という思いやハワイへの強い憧れが「引き金」となり，ハワイ進出を実現させた。しかし，経験や思いは必要条件ではあっても，十分条件ではない。それだけでビジネスを成功させることは難しい。起業機会を探るプロセスで「気づき」や「アイデア」が浮かぶことは比較的容易であるが，それを市場性と採算性のバランスのある事業構想に落とし込む作業は，実際にやってみると意外と難しい。事業コンセプトとは，この事業構想段階に描く「ビジネスモデル」のポイントを象徴したものであり，誰に，どのような価値を提供するのか，どのような方法で実現するのか，その方法で十分な利益が出るのか，などを描いた戦略の構造を明確化したものである。

夘木は，顧客が必要としている本質に耳を傾け，実験を繰り返し，それらを満たすための製品開発とそれを提供するための体制を1年がかりで整えていった。本質的なニーズは，一店舗一店舗のスープの特徴を引き立たせる高品質な麺であった。それを提供するためには，従来の単一製品を大量生産し，まとめて配送するという方法では実現はできなかった。製品，そして流通と生産体制を，従来のやり方から抜本的に変えなくては実現できなかったのである。夘木は，これを逆手に取って，独自のビジネスモデルを構築していったことが理解できよう。これは夘木が日本人であったがゆえに，客観的に海外市場を観察できたからこそ気づけたビジネスモデルであった。すなわち，この「気づき」とはローカルにはない，日本人の持つ独特の感性ゆえに与えられたものである，と捉えることができる。日本人としての強みをビジネスで発揮していく際に，完全に「日本式」を持ち込むのではなく（その強みは活かしつつ），「現地流」あるいは「現地発」の「ハイブリッド経営」が有効となることが指摘できる。あくまで課題解決（あるいはニーズ）には現地に目を向け，それを解決する方法に日本から持ち込む優位性（技術やマネジメント手法など）と現地で動員する資源とをハイブリット（結合）する経営を基礎とするからこそ，現地でゼロベースからのイノベーション活動が機能する。この考え方は，次に示す現代の国際経営論の変遷から理解できる。

(3)　現代の国際経営論の戦略に求められる視点とは何か

夘木のビジネスは，本国を離れ，異国で創業した国際経営である。国際経営を成功させるポイントはどこにあるのか。ここでは，国際経営論の基本的な考え方に触れておきたい。国際経営を志向する企業には，輸出，技術供与（ライセンシング），提携（フランチャイズ），海外直接投資（FDI）などいくつかの海外展開における選択肢がある。80年代前半までは，「国境を越えて行われる経営活動」である海外直接投資を中心として，その要因と目的を説明するための理論が経済学者らによって展開されてきた（長谷川［2014］pp.44–52）。その中でも押さえておきたい重要な理論は，バーノン（1966）の「プロダクトサイクルモデル」である。プロダクトサイクル論では，商品のライフサイクルに応じた経営能力（新製品→成熟商品→標準商品）とそれに適した立地選択（本国→先進国→低開発国）を重視する（吉田［2018］pp.5–6）。

プロダクトサイクル論は，いずれも親会社と子会社との「一方向の関係」「自国優位性」を前提とした企業の国際化における行動選択基準を一般化したことが特徴となっている。このように80年代ごろまでの直接投資論の考え方の根本には，「国際経営の成功には本国親会社の優位性が絶対的な役割を演じる」という認識が根強く存在していたことを示している。

しかし，グローバル化の進展と情報技術の普及は，これまでの自国（先進国）の優位性（イノベーション）を進出国（後発国）に持ち込む「自国優位性」による国際化を論じる「直接投資論」が通用しなくなった。ポスト直接投資論に取って代わったのは，バートレット＆ゴシャール（1990）の「トランスナショナル経営論」とドーズら（2001）の「メタナショナル経営論」を代表とする「自国優位性脱却」した海外拠点のイノベーション活動を重視する考え方であ

図9-7　プロダクトサイクル論（バーノン）からの新たな展開

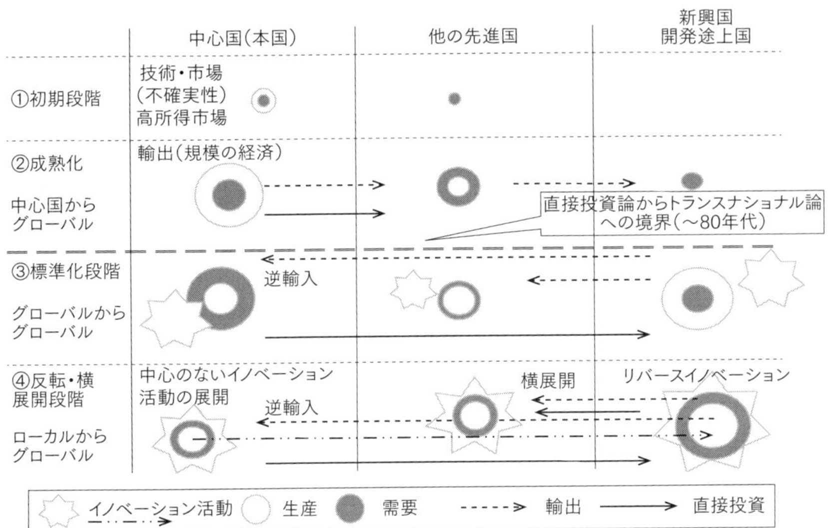

（出所）赤松要「雁行形態発展論」を参考に主に④を筆者加筆。

る。トランスナショナル論は，従来モデルが本社中心の階層構造（自国中心主義）で描かれたのに対し，全てが互いに連結し合うネットワーク構造で描かれる。つまり，進出国・進出地域から起こる「イノベーション」に目を向けたことが重要なポイントであり，自社と海外子会社のネットワークを連動させ，「現地発イノベーション」の重要性を主張している。メタナショナル経営論も同様に，「自国中心主義，自前主義，先進国至上主義から脱却した経営」に立脚して，世界中の経営資源を有効活用して世界規模で競争優位を構築することの重要性を強調し，自国の優位性のみに依拠せず現地拠点発のイノベーション活動の必要性を示している。同時に，現地拠点とそれを動かす現地拠点人材の役割の重要性を主張している（図9-7参照）。

このような国際経営論における新潮流を生み出した背景には，グローバル化と知識集約型社会への転換に伴って，新たな組織や戦略が必要になったことがある。従来，企業の競争優位をもたらすイノベーション活動は，先進国で創出されることが当然のものとして，考えられてきた。しかし，グローバル化は，ヒト・モノ・カネ・情報を世界各地に分散させたことに加え，新興国やBOP（Base of the Pyramid）の台頭は，ニーズや市場をより一層多様化させ，イノベーションの源泉そのものが世界各地に分散する状況を創り出した（プラハラード［2005］）。その結果，自国優位性を前提とした海外子会社が，進出国で通用せず苦戦する事態に陥った。それどころか，権限を海外子会社に与え，現地で主導的に現地資源を能動的に活用するイノベーション活動を展開する多国籍企業が海外市場開拓に成功するケースがみられるようになった。そして，その現地で起こしたイノベーションが先進国に「リバース（反転）」もしくは「横展開」する「リバース・イノベーション」（ゴビンダラジャン［2012］）が台頭した。このように，海外市場の認識の重要性が高まることにともなって，現地発イノベーションに対応する形で，海外子会社の役割・現地資源の活用が重視されるようになった。

以上をまとめると，近年における企業の海外進出（移住起業を含む）では，自国優位性から脱却して，「現地発イノベーション」活動による優位性の構築を必要とする。現地発イノベーションの実現には，進出国現地のネットワーク構築をもとに，現地の資源を動員し，能動的に活用していくことが有効となる。進出国において，自社の保有する強み（本国から持ち込む強み）と現地資源を掛け合わせることで，ゼロベースから現地発の優位性を生み出す，ということになる。

(4)　サンヌードル社はどのように国際経営を成功させたのか

それでは，上掲で解説した国際経営論のフレームワークを使って，サンヌードル社の国際経営の成功のポイントをみていこう。現代の国際経営を成功させるための重要なポイントは，「現地発イノベーション」に対する取り組みであり，現地発イノベーションを起こしていくための組織づくりである。逆に，本国で既に起こしたイノベーションのアウトプットである製品やサービスを進出国にそのまま持ち込む（輸出する）方法や，本国で既に成功を収めた製品・サービスを現地で再生産する（直接投資する）方法では，グローバル社会のアントレプレナーシップは成功できない。有効となる戦略は，現地でイノベーション活動を展開し，現地課題から発見する事業機会に対して，ゼロベースからの開発が必要になる。

現地の課題は，商品（麺）の選択肢がなかったことである。卸問屋が少数の製麺工場から画一的な商品を提供する典型的なビジネスモデルであった。サンヌードルの競争優位は，何といってもこの現地の既存のビジネスモデルを破壊した，ラーメン店が要望する麺を製麺工場が注文を受けてから作るカスタムメイドの新たなビジネスモデルを構築したことである。このビジネスモデルを実現させるために「コア能力」となっているのは，日本で培ってきた製麺に関する知識・技術である。ポイントになるのは，コア能力をそのまま現地に持ち込むのではなく，その能力は，現地の課題を解決する形で使われていったことである（詳細は次節で解説）。その解決の手段は，現地の資源を動員し，活用する形で行われた。ここでいう現地資源とは，原料の有形資源のほか，人材，人脈などの無形資源も含まれる。とりわけ，現地の企業家コミュニティと人材から得られる知識と，自身のコア能力との新結合（ハイブリッド経営）がハワイならではのビジネスを創り出した点は，国際経営論からの重要な成功ポイントを物語っている。近年の国際経営では，現地（ローカル）発からグローバル水準（標準化）を生み出す（Local for Global）のイノベーション活動が注目を集めている。世界中から多様な消費者が集まるハワイというビジネスが難しい（あるいは課題解決が難しい）地域で，ゼロベースから開発された製品・サービスは，世界標準化（他国へも横展開）へと発展する可能性も十分期待できる。サンヌードル社のハワイブランドは，ハワイというビジネスが難しい地域の中で，現地でゼロベースから試行錯誤の末にブラッシュアップされた優位性ゆえに，ニューヨークやロサンゼルスなどアメリカ本土でも通用するグローバルな展開を可能としている。国際経営を成功させるための優位性の構築に，本国からの製品・サービス（生産活動を含む）の移転ではなく，現地発イノベーション活動に取り組むことの重要性を理解できよう。

(5)　ローカルの企業家ネットワークに参入することの意味

イノベーション発生要因に「技術」は欠かせない。事例企業も，日本で培ってきた製麺「技術」を武器の１つにハワイから「新商品」や「新製法」などのイノベーションを起こしている。しかし，この文脈における技術は，技術そのもののより，むしろ潜在ニーズにもとづき課題解決のために「技術の利用用途」の方が重視されている。技術用途の明確化により，新たなサービスやビジネスモデルが刷新されていくのである。ここでのポイントは，「技術」による差別化ではなく，「技術の用途」による差別化が優位性を構築する。そのアイデアとなる知識の「質」は，このイノベーション・プロセスによる「学習」が影響し，ここから創出されるイノベーションの「価値基準」は，自社が関わる「バリューネットワーク」に規定される（クリステンセン［2001］)。バリューネットワークとは，自社が関わる既存顧客，サプライヤー，流通事業者などからなる顔の見える（対面でのコミュニケーションを要する）ネットワークであり，いわば企業にとっての「エコシステム」である。クリステンセンによれば，企業はこの環境の中で存立・存続するために，能力・組織・プロセス・コスト構造・企業文化などの「価値基準」が，このネットワークによって確立される（強く影響を受ける)。同じ能力を持っていても，異なるバリューネットワークに属せば，そこの価値基準に従って，製品・サービスが創出されるため属するネットワークによってイノベーションのアウトプットも（活用するイノベーション能力も）違ったものとなる。つまり，製品やサービスに求められる性能や品質の水準は，各バリューネットワークの価値基準に準じるため，企業が新しい技術の価値をどう認識するか，技術革新にどのような資源配分を行うかは，その企業がどのバリューネットワークに属しているかによって決まる。それだけ，現代のイノベーション活動にはネットワークの選択の重要な意味を持つ。いうまでもなく，このバリューネットワークを有するロケーションの選択が，イノベーション活動において肝となる。すなわち，グローバルなイノベーション活動が珍しくなくなった現代では，ロケーション選択もグローバルに行われることになる。

(6)　夘木はどのようにバリューネットワークを活用したのか

一般に，企業家コミュニティとの関係性の中から，事業創造に不可欠となる「気づき」を得て「学習」し，企業家として成長していく。

夘木のアントレプレナーシップの発揮と事業創造を実現させるうえで欠かせなかったのが，ハワイの「企業家コミュニティ」との関係である。例えば，本事例からは，サイミンの経営者やローカルスーパー，ローカルファミレスなどの「価値基準」から得た「気づき」が指摘できる。サンヌードル社の強みとなっている日系ラーメン店と構築したカスタムメイドスタイルをローカル市場に落とし込んでいく際のアイデア創出とその運用の実践は，こうしたローカル企業家コミュニティとの関係性が欠かせなかった。B to B ビジネスを行うサンヌードル社は，エンドユーザーである，一般消費者の声を直接聞く機会はほとんどない。日系ラーメン店であれば日本人としての直感が働くが，ローカルとなると難しい。そこで，これらのローカル企業家コミュニティから得られる情報は，サンヌードル社のローカル市場開拓に，大いに役立つ気づきとなっていった。サイミンの経営者らとは，同業者同士としてプライベートでお酒を飲んだりしながら情報交換を行った。スーパーやファミレスなどとは，商品の「共同開発」を通じて，エンドユーザーが求めるニーズなどの情報やそれを具現化していくための知識を吸収することができたのである。この「価値基準」に揉まれ，開発されたアウトプットが「コラボ商品（前掲図9-4）」や「新商品ウィキウィキヌードルズ（前掲図9-5）」や「新生サイミン」である。これらの商品開発によってローカルの新たな販路が開拓された。これは，まさにハワイやニューヨーク（ラーメン・ラボ）の「バリューネットワーク」に介入したことで成功した販路開拓である。最近の展開として興味深い事実は，サンヌードル社が加わったことで，ローカルフーズの復権を謳う「サイミンフェスティバル」が企画開催されるなど，バリューネットワークの既存の価値基準に対して「揺さぶり」をかけ，ローカルの企業家たちの新たな価値創造にも繋がっていることである。

(7)　ハワイの移住起業にみる日本の国際化の未来

本章の成功ポイントは，日本人起業家が他の海外で創業を実践する際にも，応用可能であると考える。なぜならば，ハワイは，世界でも創業後に存続することが最も難しい地域の1つといえるからである。ハワイは他民族が共存する特色ある地域だからこそ地域特有の商慣習，消費者文化がある。高所得者が多く市場が小さいため，ローカル市場の獲得が持続的成長の鍵を握る。天候・気候など自然環境にも恵まれ世界中から観光客が集まり，同時に世界中から常に最高のサービスや商材が入ってくる。そんな移住起業が難しい地域だからこそ参考になる点も大きいだろう。特に，次に述べるイノベーション戦略を意識して取り組むことで海外創業するスモールビジネスを持続的に成長させることを実現できる可能性が高まるものと思われる。

3　研究コーナー：反転のイノベーション，リバース・イノベーションという発想

社会環境の変化と国内における産業の空洞化に伴い，打開策を見出せず，疲弊する日本中小企業や日本人起業家は多い。打開策を求めて海外展開する中小企業や，海外で創業を志す移住起業者の数は，年々増加し続けているが，海外市場で「イノベーション」を起こし，それを現地市場のみならず，グローバルに展開することで成長に繋げる「Local for Global（グローバルに発展する現地発イノベーション）」ができている日本中小企業や日本人起業家は，まだ少ない。そもそも，現状，日本中小企業の海外展開の目標の多くは本国の製品・サービスを「市場開拓」「販路開拓」，あるいは「現地仕様に微修正」する製品・サービス開発にとどまり，ゼロベースからの「イノベーション創出」の機会にしようとする，発想そのものが一般に広まっていないものと思われる。一方で，海外市場でゼロベースからイノベーションを起こし，それをグローバルに展開できている企業は，不確実性の高い現代社会にあっても，企業規模を問わず持続的に成長できている。

イノベーションとは，知識と知識を結合し（新結合を創り出し），事業機会を新しいアイデアに転換し，さらにそれらが広く実用に供せられるように育てていく過程（プロセス）である。実用に供せられる，市場の課題解決の従来の仕組み（あるいは技術そのもの）を刷新するゆえに，刷新した企業は急成長し，新たに創出された市場全体の非連続な成長とともに経済発展がもたらされる（シュムペーター［1977］）。そして，場所，対面，暗黙知を共有化しながら新結合は創られ，革新を起こしていく（浅川［2011］）。イノベーションのこの定義（原理）は原則変わらないが，我々を取り巻く社会環境の変化にともなって，イノベーションの「概念」には，確実に変化が起きている。従来は，先進国の大企業が優良な経営の下で，豊かな経営資本を武器に，既存市場のマーケティングと社内の優秀な研究開発チームが，本社内部でハイエンドな「技術革新」

を起こすことが「当然」とされてきた（クリステンセン［2001］）。それを先進国の国内で普及したのちに，後発国などの海外市場に展開させていくことで，さらなる成長を遂げるといった国際経営（プロダクトサイクル）が一般的であった（バーノン［1966］）。しかし，近年のイノベーションには，必ずしも新しい複雑な技術の開発を必要とせず，顧客や市場の直接的な課題解決に繋げる「ビジネスモデル」の創出のパターンが出現するようになった（小川［2000］）。それも開発を行うのは大企業の開発チームに限らず，近年では個人企業家や小企業が，産業集積（大学，ベンチャー企業，関連支援産などのインフラ）と企業家コミュニティ（人的ネットワーク）を巧みに活用することで，新たなイノベーションを起こし新たな市場を創出している（長山［2012］）。進歩させるはずの技術を敢えて後退させたり，機密情報を扱う内部の研究開発を敢えてオープンに外部資源を活用したり，これまでとはまったく「視角を逆にした戦略」が現代の当然のイノベーション戦略の1つとなった（チェスブロウ［2004］）。

イノベーション活動の視角のもう1つの変化が「ロケーション」である。近年，新興国固有のニーズに対応した技術の新しい使い方や工夫によって先進国市場の開拓に繋げる新たなイノベーションが台頭した。イノベーション活動の取り組みの視角が従来とは反転していることから，このイノベーションは「リバース・イノベーション」と呼ばれる。これは，新興国市場の重要度の高まりとともにスペックや機能の水準を敢えて落とした「型落ち」のイノベーションである。型落ちといっても，単に機能を落とし，サイズを小さくして，その分廉価にする（グローバル製品をローカライズする）だけではなく，現地の課題解決に直結するアイデアを現地発で起こし，その結果，要する技術やスペックが「型落ち」することがポイントである。そして，そのアウトプットが結果として，先進国でも通用する新製品・サービスに仕上がることがこのリバース・イノベーションの特徴である。つまり，リバース・イノベーションとは，新興国の現地発のゼロベースの開発から起こるグローバル水準のイノベーションである。リバース・イノベーションは，新興国ゆえのインフラ，環境，貧困等の悪条件が起因となって，これらの課題を乗り越えたブレークスルーによって起こる。すなわち，「現場のニーズ発」あるいは「現場の課題発」といったように，「現場発」の着想が開発のきっかけとなって起こるものである。新興国の現場に内在する課題は通常，先進国に比べ困難であることから，その課題を乗り越えるには，先進国で採用されていた従来の方法より斬新な方法が採用されるケースがある。そして，その結果，新たに刷新された製品・サービスが巨大な成長市場である新興国市場に十分に浸透することで，イノベーションを起こした企業は急成長できる。しかも，困難な課題を乗り越え，ひと手間加えたブレークスルーは，先進国市場であっても通用する場合がある。なぜならば，単に廉価でスペックが低いだけではなく，悪条件から利便性と価格を追求した新製品・サービスは，先進国の利用者にとって既製品・既成サービスより使い勝手がよいと感じる市場が存在するからである。たとえば，先進国大手企業GEは，持ち運びできるPCサイズの，機能を必要最低限に落とした簡単に操作可能な「超音波診断装置」をインドで開発し，この製品の先進国市場の新たな販路（新規開業したばかりの開業医や移動の多い地域医療従事者など）の開拓に成功した。この新興国・現地発イノベーションをグローバル市場に発展させたものがリバース・イノベーションである。

このように，イノベーションの源泉は今や世界中に散在し，どこが起点となるかは誰にも決めつけることはできない。筆者は，このイノベーションの視角の「変化」が，日本中小企業や起業家の新たな成長をもたらす機会を生み出していると考える（吉田［2018］）。多くの日本中小企業や，日本人起業家が海外市場で苦戦し，成功できていない中で，数は決して多くはないものの，現地でゼロベースから創出したイノベーションが，グローバルに展開される事例も台頭している。百戦錬磨の多国籍企業（大企業）でさえも困難とされるローカルからグローバルへの展開が，本来競争劣位にある中小企業が（まだ数は少ないにしても）なぜそれを可能としたのか。資源に限りある中小企業がいかにして海外市場で現地発イノベーションを起こすことができたのか。これらの解を探る作業がリバース・イノベーション研究を発展する上で，重要なポイントだと筆者は考えている。

※本研究は，（財）産業構造調査研究事業助成（（公財）第1-01号，研究代表：吉田健太郎）を受けたものである。

【演習問題】

①海外での起業活動を成功させるために，起業家にはどのような「能力」と「準備」が必要とされるだろうか。事例で挙げた成功ポイントと実現要因を参考にしながら

論じなさい。

②本章のケースで扱ったサンヌードル社がさらなる成長を遂げるためには，どのようなイノベーション戦略のもと，どの国に進出すれば実現できるか，論じなさい。

③海外でも通用する「アントレプレナーシップ」を日本で育成するためには，どのように日本の起業家教育を改善していくことが求められるだろうか。日米の起業家教育の現状を調査し，比較したうえで，改善点を提言しなさい。

【文献案内】

バートレットとゴーシャール（吉原英樹監訳）[1990，原著 1989]『地球市場時代の企業戦略』日本経済新聞社。

国際経営によって成長し続けるためには，本国本社と現地子会社との伝統的な「自国優位性」の「一方向の関係」から脱却する必要があることを主張。脱却後の新たな枠組みとして，本国本社と海外進出先との「双方向（共同・共創）の関係性」にもとづく組織体系を最終段階として，グローバルな効率追求と現地適応を同時に追求する組織モデルを提唱。このモデルの特徴は，従来モデルが本社中心の階層構造で描かれたのに対し，すべてが互いに連結し合うネットワーク構造で描かれる。

ドラッカー，P.（上田惇生翻訳）[2007，原著 1985]『イノベーションと企業家精神』ダイヤモンド社。

イノベーションと企業家精神を生み出すための原理と方法を示した体系書。イノベーションと企業家精神について実例を用いて一般化し，誰もが習得することのできる原理と方法論として提示した。

ゴビンダラジャン，V.（渡部典子訳）[2012，原著 2011]『リバースイノベーション』ダイヤモンド社。

近年のグローバル規模で活動する多国籍企業が「イノベーション」を「新興国」で起こし，先進国で活用可能な競争優位の源泉を得ている実態を解明。途上国で最初に採用されたイノベーションが意外にも重力に逆らって川上（先進国）に「逆流」し，適用できるケースがある事実発見し，事例解説している。

吉田健太郎編 [2018]『中小企業のリバース・イノベーション』同友館。

日本の中小企業が途上国・新興国等において進出国の子会社などの現地拠点において，現地発のイノベーション活動が起点となり，本国あるいは第３国にシフトする現象を「リバース・イノベーション」と広義に定義し，その実現条件と必要となる能力を海外 12 カ国の現地調査にもとづき解明。資源が少ない中小企業が，海外でどのようにビジネスモデルや組織を抜本的に変化させ，現地発のイノベーションを起こすのかについて実態を分析している。

【参考文献】

浅川和宏［2011］『グローバルＲ＆Ｄマネジメント』慶應義塾大学出版会。

小川進［2000］『イノベーションの発生論理――メーカー主導の開発体制を越えて』白桃書房。

クリステンセン，C.（玉田俊平太監訳・伊豆原弓訳）［2001，原著 1997］『イノベーションのジレンマ――技術革新が巨大企業を滅ぼすとき』翔泳社。

ゴビンダラジャン，V.（渡部典子訳）［2012，原著 2011］『リバースイノベーション』ダイヤモンド社。

ジェトロ［2017］「ホノルルスタイル」日本貿易振興機構。

シュンペーター，J.（塩野谷祐一他訳）［1977，原著 1912］『経済発展の理論――企業者利潤・資本・信用・利子および景気の回転に関する一研究』岩波書店。

チェスブロウ，H.（大前恵一朗訳）［2004，原著 2003］『OPEN INNOVATION ハーバード流 イノベーション戦略のすべて』産能大出版部。

帝国データバンク［2016］「米国進出企業実態調査」

ドラッカー，P.（上田惇生翻訳）［2007，原著 1985］『イノベーションと企業家精神』ダイヤモンド社。

バートレットとゴーシャール（吉原英樹監訳）［1990，原著 1989］『地球市場時代の企業戦略』日本経済新聞社。

長山宗広［2012］『日本的スピンオフ・ベンチャー創出論――新しい産業集積と実践コミュニティを事例とする実証研究』同友館。

長谷川礼［2014］「国際ビジネスの諸理論」江夏健一他『国際ビジネス入門』中央経済社。

プラハラード，C.（スカイライトコンサルティング訳）［2005，原著 2004］『ネクスト・マーケット――「貧困層」を「顧客」に変える次世代ビジネス戦略』英治出版。

矢口祐人［2002］『ハワイの歴史と文化』中公新書。

山田幸三［2017］「アントレプレナーシップの基礎理論」山田幸三・江島慶由裕編『1からのアントレプレナーシップ』中央経済社。

吉田健太郎編［2018］『中小企業のリバース・イノベーション』同友館。

Yves Doz, José Santos, Peter Williamson Doz (2001). *From Global to Metanational.* Harvard Business School Press.

Raymond Vernon (1966). " International Investment and International Trade in the Product Life Cycle"., *Quarterly Journal of Economics,* Volume 80, Issue 2, pp.190–207.

Robert Hisrich, Michael Peters (1989)., *Entrepreneurship: Starting, Developing, and Managing a New Enterprise.* BPI, Irwin.

第10章

神奈川県鎌倉におけるアントレプレナーシップ促進の地域プラットフォーム

鎌倉のプロフィール

- コミュニティビジネスの起業家を輩出する地域プラットフォーム「カマコン」
- 人口：172,321人（2019年4月1日現在，住民基本台帳）
- 自然・地理：面積は約40㎢。神奈川県の南東部・三浦半島の基部に位置。東京都心から約50㎞の圏域にあり，横浜市・藤沢市・逗子市に隣接する。三方を山に囲まれ前は海（相模湾）という地形から，「天然の要塞」と呼ばれる。
- 主な産業：観光，小売，飲食業。
- 代表的な企業・機関：（株）カヤック，（株）豊島屋，湘南モノレール（株）など。

キーワード：アントレプレナーシップ　創業機運醸成事業　中間支援組織　地域プラットフォーム　正統的周辺参加　実践コミュニティ　プロジェクトチーム　クリエイティブ産業　世界都市　創造都市　コミュニティビジネス　ソーシャルビジネス　ジョイントベンチャー・シリコンバレー

本章のねらい

日本のアントレプレナーシップ（起業活動）は低水準である。その1つの理由は，起業という選択肢が人生設計に入っていない「起業無関心者」の多さにある。そこで近年，政府は，「創業機運醸成事業」を展開し，起業に関する啓発・普及の施策を講じるようになった。鎌倉にはアントレプレナーシップを促すプラットフォーム「カマコン」が存在する。カマコンでは，地域協働的に起業学習プロセスが進められ，地域密着型のコミュニティビジネスが創出される。本章では，こうしたカマコンの事例を分析し，基礎自治体単位で進める創業支援モデルの有り様を提示する。

1　ケースを見る：起業活動を促す地域プラットフォーム「カマコン」

(1)　クリエイティビティに起業家が集まる鎌倉地域

鎌倉といえば，日本における古代から中世への転換期において，源頼朝が初めての武家政権を樹立した場所である。鎌倉時代の約150年間，鎌倉は政治・軍事・外交・文化の中心地として繁栄した。当時，中国の宋や元との交易が盛んに行われ，禅宗，禅宗様建築，仏像彫刻，彫漆などさまざまな中国文化がもたらされた。鎌倉は戦国時代に一時寒村化したが，江戸時代中期以降は信仰と遊山の対象となり観光地となっていった。明治時代に入ると，横須賀線などの開通にともない政界人や財界人などが訪れるようになり，別荘地となった。「鎌倉文士」と呼ばれる作家らも住むようになり，文芸，祭典，景観保全などの地域貢献・まちづくりが活発となった。さらに近代の鎌倉では，多くの芸術家が暮らしたことから，古都としての歴史に加え，近代芸術の新たな文化を創出するまちとなった。こうした中世以来の社会を支えた歴史と武家文化は継承され，今にもそれを伝えようとする。1960年代の高度成長期，鎌倉では鶴岡八幡宮裏山の宅地開発問題が起きたが，それに対し鎌倉市民が立ち上がり，日本で初めて「ナショナル・トラスト（イギリス発祥の環境保全運動）」を取り入れ，文化遺産・景観保全の市民意識の高さを決定づけた。2016年には，歴史的遺産と共生するまちづくりを推進するため，「歴史まちづくり法」にもとづく「鎌倉市歴史的風致維持向上計画」を作成・認定を受けている。また，第3

図10-1　鎌倉市が目指すクリエイティブ産業

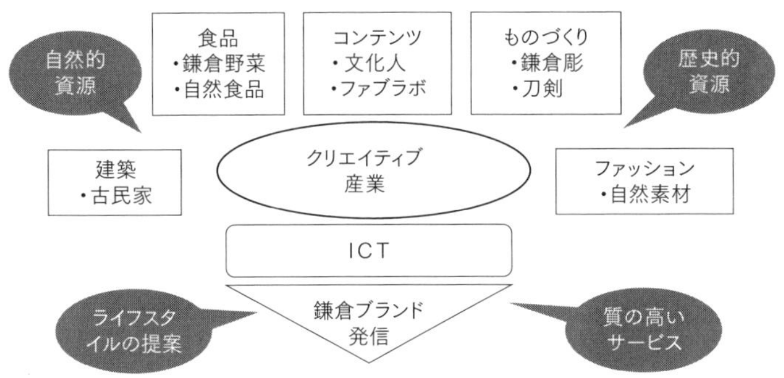

（出所）鎌倉市・鎌倉草創塾（2014）「クリエイティブ産業支援策と経済効果調査——IT産業を核としたクリエイティブ産業の発展に向けて」『平成25年度鎌倉市政策創造担当業務報告書』より抜粋。

次総合計画（1996年〜2025年）において，鎌倉市は「古都としての風格を保ちながら，生きる喜びと新しい魅力を創造するまち」を将来都市像に掲げている。近年は，そうした街の雰囲気やアメニティ，創造性（クリエイティビティ）に引き寄せられた移住者が起業し，自然発生的に鎌倉にはICT関連企業が集積する傾向が見られる。そこで，鎌倉市では，ICT産業を核にして，地域の自然的資源と歴史的資源を活かした「クリエイティブ産業」を振興する方向性が示されている（図10-1）。

(2)　カマコンバレーの形成

鎌倉市の産業構造（2016年経済センサス）は，事業所数で見ると「卸売業，小売業」が最も多く，次いで「宿泊業，飲食サービス業」，「不動産業，物品賃貸業」となっており，上位3産業で全産業の55.7%を占めている。ICT産業とされる「情報通信業」は128所であり，全産業の1.8%にすぎない。その他の統計データを見ても，鎌倉にICT産業集積が形成されたとは判定しがたい。とはいえ，時系列データを見れば，2009年にICT企業の事業所数が2.5倍（2006年比）と急増しているのも事実である。2013年時点の鎌倉市におけるICT産業集積に関する調査結果（鎌倉市・鎌倉草創塾［2014］）を見ると，①鎌倉市内でのIT産業への需要の少なさ（取引先・顧客は都内の企業が多い），②市内での協業先・クリエーターとのつながりの少なさ（協業相手は東京・横浜の同業者が多い），③社員の市内居住（職住近接）の難しさや新入社員のリクルートの難しさ，④会社の規模を拡大した場合のオフィス床不足，といった鎌倉に立地するIT企業のデメリットが指摘されている。ここから，2013年時点の鎌倉市におけるICT産業集積の外部経済性はなかったものと捉えられる。

ただ，今では，鎌倉においてシリコンバレーならぬ「カマコンバレー」の存在感が大きい。2013年，鎌倉には，カヤック，グローバルコーチング，小泉経営会計，Jump Start，テトルクリエイティブ，村式，ランサーズといったIT企業7社が集まっていた。この7社が中心となって，「カマコンバレー（現在名称を「カマコン」に変更）」は，「鎌倉をITで，ハッピーに！」を主旨に賛同する企業集団（LLP：有限責任事業組合）として設立された。その2年後の2015年，カマコンバレーの運営組織として，NPO法人マチットが設立されている。定款には，「鎌倉地域に関わる全ての者に対し，ITを活用して，地域づくり活性化に寄与する事業を行う」ことが明記されていた。設立当初の理事長は，カヤック代表取締役CEOの柳澤大輔氏が就いた。

現在は，NPO法人カマコンと名称を変更し，「この街を愛する人を全力支援！」と「全部ジブンゴト（自分事）」を合言葉に，鎌倉のためになるテーマならば何でも取り掛かる。カマコンによる地域活動は，「鎌倉宗教者会議」を参考にしている。この会議は，東日本大震災の被災者を追悼するため，神道・仏教・キリスト教，宗旨・宗派の枠を超えた宗教者が集まった会である。カマコンの中心人物の柳澤氏は，「異なる価値観の人々が立場や領域を超えて学び合いつながることを鎌倉の強みとして伸ばす，多様な価値観を盛り込んだ新しい資本主義のかたち（鎌倉資本主義）をつくりたい」という（柳澤［2018］）。

(3)　カマコンの活動内容：「定例会」と「プロジェクト支援」

カマコンの活動内容は，毎月1回90分の「定例会」の開催，プロジェクト形式による鎌倉の地域活動支援やイベント実施，地方都市との交流など多岐に渡っている。運営方法は会費制（法人会員・個人会員）であり，現在の会員数は法人27，個人66の計93である（カマコンHP2019年5月末時点）。定例会では毎回5〜6個のプレゼンがある。「定例会」の参加にはカマコン会員の紹介が

図 10–2　カマコン「定例会」の活動の流れ

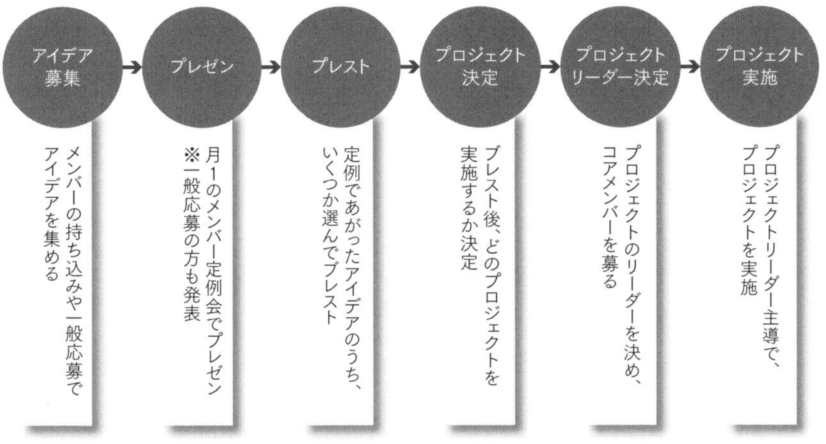

（出所）カマコンの HP（http://kamacon.com/）より抜粋。

図 10–3

（出所）筆者撮影：2017 年 7 月 20 日

必要であるが，一般応募でもプレゼンできる（図 10–2）。

実は，2017 年度の 1 年間，筆者主宰の長山ゼミ（駒澤大学・地域経済論／アントレプレナーシップ論）では，カマコンに参加し，参与観察を行った。この間に，筆者は，ゼミ生を帯同して毎月のように「定例会」に参加し，長山ゼミとして 2017 年 7 月の会でプレゼンにも取り組んだ。その時のプレゼンのテーマは，「移住と起業のまち，鎌倉を徹底調査したい！」である。プレゼンの前には「リハーサル」があり，そこでカマコン事務局のスタッフ・ファシリテータから十分な指導を受け，プレゼン内容がブラッシュアップされた。「定例会」には，毎回 100 名程度が参加し，各プレゼンごとに 20 名程度のグループに分かれ，「ブレスト」を行う（図 10–3）。「ブレスト」では，質よりも量が重視され，アイデアの数での勝負となる。

カマコンの定例会において，「ブレスト」を導入したのは柳澤氏（カヤック代表取締役CEO）である。カヤックにおいても1998年創業以来，社内で日常的にブレストを行う機会を設けていたからである。同社は「面白法人カヤック」と称するように，「楽しい人と面白いことをする」を追求し，独創的なコンテンツ事業（ソーシャルゲーム開発など）を手がけている。また，カヤックでは，「つくる人を増やす」を経営理念とし，社員が楽しく働くためにも，「この会社は自分がつくっている」といった主体性をもつことを重視している。「ブレスト」とは，この主体性を引き出し，社員が会社のことを「全部ジブンゴト（自分事）」化できる手法なのである。カマコンの定例会においても「ブレスト」という手法は有効であり，実際，新参者で未熟な長山ゼミの学生でさえグループ内で主体性をもって参加できていた。「ブレスト」を通じての仲間意識が高まると，その流れでプレゼンターをリーダーとした「プロジェクト・チーム」が緩やかに組成されていく。

毎回5～6個のプレゼンのうち，2件程度が実際にプロジェクト化されており，これまで累計240件（2017年末）の多様な「プロジェクト」が発生している。プロジェクトのテーマ名を例示すると，「鎌倉花火大会を今年も開催したい（観光）」「鎌倉今昔写真（文化）」「鎌倉こどもハチミツプロジェクト（子育て・教育）」「津波が来る前に高いところへ逃げる（防災）」「まもり鳩制作：鎌倉由比ガ浜ビーチを平和に（環境）」など，観光・文化芸術・教育・防災・環境分野にわたり実に多様であることがわかる。「プロジェクト」の実行にあたって，資金が必要な場合は，鎌倉地域密着型のクラウドファンディング「iikuni（いいくに）」を利用して資金調達することができる。「iikuni」は，2015年の開設から約3年半でチャレンジ数が40件となっており，目標達成率は93%である。プロジェクトの平均調達金額は，51万円となっており小口な案件が多いことがわかる。一部には，「鎌倉花火大会」のように目標金額1000万円超の大きな案件もある。

ちなみに，長山ゼミでは，プレゼンの後，「iikuni」にチャレンジして，12万円の調達に成功した。iikuniでのプロジェクト名は，「鎌倉の起業家創出・移住企業続出の仕組みを解き明かす！　研究&リポートを発刊したい!!』である。長山ゼミでは，この資金を活用して鎌倉でゼミ合宿を行い，約30名のカマコン関係者に取材するなどのフィールドワークを実施し，300ページ超の大部な報告書を刊行した。クラウドファンディングの協力者（資金提供者）には，金額に応じて，完成した報告書を謹呈するといった「リターン」を用意した。「iikuni」の目標達成率の高さは，「定例会」との連動性があるからに他ならない。プロジェクト実行者は，「定例会」において，「iikuni」で支援を呼びかけ，中間報告，完了報告の機会を持つことができる。

(4)　カマコン参加者の多様性と創造性，地域密着型ビジネスの創出

カマコンの法人会員は，発起した7社を中心にIT系企業が多い。ただ，個人会員は，起業家のみならず，会社員，公務員，政治家，フリーランスなど多様である。定例会の参加者（非会員を含む）となればさらに多様であり，鎌倉市外の来街者や学生も多い。カマコン参加者の共通点は，鎌倉という地域と何らかの関係性があるという一点につきる。それは，鎌倉という地域に「住んでいる」「働いている」「関心がある」ということである。そのため，鎌倉という地域をよりよくするプロジェクトならば「全部ジブンゴト」で支援する。カマコン会員向けのアンケート調査結果（杉山・瀬田［2015］）によれば，「カマコンへの参加はとても有益」「カマコン参加後に鎌倉への愛着が増した」といった回答が最も多い。そこにはカマコン参加による人と人のつながり，鎌倉地域の新しいコミュニティの形成が見て取れる。

さらにここで注目したいのは，カマコン参加による地域活動がビジネスとして持続可能となるかである。カヤックの新規事業というものならば，すでにいくつも創出されている。「鎌倉・旅する仕事場（シェアオフィス／コワーキングスペース）」「まちの保育園かまくら（企業主導型保育事業）」「まちの社員食堂」など，地元企業や地域住民を巻き込んだカヤックの新規事業である（柳澤［2018］）。当初の「まちの社員食堂」の企画は，カヤック社員の福利厚生のための社員食堂をつくることにあった。それが現実には，鎌倉のカフェや飲食店が週替わりでメニューを提供し，鎌倉で働く人なら誰でも利用できる，「つなげる場所」をコンセプトとした社員食堂となった。「まちの社員食堂」というカヤックの社内の企画は，「カマコン」を通じて地域ぐるみの企画となったのである。その過程で，カヤックの担当社員が「カマコン」で当該企画をプレゼンし，「iikuni」にもチャレンジしている。カヤックでは，新規事業創出のプロセスに

おいて，「カマコン」参加メンバーを広義の社員と捉え，企画立案から実行まで関与させているのだ。カヤックの「オープン・イノベーション戦略（チェスブロウ［2003］）は，一歩踏み込んだものであり，地域コミュニティと企業組織との境界線を見えないようにする。それは，カヤック公式 HP の会社概要・所在地の欄に「まち全体が，ぼくらのオフィスです」と明記していることからもうかがい知れる。「カマコン」参加者は，こうしたカヤックの事例をロールモデルとして，新規事業創出に関する経験学習の機会を得ている。

鎌倉に移住し，「カマコン」に参加しながら，起業家となるケースも出ている（駒澤大学・長山宗広ゼミナール［2018］，五十川［2019］）。「ヒトノコト（2016年設立）」の代表，渡辺みさき氏もその１人である。渡辺氏は，カマコンの参加回数を重ねて熟達し，カマコン事務局という運営サイドに回る。そうなると，カマコンの中心メンバーである柳澤氏など IT 起業家との交流もおのずと深まる。そのなかで渡辺氏は「鎌倉に本社を置く IT 系企業が都心と比べて採用活動に苦労している（潜在的ニーズ）」ことを知る。そして，カマコンの「鎌倉会社説明会プロジェクト」の実行者となり，起業準備段階の学習を進める。こうして，鎌倉に立地する企業の「人事サービス（採用・人材育成・研修・労務管理）のアウトソーシング」といった事業機会を認識し，渡辺氏はヒトノコトを設立し起業家となった。現在は，「まちの○○」シリーズとして，「まちの人事部」の事務局・理事を担っている。「まちの人事部」では，鎌倉に拠点を置く企業が「人事部」をシェアして，合同採用説明会や合同研修などを行なっていく。渡辺氏は鎌倉の「人事部」を支える代表的な起業家へと成長した。

2　ケースを解く：なぜ，鎌倉では地域密着型の小さな起業活動が活発におきているのか

(1)　なぜ，日本のアントレプレナーシップ（起業活動）は低水準なのか

新しい組織をつくって新規事業を始めることをアントレプレナーシップ（起業活動）という。ティモンズなど（1994）は，アントレプレナーシップについて，「実際に何もないところから価値を創造するプロセス」と捉えた。そして，起業プロセスの構成要件として，「創業者（先導起業家と経営チーム）」「起業機

会の認識（マーケット志向・高付加価値創造のプロセス）」「必要資源」の 3 つを挙げ，これらのギャップの解消，構成要件の適合性が新規事業創造の決め手と説明した。通俗的にはアントレプレナーシップを「起業家精神」と訳す場合が多い。ただ，学術的にはアントレプレナーシップについて，こうした起業家のメンタリティを含めた「行動やプロセス」という実践的意味で使う。したがって，本章ではアントレプレナーシップに対応する訳語として，「起業活動」をあてることにする。

「日本のアントレプレナーシップは低水準である」と言われて久しい。新規開業率（企業ベース）を見ると，1970 年代までは 6％前後と比較的高かったが，80 年代に下降しはじめ，90 年代以降は 3％〜4％で低迷していた（中小企業庁編『中小企業白書』各年版）。GEM（グローバル・アントレプレナーシップ・モニター）という国際調査結果においても，日本の起業活動率の水準は調査対象国の中で「最下位」に甘んじることがしばしばである。日本の新規開業率の推移をみるかぎり，景気変動との相関関係は確認できない。その国のアントレプレナーシップの水準は，政府による創業支援政策，研究開発成果の移転，リスクマネーの利用可能性，物的・人的インフラ，一般的な教育，起業活動のための教育や訓練，社会的・文化的規範，国内市場の開放度，などの諸要素が結合して決まる。そして，このアントレプレナーシップの水準が国の経済成長に結びつくと言われる（バイグレイブ＆ザカラキス［2008］）。

日本についていえば，アントレプレナーシップの低水準の要因は，大量生産体制・大企業体制とそれを支える日本型の雇用制度や金融制度との関係性があろう。日本は，戦後の近代化政策のもと大量生産・大企業体制を推し進め，加工貿易で国際競争力をもち，80 年代には「ジャパン・アズ・ナンバーワン」と世界から称賛されるまでとなった。そこには大手銀行主導の産業金融・間接金融による支えがあった。高度経済成長期を経て日本では，長期的見通しに立った雇用制度など，いわゆる日本的経営システムが確立された。90 年代初めのバブル経済崩壊の後，大企業が事業の再構築（リストラ）を進め，こうした日本的経営システムに一部変容が見られた。ただ，「経路依存性」により国民的制度が急に大きく転換することはない。事業者対雇用者収入比率は，80 年代以降に 1 を割り込み，2000 年には 0.6 となった（『2002 年版中小企業白書』）。

図 10-4　中小企業施策の変遷（創業・ベンチャー支援関連）

1963年	中小企業投資育成会社法
1975年	VEC設立
1989年	新規事業法
1995年	中小企業創造活動促進法 創造的中小企業創出促進法
1997年	エンジェル税制創設 商法改正(ストックオプション制度導入)
1998年	中小企業等投資事業有限責任組合法制定 →投資事業有限責任組合法に改正(2004年) 大学等技術移転促進法(TLO法) 中小企業新事業創出促進法(日本版SBIR)
1999年	中小企業基本法の改正 中小企業経営革新支援法
2000年	産業クラスター政策開始
2001年	大学発ベンチャー1000社構想(平沼プラン)
2002年	中小企業挑戦支援法制定(1円起業の特例)
2005年	中小企業新事業活動促進法(新連携支援) 有限責任事業組合(LLP)法
2006年	新会社法施行(最低資本金規制撤廃、LLC導入)
2009年	産業革新機構設立

（出所）中小企業庁『中小企業施策総覧』各年度版をもとに筆者作成。

平たくいえば，起業した自営業者の年収がサラリーマンの年収の 60％と相対的に見て低い状況になったのである。現在でも，日本では，大学卒業後に大企業に雇用されるキャリアが有望視される。起業して自営業者になることは，高いリスクに見合ったリターンが見込めないため，キャリアの選択肢となり難いのである。

もう 1 つ，日本の低水準なアントレプレナーシップに関して，中小企業施策の影響という政策面からの要因を挙げることができる。実は，90 年代に入ってから政府はアントレプレナーシップを促す施策を積極的に講じてきた。それは，創業支援とベンチャー支援を一体的にした中小企業施策によって展開されてきた（図 10-4)。

1999 年の中小企業基本法の改正後，中小企業政策では「中小企業の経営革新（イノベーション)」すなわち「ベンチャービジネス」の創出に重点を置いた。バブル崩壊後の平成不況において，イノベーションを実現するハイリスク・ハイリターン型のベンチャービジネスを数多く輩出することが日本の経済成長に資すると考えられたからである。そこで政府はベンチャーキャピタルやエンジェルの支援，未公開株式市場の整備などリスクマネー供給の施策を矢継ぎ早に講じたのである。しかしながら，日本ではハイリスク・ハイリターン型のベンチャービジネスに挑戦する起業家があまり輩出されず，新規開業率も低いままとなった。支援サイドのみが盛り上がり，肝心のベンチャーがあまり生まれてこないので，当時は「ベンチャー支援ブーム」と揶揄された。「創業支援」と「ベンチャー支援」を混同した状態が約 30 年ものあいだ長らく続いたため，起業とはベンチャービジネスを起業することと同義であるとの認識が定着された。起業とはベンチャービジネス創造と同様であるから，非連続的・破壊的なイノベーションにより新しい市場創造が求められる。そして，「1000 の起業のうち 3 つしか成功しない」とも流布された。こうして日本の場合，起業家への道はハイリスクの無謀な冒険であるという見方がなされ，起業のハードルがすっかり高くなってしまったのである。

図 10-5　創業機運醸成事業

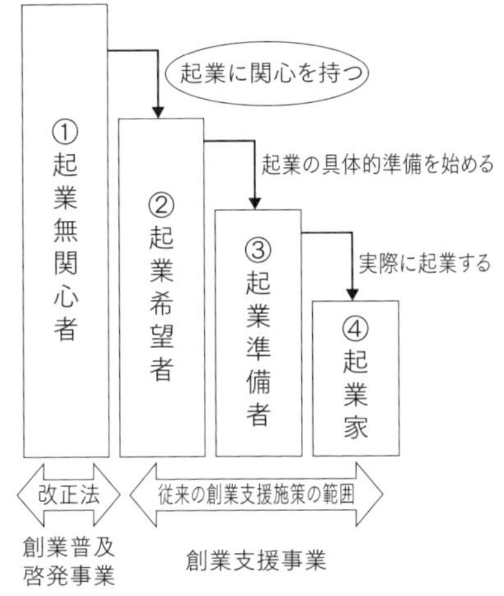

（出所）経済産業省中小企業庁経営支援部創業・新規事業促進課「産業競争力法改正に伴う創業支援施策の拡充について」2018 年より抜粋。

(2) 「起業無関心者」と創業機運の醸成

このままでは日本の新規開業率が上がることはないだろう。政府は，ここ 30 年間低迷する日本の新規開業率を「アメリカ並みの 10％台を目指す」ことを政策目標に掲げた（未来投資戦略 2017 年 6 月閣議決定）。この目標に達するためには，起業に対するイメージを変えて誰もが挑戦しやすい社会の雰囲気が必要である。イノベーションといった革新性を強調することなく，「何か新しい事業を興す」といった本来の意味でのアントレプレナーシップ（起業活動）が身近なものになればよい。しかしながら，先の GEM 調査によれば，日本では，「起業無関心者」の割合が高く，起業が身近なものといえない状況にある（2012 年における日本の「起業無関心者」は 77％，アメリカは 23％。『中小企業白書 平成 29 年版』）。起業に至るプロセスは，①起業無関心者（起業を意識しない段階）⇒②起業希望者（起業に関心を持つ段階）⇒③起業準備者（起業の具体的な準備を始める段階）⇒④起業家（実際に起業した段階）の 4 段階に分かれる。日本では，そもそも起業を意識しない人が圧倒的に多く，起業が人生設計・キャリアの選択肢に入っていないのである。起業無関心な若者からは，「周囲に自営業者や起業家がいないので，起業することに現実味がない」という意見をよく耳にする。

若者は周囲の影響を受けやすい傾向があるので，起業家に触れる機会を身近な地域で増やすような支援事業があれば有効であろう。

そこで政府は，「産業競争力強化法」を改正（2018年5月）して，現行の「創業支援事業」の概念を拡大させ，「起業無関心者」向けの創業普及啓発事業を展開した（図10-5）。この支援事業のスキームは，市区町村が創業支援等事業者（認定支援機関・経済団体・金融機関・大学等）と連携して地域単位で実施するものである。「創業機運醸成事業」の一例としては，教育現場等での起業家教育，若年層向けのビジネスコンテスト開催，短期間で起業体験できるプログラム実施などが挙げられている。従来の創業支援策は，「起業準備者」および「起業家（特に創業間もない初期の起業家）」向けの金融支援策がメインであった。起業を希望する者にとって，日本は割と起業しやすい国となった（日本はアメリカと比べても「起業実現率」は高い）。ただ，日本では「起業希望者」に至ることが少なく，起業ピラミッドのすそ野が狭いといえる。問題の所在は，大多数の「起業無関心者」に対し，起業に関心を持ってもらい，「起業希望者」を増やすことにある。この問題に気づき，政府が「起業無関心者」向けにまで創業支援の対象を広げたことは評価に値する。

(3)　創業機運醸成と地域活性化を両立させた鎌倉「カマコン」の仕組み

では，具体的には，どのように市町村の地域単位で創業機運醸成事業を進めればよいのであろうか。大多数が「起業無関心者」なのだから，支援対象があまりにも広く，どこから進めてよいのか分からない。創業スクールや創業セミナー，ビジネスプラン・コンテストなどを開催したとしても，そこにはすでに起業に関心を持っている者しか参加しないであろう。そもそも起業に関心がない者に対して，具体的にどのように働きかければ「起業希望者」へと移行するのか有効な方法も見えてこない。病気の診断はついたが，それを治す薬が見当たらない状況といえる。これらの点に関して，本章の「カマコン」というモデルケースは多くの実践的・政策的含意を与えうる。

第1節で紹介したように，カマコンは，一見すると，鎌倉地域の「異業種交流会」やIT系ベンチャーの「起業家コミュニティ」などと捉えられる。カマコン設立当初は，「IT」を全面的に打ち出し，鎌倉地域の活性化について

「ITで全力支援する」としていた。IT起業家の聖地・アメリカのシリコンバレーには，著名な「ジョイントベンチャー・シリコンバレーネットワーク（JV-SVN）」があるが，初期のカマコンにはそれとの既視感がある。シリコンバレーのJV-SVNは，産官学民のセクターを超えたNPOによる地域ガバメント・モデルとして知られている。そこではシリコンバレーの企業集積に伴う交通渋滞や住宅問題など外部不経済への対応を含め，個別企業を超えた地域全体の経済的社会的問題を地域的協働の仕組みで解決することが志向されている（中村［2008］）。

今のカマコンはもっと緩くなり，「鎌倉という地域をよりよくしたい気持ち」があれば誰でも参加できる。もはやIT系ベンチャー起業家の特異なコミュニティの性格はそこに見て取れない。毎月の定例会には，起業家のみならず，地域の住民や大学生などが違和感なく参加している。カマコンの本来の目的は，創業機運の醸成や起業家の輩出にある訳ではない。ただ，図らずも，「起業無関心者」がカマコンに参加することで，起業家とのプライベートな関係性が生まれ，「起業希望者」へと移行する効果をもたらしている。GEM調査では，「起業無関心者」か「起業希望者」かどうかを判断するポイントの1つに，「過去2年以内に新たなビジネスを始めた人を個人的に知っているか否か」という項目がある。「個人的な交流」というのがポイントである。日本では，ビジネスとは関係なく職場以外の場所において，起業家とプライベートで交流する経験というのは意外に少ないのではないか。

では，なぜ，起業に関心のない「起業無関心者」がカマコンに参加しているのか。それは，カマコンが「地域をよりよくする」という身近な共通のテーマを掲げているためである。地域のテーマは，産業振興，観光，雇用，教育，医療福祉，防災・環境，自然景観，歴史・文化，都市計画・まちづくり，など多岐に渡る。そのため，誰しもがカマコンの何らかのテーマに共感し参加しやすいものとなる。鎌倉の地域住民（定住人口）はもちろんのこと，通勤・通学・買い物・観光などで鎌倉地域を訪れる人（交流人口），さらには，出生地や過去に滞在経験があるなど鎌倉地域に何らかの関わりがある人（関係人口），といった鎌倉地域関係者ならば誰しもがカマコンに参加できるのである。こうした人の多くは，「起業無関心者」であるから，市町村の地域単位で創業機運醸成事業を展開することの意義を見出すことができよう。創業機運を醸成すると同時に，交流人口や関係人口まで増やすこととなれば，それは人口減少時代の地方自治体（基礎自治体）にとってみて極めて優先度の高い政策課題となるだろう。

しかしながら，鎌倉という地域に関心があるだけの「起業無関心者」がどうして起業活動に関心を持つようになるのか，といった疑問が残る。そこには明らかな論理の飛躍がある。もしかすると，カマコンに初めて参加する「起業無関心者」は，カマコン常連の起業家との交流によってカルチャーショックを受け，拒否反応を示すかもしれない。ただ，実際にはその逆であり，カマコン参加者のリピート率は高く，参加の関与度が徐々に高まっていく人が数多く見受けられる。参加の関与度が高まるにつれて，起業家とのプライベートな関係性は強くなり，「起業希望者」へと移行する。このようなカマコンにおける参加関与度の高さは，「鎌倉のことをみんながジブンゴト（自分事）化する」ような仕掛けが随所に施されているからである。たとえば，カマコン定例会において，初回参加者はカマコン会員からの紹介が必要とされる。その際，カマコン会員は，「ゲートキーパー（門番)」のような役割を果たしている。つまりは，定例会に相応しくない人物をブロックし，一方で，カマコンメンバーに加わってもらいたい人物をリクルートしたりスクリーニングするのである。この「紹介制」があるので，初回参加者は定例会において歓迎ムードで受け容れられる。初回参加者が未熟で不慣れな学生であったとしても，カマコン定例会では脱落したり疎外感を味わうことはない。

カマコン定例会ではグループを作ってアイデアを出し合う場面があるが，その方法として「ブレインストーミング（ブレスト)」が採用されている。ブレストにはルールがあり，他人の発言（アイデア）を傾聴し，肯定して，その発言に乗っかり，テンポよくアイデアを出す。ブレストでは，アイデアの質よりも量が重視される。否定されることはないので，初回参加者でも発言しやすい。プレゼンターの事業提案を「ジブンゴト化」し，よりよい形で実現するように志向しながら発言（アイデア）を連射する。初回参加者が多く，ブレストがうまくいかない場合，当該グループに配置されたファシリテータ役（カマコン会員）が上手に導く。グループに居合わせた人はお互いを尊重し，全人格的な境地でアイデアを互酬的に交換する。最後にグループからプレゼンターへアイデアの集合知を贈与する。ブレスト終了後，たまたま同じグループに居合わせた人達がお互いに関心を待ち，仲間意識や帰属意識を持つようになる。名刺交換をすることなく，肩書なしでプライベートでの友人ができることもままある。日常生活・オンタイムではまったく接点のないIT系ベンチャー起業家とも友人になれる機会がある。

このブレストのグループ分けはその場で即興的に決めるが，運営サイドの計らいもあり，カマコンの熟達度（参加回数）に応じてバランスよく人が配置されている。首かけ式ネームホルダーのストラップの色をみれば，参加者の誰もがお互いの熟達度を認識することができる。同じグループには，カマコン草創期から参加する熟達した会員（業界で著名な起業家など）が居合わせることもよくある。その同じグループには，そうしたスター起業家に憧れを抱く「初期起業家（創業間もない起業家）」や，鎌倉に移住しこれから起業を目指す「起業準備者」なども加わっている。結果的に，起業に至るプロセスの①から④段階の人が一堂に会し，同じグループでブレストをする機会を作っている。各段階の人にとってそれぞれに参加のインセンティブがある。

カマコン初回参加者の「起業無関心者」が蛙飛びして，柳澤大輔氏（カマコンの中心人物，カヤック創業者）のようなスター起業家と定例会後にプライベートでの交友関係を築くのは少し難しいかもしれない。ただ，初回参加者であっても，一緒にブレストをした「起業準備者」や「初期起業家」とならば臆することなく気軽に話すことができるだろう。実はこうした身近なロールモデルの方が，「自分でも起業家になれる」という実現可能性を見出すことにつながりやすい。カマコンでは上述のような仕組みによって「起業無関心者」を広く集め，さらに「起業希望者」への移行をすすめ，鎌倉地域における創業機運を醸成している。

(4)　地域を基盤とした実践コミュニティ（COP）の参加と起業学習プロセス

カマコンの仕組みは，コミュニティ論からも部分的に説明付けられる。カマコンの定例会にみられる人と人のつながりはコミュニティの一形態といえる。広井（2009）によれば，コミュニティは，「内部の関係性」と「外部の関係性」の両者を原初から持っている。内部の関係性とは，「農村型コミュニティ」であり，その内容は「共同体的な一体意識」「集団内部における同質的な結びつき」であり，「情緒的・非言語的・文化・共同性・母性原理」といった性格を持つ。一方，外部の関係性とは，「都市型コミュニティ」であり，その内容は「個人をベースとする公共意識」「異なる集団間の異質な人の結びつき」であり，「規範的・言語的・文明・公共性・父性原理」といった性格を持つ。コミュニティは重層社会における中間的な集団であり，「関係の二重性」にコミュニティの本質がある。ここからカマコンにおける定例会の参加状況に見受けられた「オープン」と「クローズド」の両面性を理解することができよう。

さらに，カマコンに見られたテーマ性のある学習コミュニティは，「実践コミュニティ（COP：Community Of Practice）」の概念（ウェンガーほか，2002）により理解を進めることができる。実践コミュニティとは，「あるテーマに関する関心や問題，熱意などを共有し，その分野の知識や技能を，持続的な相互交流を通じて深めあっていく人々の集団」と定義される。この概念には地域性がない。実践コミュニティの目的は「知識の創造，拡大，交換および個人の能力開発」であり，メンバーは「専門知識やテーマへの情熱により自発的に参加する人々」，そのメンバーの結びつきは「情熱，コミットメント，集団や専門知識への帰属意識」にある。そして，実践コミュニティの基本的な構造については，一連の問題を定義する「知識の領域（ナレッジ・ドメイン）」，その領域に関心を持つ人々の「コミュニティ」，彼らがその領域内で効果的に働くために生み出す共通の「実践」，という3要素の組み合わせとして説明付けられる。「実践」とは，コミュニティ・メンバーが共有する一連のアイデア，ツール，情報，様式，専門用語，物語，文書など一連の方法である。この「実践」という共通の枠組みを理解していないと，そのコミュニティで活動できない。実践コミュニティという概念は，「知識創造の理論」と「コミュニティの理論」から「学習」を分析する単位と捉えられる。つまり，実践コミュニティ論とは，「知識学習コミュニティ」論と換言できる。カマコンという事例を見てきて分かるように，確かにそれを実践コミュニティとして捉えることもできよう。「鎌倉地域の活性化」というナレッジ・ドメインでの共有テーマにおいて，「ブレスト」などの共通のツールといえる実践にもとづき，熱意をもって自発的に参加する人々の相互交流のコミュニティがあるからである。

なお，実践コミュニティとは，学習者自身が内的に構築するものであり，外的に規定される「組織」とは意味合いが異なる。よって，「実践コミュニティ」の境界は，「組織」のように明確ではなく，曖昧であって，ビジネスユニットの内部に完全に収まるものもあれば，部門間の境界をまたぐもの，企業間の境界さえ超えるものもある。カマコンは，その運営体制が NPO 法人であり，会員制にもなっていることから，フォーマルな「組織」といえる。ただ，運営サイドや正規の会員という人でなくても，鎌倉地域に根差したカマコンに参加して何らかの関わりや帰属意識を持っている人々は多い。そうした人々からみればカマコンは組織の境界を超えた「鎌倉地域の実践コミュニティ」と捉えた方が理解しやすい。実践コミュニティの概念に地域性を導入した「地域 COP（長山，2012）」の事例として解釈できる。

次に，カマコンの熟達度（参加回数）に応じた参加者の位置づけであるが，それは「正統的周辺参加（LPP：Legitimate Peripheral Participation）」という概念（レイヴ＆ウェンガー［1991］）から検討可能である。LPP 論では，徒弟制の多様な形態に注目し，学習者の観点から，状況に埋め込まれた学習としての「実践コミュニティにおける正統的周辺参加」を示した。LPP とは，学習を捉える 1 つの方法であり，「行動による学習（learning by doing)」よりも包括的なものであり，状況的学習の考えをより一層定式化した概念といえる。当初，学習者は周辺的にコミュニティに参加するが，やがて，実践を通じた参加の度合いが高まり，コミュニティにおける十全的参加（full participation）へと移行する。学習とは，こうした参加のありかたの変化，すなわち，①学習者の知識やスキルの変化，②周囲の人々や人工物と学習者の関係の変化，③学習者自身のアイデンティティの変化，として捉えられる。この実践コミュニティへの参加という学習の考え方は，知識の形成が単なる伝達から受容の過程ではなく，メンバーの協働的活動による状況・関係性により生じ，知識の形成がその獲得とアイデンティティ形成という全人格的なものといえる。LPP の概念は，親方と徒弟の関係を脱中心化している。スキルは親方の中にあるわけではなく，親方がその一部になっている実践コミュニティにある，といった見方を示す。実際，徒弟にとっての親方は，あまりにも遠い存在であり，日々の教えは，先輩や他の徒弟（仲間同士）であることが多い。実践コミュニティには，単一の核や中心があるわけではない。「周辺的参加」という用語は，実践コミュニティのメンバーの多様な形態や多様な関係性という積極的な意味で使われている。

カマコンに初めて参加する新参者（＝起業無関心者）は，古参メンバーの「紹介」によって正統的に参加する。初めは周辺的な位置から参加するが，全人格的な十全的参加と，その参加の度合いが高まるにつれて，経験的な学習がすすむ。周辺から中心に向かっていくにつれて，「起業準備者」や「初期起業家」さらには「スター起業家」との関係性も生まれてくる。それは，カマコンという実践コミュニティへの参加を通じて，起業に至る①から④の段階をステップバイステップで学習するプロセスと捉えることができる。

(5)　地域におけるプロジェクトチーム・リーダー経験と起業学習

第1節で紹介したように，カマコンでは，定例会でアイデアを発表したプレゼンターがそのアイデアを「プロジェクト」として実現する事例が多数見られる。また，プロジェクト実行者がその後に起業するという事例も散見された。このプロジェクト実行の経験は，疑似的な創業経験となり，起業家にとっての「はじめの1歩」といえる起業学習となっているのである。プロジェクトの実行者は，定例会初回参加の「起業無関心者」ではない。カマコンに複数回参加して起業・起業家に少なからず興味を持った「起業希望者」か，その先の段階の「起業準備者」「起業家」がプロジェクト実行のリーダー役である。その意味で，カマコンは「起業無関心者」に向けての創業機運醸成事業のモデルケースにとどまらない。この項では，カマコンを「起業希望者」の創業実現率を高めるモデルとして，また，地域の多様な課題を解決するコミュニティビジネスの叢生モデルとして分析してみたい。

日本の起業家の多くは斯業経験があり，前職を辞めて「スピンオフ創業」するパターンをとる（日本政策金融公庫総合研究所『新規開業白書』各年版）。こうしたスピンオフ起業家は，前職の勤務時に新規事業（新製品開発・新市場開拓を含む）などプロジェクトチームのリーダー（役職）を経験していることがある（長山［2012］）。その場合，会社に雇用されながらも疑似的に起業家と同様の経験を持つため，創業後に失敗するリスクを低減しやすい。さらにプロジェクトチームのリーダーとしての成功体験があれば，その人は職業的アイデンティティを確立しやすく，会社共同体からの離脱さらにはスピンオフ創業という選択肢も生まれてくる。先行研究（本庄［2004］など）においても，「勤務経験のある起業家ほど新規開業後の収益性が高い」傾向が示されている。しかしながら，日本企業（特に大企業）の会社員の場合，誰もがプロジェクトチーム・リーダーの機会を得られるわけではない。20代に実績を上げて会社に認められ，30代以降に役職が就いてから初めて新規事業のプロジェクト・リーダーに抜擢されるといったキャリアが通常である。日本では起業する人の年齢層は高く，42.6歳が開業時の平均年齢である（日本政策金融公庫総合研究所「2017年度新規開業実態調査」)。学生，若者，女性など誰もが気軽にプロジェクトを企画し，チームを組成して，プロジェクトを完遂する経験を持つことが出来れば，日本のアントレプレナーシップ（起業活動）の裾野が広がるに違いない。

ここでいう「プロジェクトチーム」とは，公式な「組織」と同義ではない。組織や事業（ビジネス）といえば，通常，持続性や継続性を前提とする。「組織」は恒久的なゴーイング・コンサーンを志向する一方，「プロジェクトチーム」はあらかじめ終了時点が決められている。その点では，「プロジェクトチーム」と「コミュニティ」は共通しており，いずれも継続性・恒久性に欠ける。ただ，両者には違いがあり，「コミュニティ」はインフォーマルで境界が曖昧であるものの，「プロジェクトチーム」はフォーマルなものであり内外の境界も明確である。その点では「プロジェクトチーム」は「会社組織」と同じであり，組織に包含された1つの形態といえる。「プロジェクトチーム」は，「会社組織」と同じく共通目的があるが，前者はより限定された特定の職務遂行を目的におく（表10-1)。

新しい組織を作り新しいビジネスを興す「起業」は，当然ながら持続性や継続性を前提とするので，起業家には「失敗できない」重責がのしかかる。起業の準備段階や「起業希望者」の段階では，「プロジェクト」実行経験による起業学習が有効である。期間限定・目的限定の「プロジェクト」ならば，失敗できない「組織」と違ってチャレンジが容易となろう。ただ，注意したいのは，プロジェクトだからといって，まったくリスクがないという訳ではないことだ。少なからずリスクをとるという点において，「起業無関心者」に向けの啓発普及段階から一歩踏み出すことになる。実際，カマコンにおいてプロジェクトを実施したい人は，人材や資金といった必要資源を自ら調達しなければな

表 10-1 「プロジェクトチーム」の位置づけ

特性＼類型	プロジェクトチーム	会社組織	コミュニティ	実践コミュニティ
共通目的	特定の目標（職務）の遂行	共通の目標、営利	明確な目標はない（人と人のつながり・交流）	特定テーマにおける学習・知識創造
境　界 形　態	明　確 フォーマル	明　確 フォーマル	見えない インフォーマル	曖　昧 インフォーマル
メンバー	特定職務遂行のため、直接的に役割を果たす人々	マネージャーとその部下全員（指揮命令系統下の人々）	誰でもなれる 友人・知り合い	特定テーマに関する関心や熱意を共有し、専門的な知識や技能を相互に学習する人々
存続の期間	あらかじめ終了時点が決まっている（プロジェクトの完遂時）	恒久的（ゴーイング・コンサーン）	継続性がない（いつ始まり，いつ終わるのか不明）	有機的に進化して終わる（相互交流と学習に価値がある限りは存続する）

（出所）ウェンガー，E. ほか（2002）『コミュニティ・オブ・プラクティス』をもとに筆者作成。

らない。それでもカマコンから数多くのプロジェクトが生まれて成功している理由は，企画立案者のリスクが小さく済んでいるからであろう。カマコンでは，プロジェクト企画立案者が定例会でプレゼンし，その場で賛同者を増やし，一緒にプロジェクトを実行する仲間（協力者）を調達しやすい。また，カマコンが運営する鎌倉地域限定クラウドファンディングサービス「iikuni（イイクニ）」を利用して，プロジェクトの一部資金を調達することも容易にできる。こうして見れば，カマコンとは，鎌倉地域に数多くのプロジェクトチームを組成し，そこでのリスクを鎌倉地域でシェアする仕組みとも捉えられる。

(6) ローリスク・ローリターン型の多様な「地域コミュニティビジネス」創出

カマコンから生まれた「プロジェクト」は数多く，テーマも多様である。鎌倉という地域の経済成長に寄与するビジネス寄りのテーマもあれば，地域の自然環境や社会（住民の生活の質）・文化という非経済的側面を重視するテーマも見受けられる。カマコンのナレッジ・ドメインは，「鎌倉地域をよりよくする」という極めて広いものである。企業においてもドメインが広がれば，それだけ事業も多様なものとなる。同じように，カマコンという実践コミュニティのナレッジ・ドメインの広がりは，そこから生まれるプロジェクトのテーマを多様なものとする。また，地域の課題をプロジェクトのテーマとすれば，少なくとも地方行政の業務分掌と同じ数だけ生み出される。否，ここでのプロジェクトは，むしろ地方行政が解決できないニッチな地域課題に目を向けるので，より小口多数で多様なテーマとなる。実際，カマコンから生まれたプロジェクトの内容を見ればわかるように，その多くはローリスク・ローリターン型の「コミュニティビジネス」の領域に近い。

「コミュニティビジネス」という用語はここ10〜20年の間にずいぶんと浸透してきた。ただ，学術的な定義としては未だに確立したとは言い難い。序章で述べた「ベンチャービジネス」と同様であり，異質多元で多様な「中小企業」の概念に包含された1つの形態とだけはいえるだろう。「コミュニティビジネス」の定義を巡る議論では，「コミュニティ」の捉え方が大きな論点となる。「コミュニティ・ビジネス」という用語は，持続性や継続性を前提としない「コミュニティ」と，それを前提とする「ビジネス」を組み合わせた形容矛盾のある用語であり分かりにくい。そこで，本書では，一般的によく使われる「コミュニティビジネス」という用語を「地域コミュニティビジネス」と言い改めることとする。前項において，カマコンを「鎌倉地域の実践コミュニティ」といった地域COPと捉えたことと相通じるからである。そのように改名したとしても，先行研究（細内［2010］，風見・山口［2009］など）に挙げられているコミュニティビジネスの条件を引き継いでいる。

先行研究において，コミュニティビジネスの主な分野（テーマ）としては，①福祉，②環境，③情報，④観光，⑤食，⑥伝統工芸・ものづくり，⑦商店街・中心市街地，⑧まちづくり，⑨地域金融，⑩安全・防災，⑪子育て・教育，⑫文化・芸術，⑬スポーツ，⑭①〜⑬の中間支援組織などがある。こうした分類は，地域性によるものではなく，テーマ性にもとづくものである。ただ，多くの先行研究で共通している点は，「住民・市民の主体性」にもとづき，「地域の資源（シーズ）」を活かして，「地域の課題（ニーズ）」を解決する「スモールな事業」活動と捉えていることである。また，こうした活動から得られた利益は地域に還元することにより，地域の活力や雇用を創出し，地域内の経済循環性を高め，地域を活性化するビジネスモデルとも捉えている。既存文献における「コミュニティビジネス」の概念は，「地域密着性」という要素なしでは成立しないことが分かる。したがって，「地域コミュニティ・ビジネス」と表現した方がわかりやすくなる。

コミュニティビジネスの領域は，「社会性・非営利」と「経済性・営利」との中間的な活動領域にあるといわれる。社会貢献と経済活動の両立を目指した地域密着型ビジネスといえる。そのため，コミュニティビジネスの組織形態としては，「第一のセクター（政府など公共セクター）」と「第二のセクター（民間企業など営利セクター）」との中間的な「第三のセクター（協同組合・NPO 法人など民間非営利セクター）」として捉えるとイメージしやすい。それは，「政府の失敗」と「市場の失敗」を補完する社会的経済セクターともいえる。コミュニティビジネスの具体的事例として，「株式会社アモールトーワ（東京都足立区）」「有限会社すみだリバーサイドネット（東京都墨田区）」「有限会社ココ・ファーム・ワイナリー（栃木県足利市）」「株式会社黒壁（滋賀県長浜市）」「株式会社ア・ラ・小布施（長野県小布施町）」「株式会社いろどり（徳島県上勝町）」「馬路村農業協同組合（高知県馬路村）」などがよく取り挙げられる。いずれも，地域資源の活用および地域社会の課題解決を志向した，地域密着型ビジネスの成功事例として紹介される。そこでの「地域」とは，フェイス・トゥ・フェイスでの顔の見えるコミュニケーションが可能な地理的近接性のある空間といえる。政策対象範囲としては，市区町村の基礎自治体またはそれより狭域な自治組織といえる。

本章では，鎌倉市における「カマコン」を事例に挙げたが，その NPO 法人としての活動内容は「地域コミュニティビジネス」という概念に合致したものといえよう。「カマコン」は，鎌倉という地域密着型で多様なテーマ（①～⑬）のコミュニティビジネスを総合的にワンストップで支援する⑭中間支援組織といえよう。もっと正確に言えば，NPO 法人カマコンの支援対象は，コミュニティビジネスを創出する可能性のある潜在的起業家である。コミュニティビジネスの概念は対象範囲が広いので，コミュニティビジネスを創業する起業家もまた多様といえる。また，コミュニティビジネスはローリスク・ローリターン型のスモールな事業活動であるため，それを創業する起業家にとって敷居が低い。そのため，カマコンで「プロジェクト」を実現した潜在的起業家（「起業希望者」および「起業準備者」）は，その後，割と円滑にコミュニティビジネスの起業家となることができたのだろう。

なお，ここで提示した「地域コミュニティ・ビジネス」の起業家は，社会的課題に取り組む「ソーシャル・アントレプレナー（谷本［2006］）」との共通点が多い。ただ，ソーシャル・アントレプレナーといえば，新しい事業活動・新しいビジネスモデルの創造を通して，ソーシャル・イノベーション（社会的変革）をもたらす「社会的企業家」であると捉えられる。この点では，イノベーティブなベンチャービジネスを創造する企業家と近い。また，ソーシャル・アントレプレナーには地域性や地理的制約もない。「カマコン」のような創業機運の醸成や地域コミュニティ・ビジネスの創出をもたらす事例の場合，「ソーシャル・アントレプレナー」論はミスマッチといえよう。

(7)　基礎自治体単位における創業支援モデル：創業機運醸成とコミュニティビジネス創出を促す地域プラットフォーム

「カマコン」の事例分析を通じて，今後の日本のアントレプレナーシップ（起業活動）を促すための示唆を得た。それは，国でも都道府県でもなく，市区町村という基礎自治体単位だからこそ有効な創業支援モデルの提示である（図10-6）。

1つには，基礎自治体単位における創業機運醸成事業のモデル案である。創業機運醸成の支援対象は広いので，そもそもエリアを絞り込む必要があり，基礎自治体が政策主体となるのは至極当然なことである。国や東京都にとっては，ベンチャービジネスやユニコーン企業の創出を一点突破的に支援して，経済成長戦略に資することが肝要である。一方，市区町村においては，特定の産業や企業に絞った成長戦略を採用するよりもむしろ，地域住民を中心に据えた総合的で底上げ的なアプローチからの地域活性化戦略を進めたい。序章で述べられているように，地域活性化には，地域経済と地域社会の両面の発展的統合という総合性が求められる。全国的にみても基礎自治体の産業政策は，企業のみならず個人も支援対象に加えた「学習政策（梅村［2019］）」という新たな展開を迎えている。創業機運醸成事業とは「起業無関心者」という個人に対する起業学習プロセスであり，大半の地域住民がその支援対象となる。起業学習の

図 10-6　基礎自治体単位における創業支援モデル：「起業」を軸とした地域の総合政策

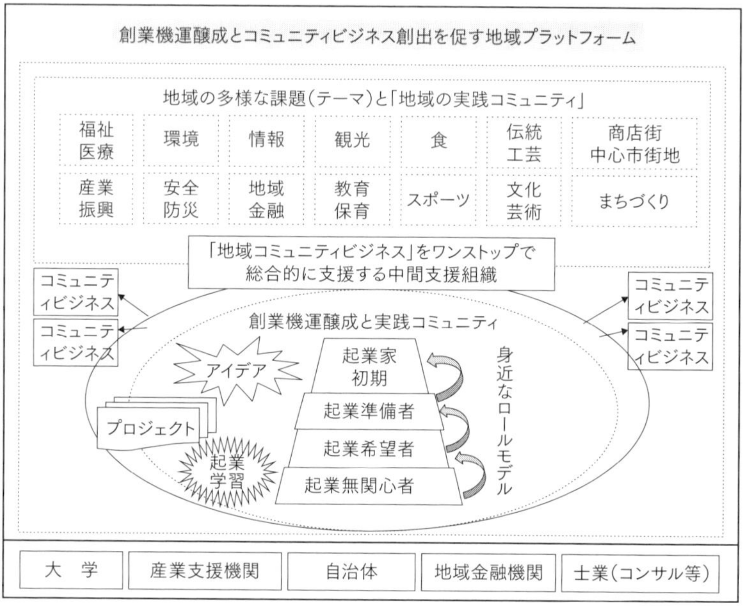

創業機運醸成とコミュニティビジネス創出を促す地域プラットフォーム

地域の多様な課題（テーマ）と「地域の実践コミュニティ」

福祉医療
環境
情報
観光
食
伝統工芸
商店街中心市街地
産業振興
安全防災
地域金融
教育保育
スポーツ
文化芸術
まちづくり

「地域コミュニティビジネス」をワンストップで総合的に支援する中間支援組織

コミュニティビジネス
コミュニティビジネス
コミュニティビジネス
コミュニティビジネス

創業機運醸成と実践コミュニティ

アイデア
プロジェクト
起業学習
起業家初期
起業準備者
起業希望者
起業無関心者
身近なロールモデル

大　学
産業支援機関
自治体
地域金融機関
士業（コンサル等）

（出所）筆者作成。

テーマは，多様な地域課題である。創業機運醸成事業における学習プロセスを通じて，こうした地域課題に対して主体的に関わり，課題解決に向けて行動をとる地域住民が増えてこよう。

これまでも各地域において，多様な地域課題（テーマ）に対する地域住民らの学習コミュニティ（COP）は数多く存在した。そして，基礎自治体とNPO法人等との連携により，多様な地域課題を解決するモデルも定着してきた。ただ，多くの場合，地域課題（テーマ）が違えば，コミュニティ（COP）も異なり，テーマを超越したCOP間の連携やメンバー間のつながりが希薄となりやすい問題があった。自治体行政では，それぞれの地域課題（テーマ）に応じた原局・原課があり，どうしても縦割りになる。こうした縦割り行政のもとでのNPO法人との連携は，垂直統合型のクローズドなものとなりがちであり，テーマに関心を持つ地域住民らの多くの参加を制約する。人口10万人超の規模の自治体行政ならば，多かれ少なかれ起こりうる問題であろう。創業機運醸成事業における起業学習プロセスでは，こうしたテーマを超越した「地域の実践コミュニティ（COP）」が形成される。そこでの共通の学習テーマは，「ローカル・アントレプレナーシップ」である。多様な地域課題に対してそれぞれに解決できる人（アントレプレナー）をつくるための地域学習モデルである。

もう 1 つは，基礎自治体単位におけるコミュニティビジネスの創出モデル案である。地域密着型でローリスク・ローリターン型の「小さな起業」を数多く叢生するモデルである。こうした「地域コミュニティビジネス」は，多様な地域課題に対して，地域資源を活用して解決し，地域活性化に貢献する。地域コミュニティビジネス創出にあたっては，「起業無関心者」対象の創業機運醸成事業と連動しながらさらに一歩進める必要がある。「起業希望者」や「起業準備者」など潜在的起業家に対し，地域ぐるみで起業実現可能性を高める支援を講じることが求められる。すでに多くの自治体では，商工会議所，中小企業支援センター，インキュベート施設，地域金融機関，地元大学などとの産学官民連携による創業支援体制，ワンストップでの創業支援の仕組み（プラットフォーム）を形成・整備している。これからは，基礎自治体単位の狭域な地域において，「カマコン」のような創業機運醸成とコミュニティビジネス創出をワンストップで促進・支援する仕組みが有効なモデルとなろう。

「カマコン」のモデルとは，①創業機運醸成にむけた起業学習のインフォーマルな「地域の実践コミュニティ」，②「地域コミュニティビジネス」を創出支援するフォーマルな中間支援組織，③①と②を階層的・段階的に連動させた持続可能な「地域プラットフォーム」，といった 3 要素を特徴に持つ。こうしたモデルを踏まえ，これからの基礎自治体は，多様な地域課題解決の担い手となる「地域コミュニティビジネス起業家（ローカル・アントレプレナー）」を増やすことに軸足を置いた地域総合政策・地域プラットフォーム戦略に着手すべきであろう。

3　研究コーナー：基礎自治体によるクリエイティブ都市政策・クリエイティブ産業政策，創造都市論の意義

「カマコン」に人が集まる理由は，本文に示したモデルのほか，鎌倉という

表 10-2　世界都市と創造都市

	都市規模	典型事例	経済の核	都市の主役	パワー源泉	都市間関係	経済循環
世界都市	大	少数 ニューヨーク，ロンドン，東京	金融，法人サービス	多国籍企業 国際金融センター	市場独占 垂直統合	ヒエラルキー	国際センター⇒ 地域内循環
共通要素	—	シリコンバレー，オースチン	企業本社 IT，ハイテク産業	ベンチャー企業， アントレプレナー	イノベーション 技術	ランキング 競争	—
創造都市	中小	多数 ボローニャ バルセロナ， バーミンガム 金沢	文化・芸術	創造階級・ 創造的人材 創造的コミュニティ	創造性 柔軟性 多様性 寛容性	ネットワーク	地域内循環⇒ 国際センター

（出所）加茂（2007）を筆者が加筆修正。

地域的特性にあるのかもしれない。もしそうならば「カマコン」モデルは事例特殊性があるといえる。鎌倉という都市を分析する際，その歴史性・文化性・芸術性・国際性を鑑みれば，「創造都市（クリエイティブ・シティ）」論からのアプローチに行き着く。創造都市とは，世界都市に対置した概念である。世界都市といえば，ニューヨークやロンドンのように国際金融センターや多国籍企業の集中立地があり，世界ナンバーワンを目指しての都市間競争に勝った少数の巨大都市のみを指す。そこで，世界都市のランキング競争に勝つことのできない中小規模の都市は，ボローニャやバーミンガムのように文化・芸術などの個性を国際的に発信することで，オンリーワンの創造都市を目指した。世界都市の理論が垂直統合のヒエラルキーな都市間関係を前提に置いているのに対し，創造都市の理論では水平的なネットワーク型の都市間関係を志向している（表10-2）。

実際，ユネスコは，2004 年，映画・音楽・芸術分野等における都市間のパートナーシップ促進を目的に「創造都市ネットワーク」を発足させている。それを受けて日本国内では文化庁マターで，2013 年に創造都市政策を推進するためのプラットフォーム「創造都市ネットワーク日本」が発足している。そこでは，創造都市について，「グローバリゼーションと知識情報経済化が急速に進展した 21 世紀初頭にふさわしい都市のあり方の一つであり，文化芸術と産業経済との創造性に富んだ都市」と定義し，2019 年 4 月末時点で 111 の自治体がこれに加盟している。他方，経済産業省は 2011 年にクリエイティブ産業（生活文化創造産業）課を設置し，「クリエイティビティが経済成長のエンジンになる」との認識でクリエイティブ産業政策を展開している。具体的には，クリエイティブ産業として，「コンテンツ（アニメ・漫画・映画・ゲームなど）・アート・ファッション・観光・食（グルメ）・地域産品・住まい・広告・デザイン」を指定し，これらを海外に積極的に輸出するクールジャパン政策を展開している。いずれにしても，日本では 21 世紀に入ってから文化庁・経済産業省といった国が主導して，クリエイティブ都市政策およびクリエイティブ産業政策を推進しているといえる。

さて，クリエイティブ都市ないしはクリエイティブ産業の理論であるが，ルーツはジェイコブズ（1961）にまで遡る必要がある。ジェイコブズは，都市発展の源泉として，異業種中小企業などの密集による「都市の多様性」に注目した。そして「都市の多様性がアイデア・新規企業・イノベーションを生み出す」と論じた。ジェイコブズのいう「イノベーション」はシュンペーターの論を踏襲しており，サードイタリア・モデルやシリコンバレー・モデルのような都市像を理想と考えていたように見える。21 世紀の世界的な創造都市ブームの火付け役は，ランドリー（2000）とフロリダ（2002）である。ランドリーは，「芸術文化のもつ創造性」に着目し，「文化遺産や文化的伝統にもとづく都市アイデンティティ」を重視した。フロリダは，ジェイコブズ論を継承し，「クリエイティブクラス（創造階級）が好んで居住する都市の経済的パフォーマンスの高さ」について，「創造性指数（ハイテク指標，ゲイ指標など）」の相関関係で実証した。具体的には，クリエイティブクラスの人材が集まる場所には，「3 つの T」すなわち「才能（Talent），技術（Technology），寛容性（Tolerance）」が揃っていること，その中でも特に，寛容性（倫理・人種・生活分野における開放性・包摂性・多様性）のある場所における「都市の創造性」を重視した。ランドリーとフロリダはどちらも，「人は誰でも創造性がある」「どの都市でも創造都市になりうる」といった考え方をもつ。そのため，創造都市は世界都市よりもハードルが低く，政策対象となる都市の裾野は広がることとなった。

【演習問題】

①日本の起業活動（アントレプレナーシップ）を高めるにはどうすればよいか，なかでも，地域において創業機運醸成事業を進めるにはどうすればよいか，具体的に提案しなさい。

②コミュニティビジネスの領域について整理しなさい。その際，中小企業，ベンチャービジネス，ソーシャルビジネス，協同組合，NPO，ボランティアとの共通点や違いを踏まえて整理しなさい。

③鎌倉市という基礎自治体において，クリエイティブ都市政策ないしはクリエイティブ産業政策を展開する場合，具体的にどのようなアプローチで進めるべきか，国主導の政策との違いを意識しながら論じなさい。

【文献案内】

バイグレイブ，W.D. ＆ザカラキス，A.（高橋徳行・田代泰久・鈴木正明訳）［2009，原著 2008］『アントレプレナーシップ』日経 BP 社。

起業家教育で有名なアメリカ・バブソン大学の教科書。ビジネスプランを策定するプロセスについて，具体的なケースを交えての実践的な解説がある。

細内信孝［2010］『コミュニティ・ビジネス』学芸出版社。

「コミュニティビジネス」の定義，視点，領域，特徴，課題について解説した基本書。先進事例の紹介もあるので，コミュニティビジネスという概念についての理解が深まる。

ウェンガー，E. ほか（野村恭彦監訳）［2002，原著 2002］『コミュニティ・オブ・プラクティス』翔泳社。

知識経済時代において重要な概念となる「実践コミュニティ（COP）」について詳しい解説がある。

フロリダ，R.（井口典夫訳）［2008，原著 2002］『クリエイティブ資本論』ダイヤモンド社。

20 世紀の工業経済の時代から，21 世紀の創造経済の時代へのパラダイムシフトを見通した文献。クリエイティブ・クラスの人々が集まる創造都市の経済成長やその条件について，膨大かつユニークなデータから実証的に明らかにした専門書。

【参考文献】

五十川龍［2019］「鎌倉地域における起業家輩出のメカニズム」『日本中小企業学会論集』第 38 号。

梅村仁［2019］『自治体産業政策の新展開』ミネルヴァ書房。

岡室博之「開業率の地域別格差は何によって決まるのか」［2006］橘木俊詔・安田武彦編『企業の一生の経済学』ナカニシヤ出版。

風見正三・山口浩平編著『コミュニティビジネス入門』学芸出版社。

鎌倉市・鎌倉草創塾［2014］「クリエイティブ産業支援策と経済効果調査――IT 産業を核としたクリエイティブ産業の発展に向けて」『平成 25 年度鎌倉市政策創造担当業務報告書』

加茂利男［2007］「世界都市と創造都市」佐々木雅幸・総合研究開発機構編『創造都市への展望』学芸出版社。

忽那憲治・安田武彦［2005］『日本の新規開業企業』白桃書房。

ケニー，M. 編（加藤敏春監訳）［2002，原著 2000］『シリコンバレーは死んだか』日本経済評論社。

駒澤大学経済学部・長山宗広ゼミナール［2018］『鎌倉地域における地域イノベーション・エコシステムの実態』

佐々木雅幸［1997］『創造都市の経済学』勁草書房。

ジェイコブス，J.（山形浩生訳）［2010，原著 1961］『アメリカ大都市の死と生』鹿島出版会。

杉山武志・瀬田史彦［2015］「コミュニティビジネスを通じて生成される創造的産業の担い手の「連帯性」に関する研究――神奈川県鎌倉市の「カマコンバレー」の取り組みを事例に」『日本都市計画学会 都市計画論文集』Vol.50, №. 3。

高橋徳行［2005］『起業学の基礎――アントレプレナーシップとは何か』勁草書房。

谷本寛治［2006］『ソーシャル・エンタープライズ』中央経済社。

中小企業庁編［2002］『中小企業白書 2002 年版』ぎょうせい。

ティモンズ，J.A. など（千本倖生・金井信次訳）［1997，原著 1994］『ベンチャー創造の理論と戦略』ダイヤモンド社。

中村剛治郎編著［2008］『基本ケースで学ぶ地域経済学』有斐閣ブックス。

長山宗広［2012］『日本的スピンオフ・ベンチャー創出論――新しい産業集積と実践コミュニティを事例とする実証研究』同友館。

長山宗広［2016］「東京圏におけるグローバル企業発のスピンオフ・ベンチャー叢生」『日本中小企業学会論集』第 35 号。

野中郁次郎・竹内弘高（梅本勝博訳）［1996，原著 1995］『知識創造企業』東洋経済新報社。

広井良典［2009］『コミュニティを問いなおす』筑摩書房。

本庄裕司［2010］『アントレプレナーシップの経済学』同友館。

港区政策創造研究所［2019］『港区におけるクリエイティブ産業実態調査報告書』

柳澤大輔［2018］『鎌倉資本主義』プレジデント社。

ランドリー，C.（後藤和子監訳）［2003，原著 2000］『創造的都市――都市再生のための道具箱』日本評論社。

レイヴ，J. &ウェンガー，E.（佐伯胖訳）［1993，原著 1991］『状況に埋め込まれた学習』産業図書。

終　章

地域政策と中小企業政策
——基礎自治体の地域産業政策

本章のねらい

本章では，戦後の地域問題と中小企業問題を振り返る。その際，世界経済および日本経済の状況を踏まえ，「戦後復興期（1945 年～54 年）」「高度成長前期（1955 年～62 年）」「高度成長後期（1963 年～72 年）」「安定成長期（1973 年～84 年）」「転換期・バブル経済期（1985 年～90 年）」「平成不況期（1991 年～2000 年）」「縮小期（2001 年～2018 年）」の 7 つに時代背景を区分して問題を整理していく（表終-1）。また，それぞれの時代における政策展開を見ていく。地域政策と中小企業政策の歴史的な変遷は，それ自体が地域問題と中小企業問題の具体的な展開を表現しているといえるからだ。地域政策と中小企業政策について時代を追って整理していくと，その重複領域が大きくなっており，ここから地域問題と中小企業問題の複合化している様相を捉えることができる。特に，地域政策と中小企業政策の接点としての地域産業政策については，「地域プラットフォーム整備事業」「産業クラスター計画事業」など具体的な施策を取り上げて考察する。これまでの国家主導型の地域産業政策をレビューしたうえで，新たな潮流としての基礎自治体単位の地域産業政策について注目して見ていきたい。併せて，現政権が進める「地方創生」についてレビューし，今後の政策課題を明らかにする。

(1)　戦後復興期（1945 年～54 年）

日本は太平洋大戦によって約 300 万人の死亡者を出し，国富の 4 分の 1 を失った。日本経済はこうした壊滅的状況からの再出発となった。敗戦によって日本は，米軍を中心とする GHQ（連合軍最高司令部）の占領下に置かれることとなった。GHQ により経済の民主化が指令され，財閥解体，農地改革，労働改革が行われた。経済の復興のために，政府は，石炭や鉄鋼などの基幹産業に限られた資材や資金を優先的に配分する傾斜生産方式をとった。ただ，復興は進まず，復興金融公庫債の日銀引き受けに伴う通貨量の急増で激しいインフレ

表終-1　地域政策と中小企業政策の変遷

時代区分	地域政策	中小企業政策	世界・日本経済の主な出来事
戦後復興期 1945〜54年	•国土計画基本方針（45年） •復興国土計画要綱（46年） •地方自治法（47年） •地方財政法，地方綜合開発，電力開発（48年） •総合国土開発審議会設置，地方自治庁発足，農村建設事業（49年） •国土総合開発法，首都建設法，北海道開発法（50年） •特定地域総合開発開始（51年） •農地法，電源開発促進法（52年） •離島振興法，町村合併促進法（53年） •地方交付税交付金制度新設（54年）	•中小企業対策要綱閣議決定（47年） •中小企業庁設置法（48年） 中小企業政策ツールの整備 •企業診断制度創設（48年） •中小企業相談所設置（48年） •中小企業等協同組合法（49年） •国民金融公庫設立（49年） •中小企業信用保険法（50年） •中小企業診断員登録制度（52年） •中小企業金融公庫設立（53年） •信用保証協会法（53年） •中小企業安定法（53年） •商工会議所法（53年）	•第二次大戦終結・敗戦（45年） 財閥解体，農地改革，労働組合法 国際連合発足（45年） •傾斜生産方式開始（46年） •日本国憲法施行，労働基準法，独占禁止法（47年） •IMF発足（47年） •ロイヤル声明（48年） GATT発足（48年） •ドッジライン，財政緊縮（49年） 1ドル360円，シャウプ勧告 中華人民共和国成立（49年） •外資法，朝鮮戦争特需（50年） •IMF，世界銀行に加盟（52年）
高度成長前期 1955〜62年	•石油化学工業育成対策（55年） •日本道路公団設立，首都圏整備法，新市町村建設促進法（56年） •東北開発促進法（57年） •首都圏工業等制限法，九州地方開発促進法（59年） •太平洋ベルト地帯構想（60年） •地方開発促進法，自治省発足（60年） •低開発地域工業開発促進法，産炭地域振興臨時措置法（61年） •全国総合開発計画（62年） •新産業都市建設促進法，臨海工業地帯開発計画（62年）	中小企業近代化，業種別近代化政策開始 •中小企業振興資金等助成法（56年） 都道府県の設備近代化資金融資 •小売商業の分野調整：百貨店法（56年） •下請代金支払遅延等防止法（56年） •機械工業振興臨時措置法（56年） •繊維工業設備臨時措置法（56年） •電子工業振興臨時措置法（57年） •中小企業団体法（57年） 組織化対策：商工組合・同連合会新設 •中小企業信用保険公庫法（58年） •小売商業調整特別措置法（59年） •中小企業退職金共済法（59年） •中小企業業種別振興臨時措置法（60年） •商工会法，経営改善普及事業（60年）	•神武景気（54〜57年） •GATT加盟（55年） •経済白書「もはや戦後ではない」（56年） •日ソ共同宣言，国連加盟（56年） •EEC成立（57年） •日米安保条約発効（60年） •国民所得倍増計画（60年） •OECD発足（61年） •農業基本法（61年） •キューバ危機（62年） •ケネディ米大統領暗殺（63年） •岩戸景気（58〜61年）
高度成長後期 1963〜72	•新住宅市街地開発法（63年） •工業整備特別地域整備促進法（64年） •市町村合併特例法，多摩ニュータウン計画（65年） •公害対策基本法（67年） •大気汚染防止法，騒音規制法（68年）	•中小企業基本法（63年） •中小企業近代化促進法（63年） •中小企業近代化資金助成法（63年） •中小企業指導法（63年） •中小企業投資育成株式会社法（63年） •小規模企業共済法（65年）	•オリンピック景気（62〜64年） •東京オリンピック（64年） •林業基本法（64年） •日本OECD加盟（64年） •ベトナム戦争（64〜75年） •いざなぎ景気（65〜70年） •4大公害訴訟（67〜69年） •大阪万博（70年）

<table>
<tr><th>時代区分</th><th>地域政策</th><th>中小企業政策</th><th>世界・日本経済の主な出来事</th></tr>
<tr><td>高度成長後期
1963～72年</td><td>•新全国総合開発計画：新全総（69年）
•減反政策開始（70年）廃止（2018年）
•田中角栄「日本列島改造論」，工業再配置促進法（72年）</td><td>•官公需法（66年）
•中小企業振興事業団設立（67年）
- 高度化資金融資
•第2近促（69年）構造改善計画制度導入
•下請中小企業振興法（70年）</td><td>•ニクソンショック（71年）
米，ドル金交換停止
•環境庁発足（71年）
•日中国交回復，沖縄返還（72年）</td></tr>
<tr><td rowspan="2">安定成長期
1973～84年</td><td>•工場立地法（73年）
•国土庁設置，国土利用計画法（74年）
•第三次全国総合開発計画：三全総（77年），工業再配置計画（77年）
•大分県「一村一品運動」（79年）
•田園都市国家構想（80年）
•テクノポリス法（83年）</td><td>•第3近促（73年），第4近促（75年）
知識集約化，ソフトな経営資源対策
•中小企業情報センター設置（73年）
•事業転換法（76年）
•分野調整法（77年）
•中小企業大学校設置（80年）
•異業種中小企業組織化推進事業（83年）</td><td rowspan="2">•円変動相場制へ移行（73年）
•第4次中東戦争，第一次オイルショック（73年）
•狂乱物価（74年）
•赤字国債大量発行（75年）
•ロッキード事件（76年）
•200カイリ漁業水域法（77年）
•中国改革開放政策開始（78年）
•第二次オイルショック（79年）
•世界同時不況（80～82年）
•新外為法・円の国際化（80年）
•レーガノミクス（81年）
•日米円ドル委員会（83年）</td></tr>
<tr><td colspan="2">•大規模小売店舗法，中小小売商業振興法（73年）
•伝統工芸品産業振興法（74年）
•特定不況地域中小企業対策臨時措置法（78年）
•産地中小企業対策臨時措置法（79年）
•墨田区，中小企業振興基本条例制定（79年）</td></tr>
<tr><td rowspan="2">転換期
バブル
経済期
1985～90年</td><td>•地方行革大綱，首都改造計画（85年）
•第四次全国総合開発計画：四全総（87年）
•リゾート法（87年）
•頭脳立地法，多極分散型国土形成促進法，ふるさと創生政策（88年）</td><td>•新事業転換法（86年）
•JETRO：輸入促進事業（86年），海外投資円滑化事業（87年），海外現地進出先支援事業（88年）
•中小事業団：海外進出指導事業（87年）
•産業構造転換円滑化臨時措置法（87年）</td><td rowspan="2">•プラザ合意，円高不況（85年）
•前川リポート，日米半導体協定ウルグアイラウンド交渉（86年）
•ブラックマンデー（87年）
•国鉄分割民営化（87年）
•リクルート事件（88年）
•消費税実施，株価最高値（89年）
•APEC発足（89年）
•マルタ会談・冷戦終結（89年）
•東西ドイツ統一（90年）
•不動産融資総量規制（90年）</td></tr>
<tr><td colspan="2">•地場産業総合振興策，特定地域中小企業対策臨時措置法（86年）
•融合化法（88年）
•地域ソフトウェア供給力開発事業推進臨時措置法（89年）</td></tr>
<tr><td>平成不況期
1991～2000年</td><td>•オフィスアルカディア構想（91年）
•地方拠点法（92年）
•環境基本法（93年）
•地方分権推進法（95年）
•21世紀国土グランドデザイン：五全総（98年）
•平成の市町村合併：特例債（99年）
•地域振興券交付（99年）
•循環型社会形成推進基本法（2000年）</td><td>•中小企業労働力確保法（91年）
•中小企業流通業務効率化促進法（92年）
•中小企業新分野進出等円滑化法（93年）
•中小企業創造活動促進法（95年）
•都道府県ベンチャー財団（96年）
•エンジェル税制導入（97年）
•投資事業有限責任組合法（98年）
•中小企業基本法の改正（99年）
•中小企業経営革新支援法（99年）</td><td>•湾岸戦争，ソ連崩壊（91年）
•リオ地球環境サミット（92年）
•EC市場統合（93年）
•ウルグアイラウンド合意（93年）
•NAFTA発足（94年）
•WTO発足（95年）
•阪神淡路大震災（95年）
•金融ビッグバン（96年）
•アジア通貨危機（97年）
•消費税率5%に引上げ（97年）
•拓銀，山一証券破綻（97年）</td></tr>
</table>

<table>
<tr><th>時代区分</th><th>地域政策</th><th>中小企業政策</th><th>世界・日本経済の主な出来事</th></tr>
<tr><td rowspan="2">平成不況期
1991〜2000年</td><td>•地方分権一括法（00 年）</td><td>•政府系 3 金融機関，セーフティネット貸付制度（00 年）</td><td rowspan="2">•大手銀行公的資金注入，金融監督庁発足（98 年）
•EU 通貨統合（99 年）
•食料・農業・農村基本法（99 年）
•介護保険制度開始（00 年）</td></tr>
<tr><td colspan="2">•特定商業集積整備法（91 年）
•大店法改正（92 年）
•特定中小企業集積活性化臨時措置法（92 年）
•JETRO：Local to Local 産業交流事業（96 年）
•特定産業集積活性化臨時措置法（97 年）
•地域産業集積活性化法（97 年）
•まちづくり三法：中心市街地活性化法（98 年），改正都市計画法，大店立地法（00 年）
•新事業創出促進法：SBIR，地域プラットフォーム整備（99 年）</td></tr>
<tr><td rowspan="2">縮小期
2001〜2018年</td><td>•農地法改正：農業法人化推進（01 年）
•三位一体の改革（02 年）
•都市再生特別措置法（02 年）
•各地で市町村合併の住民投票（02 年）
•構造改革特区（03 年）
•国土総合開発法から国土形成計画法へ（05 年）
•夕張市財政再建団体申請（06 年）
•まち・ひと・しごと創生法：地方創生本部設置（14 年）
•地域経済分析システム提供（15 年）
•新たな国土形成計画策定（全国計画）：対流促進型国土（15 年）</td><td>•中小企業挑戦支援法（03 年）
•都道府県に中小企業再生支援協議会設置（03 年）
•中小企業基盤整備機構法（04 年）
•新会社法，最低資本金廃止（05 年）
•中小企業経営承継円滑化法（08 年）
•中小企業等金融円滑化法（09 年）
•中小企業憲章閣議決定（10 年）
•東日本大震災に係る中小企業対策：復興緊急保証，復興特別貸付（12 年）
•小規模企業振興基本法（14 年）
•改正経営承継円滑化法：事業承継税制（18 年）</td><td rowspan="2">•米国で同時多発テロ（01 年）
•中国 WTO 加盟（01 年）
•失業率過去最悪（01 年）
•省庁再編 1 府 12 省（01 年）
•ユーロ通貨流通開始（02 年）
•イラク戦争（03 年）
•日本，人口減少へ（05 年）
•道路公団民営化，郵政民営化法，京都議定書発効（05 年）
•サブプライムローン問題（07 年）
•米国発世界金融危機（08 年）リーマンショック
•民主党政権（09 年〜12 年）
•日本 GDP 世界 3 位に後退（10 年）
•日銀が実質ゼロ金利政策（10 年）
•ギリシア財政危機（10 年）
•東日本大震災（11 年）
•タイ洪水日系企業被害（11 年）
•日本，貿易赤字へ（13 年）
•アベノミクス（13 年〜）
•消費税率 8％に引上げ（14 年）
•TPP 大筋合意（15 年）
•中国一帯一路，AIIB 設立（15 年）
•日銀，マイナス金利へ（16 年）
•英，EU 離脱通知（17 年）</td></tr>
<tr><td colspan="2">•地域クラスター政策：
産業クラスター計画（01 年），知的クラスター創生事業（02 年）
•リレーションシップバンキング機能強化 AP（03 年）
•中小企業新事業活動促進法（05 年）：新連携支援
•まちづくり三法の改正（06 年），地域商店街活性化法（09 年）
•企業立地促進法（07 年）
•中小企業地域資源活用促進法（07 年）
•農商工等連携促進法（08 年）
•地域イノベーション戦略推進地域・支援プログラム（11 年）
•地域イノベーション・エコシステム形成プログラム（16 年）
•地域未来投資促進法：地域経済牽引事業（17 年）</td></tr>
</table>

（出所）経済産業省，国土交通省，文部科学省の各資料等より筆者作成

を招いた。

戦後復興期の地域問題は，都市と農村の問題として捉えられる。都市部では，食料と物資が不足するなか，闇市場が形成された。戦地や植民地からの大量引き揚げにより人口が急増し，都市部での住宅問題は深刻化した。一方，農村では農地改革により自作農体制がつくられ，農地開拓も進み，食糧問題と過剰人口問題の同時解決に貢献した。こうした地域問題の解決は，荒れ果てた国土の復興を前提とするため，中央政府主導による国土政策のなかで進められた。

戦後復興期の最初の中小企業問題は，資材難・資金難による経営危機であった。戦後すぐに中小企業は軍需から民需へと生産を転換し，日用品生産の主たる担い手となり活況を呈していた。しかし，依存していた戦中からの資材ストックが枯渇すると，一転して危機に陥る。ここで中小企業の資材難・資金難に追い打ちをかけたのが，傾斜生産方式の決定であった。中小企業の多くは基幹産業に属していないため，資材・資金の調達に困難を極めたのである。こうした中小企業問題は社会問題化され，中小企業庁が設置された（1948 年）。ここからまずは，金融，組織化，診断・指導といった中小企業施策の基本的ツールの整備が行われた。

1950 年に朝鮮戦争が勃発すると米軍による多額の特需が発生し，日本経済は活気を帯び始めた。冷戦の激化とともに，アメリカは，日本経済の復興と自立を強く望むようになっていく。アメリカの強い影響を受けての戦後の経済復興であった。それは国土政策にも表れている。国土総合開発法（1950 年）にもとづく特定地域開発は，アメリカの TVA（テネシー川流域開発公社）方式を導入したものであった。この特定地域総合開発（51 年）により，河川やダム開発を通じての用水や電力が得られ，それが都市部での工業振興にも活かされた。電源開発促進法の制定（52 年）など，重化学工業を推進する政策が展開された。大企業が合理化投資で生産能力を高め，復興をリードした。51 年には戦前の鉱工業生産水準にまで回復し，53 年には実質国民所得や消費水準も戦前の水準を上回った。

(2)　高度成長前期（1955 年～62 年）

戦後復興をとげた日本は，1950 年代半ばごろから高度経済成長とよばれる急速な経済成長を続け，56年の経済白書には「もはや戦後ではない」と記された。55年から73年までの間，平均10％前後の実質経済成長率で成長を続け，この間にGNPは約6倍に拡大し，アメリカに次ぐ資本主義国第2の経済大国になったのである。この背景としては，IMF−GATT体制下での自由貿易の進展，世界的な好景気，原油価格の安定など，国際的な経済環境が良好であったことが挙げられる。そのうえで国内では，鉄鋼・電力・造船・石油化学などの重化学工業において，設備の大型化と工程の一貫化が進められ，規模の経済性が追求された。大企業では欧米からの先進技術が導入され，設備投資が旺盛なものとなった。国の産業政策として，繊維や雑貨等の輸出向け製品の高級化を図るとともに，重化学工業・機械工業のウエイトを高めていくといった，産業構造の高度化が図られた。

1950年代後半，中小企業問題は日本経済の二重構造問題として取り上げられ，その解決が中小企業政策の課題となった。当時の中小企業は，設備の老朽化，生産性の低さ，過小過多で過当競争といった状況にあり，産業構造の高度化を目指す日本経済において問題性のある存在とみなされたのである。また，「我が国雇用構造においては一方に近代的大企業，他方に前近代的な小零細企業・農業が両極に対立し，中間の比重が著しく少ない。いわば一国のうちに，先進国と後進国の二重構造が存在するのに等しい」といった指摘（『経済白書』1957年度）にあるように，雇用問題としての二重構造問題でもあった。さらには金融面の問題もあり，都市銀行による大企業向けの融資が集中する制度（融資集中機構）が強化され，一方の中小企業においては資金調達の困難を抱えていた。こうした問題を解決するため，中小企業近代化政策が開始された。具体的には，業種別近代化政策（機振法・電振法・繊工法）が開始され，中小企業の設備近代化と技術向上による合理化策が実施され，業種別の産業高度化政策への移行が進展した。

1960年代に入ると，火力発電所と隣接した石油化学コンビナートの造成が進む。港湾・鉄道・道路などの産業インフラが整備され，大都市臨海部の既存工業地帯への資本集中がより一層進んだ。「国民所得倍増計画（60年）」では，太平洋ベルト地帯にまで拡げて産業インフラを整備し，重化学工業の生産増強が図られた。ただこの計画には，太平洋ベルト地帯以外の開発から取り残された地方からの反発があった。そこで大都市と地方の格差是正という政策課題のもと，1962年に「全国総合開発計画（以下，全総）」は策定された。この第1次計画のあと，第5次まで全総は策定された（表終-2）。全総は，地域にかかわる各省庁の各分野の政策や計画を「国土」という共通の枠組みのなかで調整し総合化する国土政策となった。こうした中央政府主導による国土政策の問題意識には，日本列島という限られた狭い国土をいかに効率的に利用するかにあった。そのために，産業政策と一体化しての国土の開発と産業の配置を国家的視点から計画する必要があった。つまり，ここで地域政策といっても，それは国土開発政策であり，産業立地政策であった。

第1次全総では，「地域間の均衡ある発展」を基本目標に掲げ，「拠点開発方式」と呼ばれる開発方式が導入された。その具体化のため，「新産業都市建設促進法」が制定された。そこでは全国の要所に素材供給型重化学工業の開発拠点を育成し，関連産業の発展や周辺農村への波及効果まで期待する構想であった。基本目標に即して，工業の分散と集積の効果を同時に実現し，過密・過疎問題の解決を目指したものであった。ただ現実には，地方での素材生産拡大により大都市ではそれを加工する機械工業の集積が進み，意図とは逆に大都市圏への人口集中が進んでしまった。誘致合戦を繰り広げて新産業都市の指定を受けた地方の拠点都市地域では，産業インフラを整備して企業誘致による臨海性工業開発を進めた。しかしながら，財政の悪化や自然環境の破壊・公害問題を招くだけで，所期の目的であった地域全体の財産価値や所得水準の上昇にはつながらなかった。

(3) 高度成長後期（1963年〜72年）

日本経済は高成長を続け，神武景気（54年〜57年），岩戸景気（58年〜61年），オリンピック景気（62年〜64年），いざなぎ景気（65年〜70年）という大型景気を実現させた。高度経済成長の前期まで，日本の経常収支は赤字基調であった。景気が拡大してもその分の原材料などの輸入が大きく増えてしまい，やむをえずに景気を引き締める事態（国際収支の天井）が続いたのである。1960年代後半になるとようやく経常収支は恒常的に黒字を続けるようになった。日本はOECDにも加盟（64年）して先進国の仲間入りを果たすと同時に，資本取

表終-2　全国総合開発（概要）の比較

	全国総合開発計画（全総）	第二次全国総合開発計画（新全総）
閣議決定	1962年10月5日	1969年5月30日
策定時の内閣	池田内閣	佐藤内閣
背景	1高度経済成長への移行 2過大都市問題，所得格差の拡大 3所得倍増計画（太平洋ベルト地帯構想）	1高度成長経済 2人口，産業の大都市集中 3情報化，国際化，技術革新の進展
長期構想	—	—
目標年次	1970年	1985年
基本目標	〈地域間の均衡ある発展〉 都市の過大化による生産面・生活面の諸問題，地域による生産性の格差について，国民経済的視点からの総合的解決を図る。	〈豊かな環境の創造〉 基本的課題を調和しつつ，高福祉社会を目指して，人間のための豊かな環境を創造する。
基本的課題	1都市の過大化の防止と地域格差の是正 2自然資源の有効利用 3資本，労働，技術等の諸資源の適切な地域配分	1長期にわたる人間と自然との調和，自然の恒久的保護，保存 2開発の基礎条件整備による開発可能性の全国土への拡大均衡化 3地域特性を活かした開発整備による国土利用の再編成と効率化4安全，快適，文化的環境条件の整備保全
開発方式等	〈拠点開発構想〉 目標達成のため工業の分散を図ることが必要であり，東京等の既成大集積と関連させつつ開発拠点を配置し，交通通信施設によりこれを有機的に連絡させ相互に影響させると同時に周辺地域の特性を生かしながら連鎖反応的にに開発を進め，地域間の均衡ある発展を実現する。	〈大規模プロジェクト構想〉 新幹線，高速道路等のネットワークを整備し，大規模プロジェクトを推進することにより，国土利用の偏在を是正し，過密過疎，地域格差を解消する。
投資規模		1966年から1985年 約130〜170兆円 累積政府固定資本形成（1965年価格）

（出所）岡田ほか（2007）『国際化時代の地域経済学3版』145-146頁

第三次全国総合開発計画 （三全総）	第四次全国総合開発計画 （四全総）	新たな全国総合開発計画 （新全総）
1977 年 11 月 4 日	1987 年 6 月 30 日	1998 年 3 月 31 日
福田内閣	中曽根内閣	橋本内閣
1 安定成長経済 2 人口，産業の地方分散の兆し 3 国土資源，エネルギー等の有限性の顕在化	1 人口，諸機能の東京一極集中 2 産業構造の急速な変化等により，地方圏での雇用問題の深刻化 3 本格的国際化の進展	1 地球時代（地球環境問題，大競争，アジア諸国との交流） 2 人口減少・高齢化時代 3 高度情報化時代
—	—	「21 世紀の国土のグランドデザイン」一極一軸型から多軸型国土構造へ
おおむね 10 年間	おおむね 2000 年	2010 年から 2015 年
〈人間居住の総合的環境の整備〉 限られた国土資源を前提として，地域特性を生かしつつ，歴史的，伝統的文化に根ざし，人間と自然との調和のとれた安定感のある健康で文化的な人間居住の総合的環境を計画的に整備する。	〈多極分散型国土の構築〉 安全でうるおいのある国土の上に，特色ある機能を有する多くの極が成立し，特定の地域への入り口や経済機能，行政機能等諸機能の過度の集中がなく地域間，国際間で相互に補完，触発しあいながら交流している国土を形成する。	〈多軸型国土構造形成の基礎づくり〉 多軸型国土構造の形成を目指す「21 世紀の国土のグランドデザイン」実現の基礎を築く。地域の選択と責任にもとづく地域づくりの重視。
1 居住環境の総合的整備 2 国土の保全と利用 3 経済社会の新しい変化への対応	1 定住と交流による地域の活性化 2 国際化と世界都市機能の再編成 3 安全で質の高い国土環境の整備	1 自立の促進と誇りの持てる地域の創造 2 国土の安全と暮らしの安心の確保 3 恵み豊かな自然の享受と継承 4 活力ある経済社会の構築 5 世界に開かれた国土の形成
〈定住構想〉 大都市への人口と産業の集中を抑制する一方，地方を振興し，過密過疎問題に対処しながら，全国土の利用の均衡を図りつつ人間居住の総合的環境の形成を図る。	〈交通ネットワーク構想〉 多極分散型国土を構築するため，①地域の特性を生かしつつ，創意と工夫により地域整備を推進，②基幹的交通，情報・通信体系の整備を国自らあるいは国の先導的な指針にもとづき全国にわたって推進。③多様な交流の機会を国，地方，民間諸団体の連携により形成。	〈参加と連携〉 —多様な主体の参加と地域連携による国土づくり— 〈4 つの戦略〉 1 多自然居住地域（小都市，農山漁村，中山間地域等）の創造 2 大都市のリノベーション（大都市空間の修復，更新，有効活用） 3 地域連携軸（軸状に連なる地域連携のまとまり）の展開 4 広域国際交流圏（世界的な交流機能有する圏域）の形成
1976 年から 1990 年 約 370 兆円 累積政府固定資本形成（1975 年価格）	1986 年から 2000 年 1000 兆円程度 公，民による累積国土基盤投資（1980 年価格）	投資総額を示さず，投資の重点化，効率化の方向を提示。

引や貿易為替の自由化による開放経済体制への移行を迫られた。ここから日本では産業構造の高度化と国際競争力の強化が本格的に目指されることとなった。

中小企業政策においては，こうした時代背景のもと，先の二重構造問題の指摘も踏まえ，「中小企業基本法（63年）」が理念法として制定された。同法の前文・第一条にあるとおり，同法の高次の目的として「産業構造の高度化及び産業の国際競争力の強化」，具体的目的として「企業間格差の是正を目途とする中小企業の成長発展――中小企業の生産性及び取引条件の向上」が掲げられた。こうした目的を実現するための政策手段として，①中小企業構造の高度化（近代化・高度化・共同化），②事業活動の不利の補正，③小規模企業対策などが体系的に示された。同法の政策対象は資本金や従業員数という量的基準で示された中小規模の事業（会社および個人事業）であったが，主として製造業の中小企業を対象に育成する狙いがあった。同年には，産業構造の高度化政策の一環として中小企業の生産性向上を図るため，「中小企業近代化促進法（近促法）」が実体法として制定された。以降，近促法にもとづく施策が中小企業政策体系の中心となっていく。当時の中小企業問題とは，「過小過多」で「過当競争」であるゆえの「低い労働生産性・低い利益率」であった。そこで，近促法では，近代化設備の投資促進により「適正規模化」を図って中小企業の規模を大きくする。それに際して，改正近促法（第2近促）では，同じ業種や関連の深い事業者が協力して組合等を「組織化」し，業種ぐるみで事業の「共同化」「高度化」を進める，といった業種別の構造改善事業計画制度が施された。

地域政策（国土開発政策・産業立地政策）においては，輸出主導型の経済大国化，重化学工業の国際競争力の強化に資するため，「第二次全国総合開発計画（二全総）」が1969年に決められた。二全総では，太平洋ベルト地帯に対象を限定せずに，国土全体に開発可能性を拡大する計画であった。新幹線・高速道路・航空路といった高速交通ネットワークを形成し，主要都市を連結する。また，広域的な開発体制を整備し，「大規模プロジェクト」による開発方式がとられた。ただ，4大公害訴訟の被害住民側勝訴などを契機に，公害問題・環境問題に対する国民意識の高まりもあって，こうした大規模開発に対する見直しが求められた。さらには，田中角栄の「日本列島改造論」の発表（72年）をきっかけに土地投機による地価高騰を招き，インフレの進行と狂乱物価といった混乱が起こった。これにて，高度経済成長期における全国区での大規模な地域開発路線には見切りをつけられた。

(4) 安定成長期（1973年～84年）

1970年代に入ると，日本経済には陰りが見え始めた。これまでの過剰投資に労働力不足が加わって，企業の設備投資は鈍化し，経済成長率も低下し始めたのである。そこに追い打ちをかけるように，1973年，第1次石油危機（オイルショック）が起こった。第4次中東戦争を機にOPEC（石油輸出国機構）が原油価格を引き上げると，その影響は世界中に波及し，多くの国で不況とインフレが同時進行するスタグフレーションが生じた。日本経済の成長も減速し，73年から80年代前半の10年間の平均成長率は約4%にとどまった。政府は，「安定成長」を政策目標に掲げ，資源多消費型経済からの脱却，資本集約型から知識集約型への産業構造の転換を図ろうとした。鉄鋼や石油化学などの素材型重化学工業は，輸出の激減と生産稼働率の低下に見まわれ，深刻な設備過剰の状態に陥った。こうして国の産業政策のターゲットは，重厚長大型産業から軽薄短小型産業へとシフトしていった。機械工業やエレクトロニクス産業といった加工組立型産業の振興を図り，産業構造の転換を進めたのである。

国の産業政策の変更に呼応して，地域政策（国土開発政策・産業立地政策）も見直された。素材型重化学工業が産業政策のターゲットから外されると，臨海工業地帯における大規模開発も不要となった。代わって，加工組立型産業の振興にとって利点のある内陸部の地方工業都市の育成を図ることになる。地方工業都市では誘致企業のみならず中小製造業の立地と集積形成も進み，雇用の場が創出された。若者のUターン現象も見られるようになり，農村地域における生活様式の都市化も進んだ。1970年代には大都市圏（東京・大阪・名古屋）への転入超過が緩やかになり，地域間の所得格差も縮小していった。こうした時代背景のもと，1977年，「定住構想」を掲げた「第三次次全国総合開発計画（三全総）」が閣議決定される。三全総では，生産環境・自然環境・生活環境といった総合的な人間居住の環境整備をし，若者など人口の地方定住を促し，ひいては過疎過密問題へ対処することが目指された。

中小企業政策においても知識集約化路線への転換を図った。その考え方は，中小企業政策審議会意見具申『70年代の中小企業のあり方と中小企業の方向について（1972年）』に記されている。そこでは，中小企業の問題性よりもむしろ，中小企業の機動性を活かした環境への適応力を重視し，知識集約化策・事業転換策へと導いている。政府の認識としては，すでに60年代を通じて，大企業と中小企業における二重構造問題は解消したものとみなしていたのである。実際，中小企業の近代化は進み，60年代の10年間で，中小企業の賃金上昇率は毎年10％以上を続け，大企業との間の付加価値生産性格差も縮小した。70年代に入り，近促法は2回の改正が行われ，構造改善事業に知識集約化事業が導入された。中小企業の新商品開発や新技術開発が業種ぐるみで進められた。さらには，構造改善事業の対象に産地（地域産業集団）が加わり，中小企業政策に地域の視点が導入された。このほか，「伝統工芸品産業振興法（74年）」「産地中小企業対策法（79年）」にもとづく地場産業・産地振興策，「特定不況地域中小企業対策法（78年）」にもとづく特定地域振興策などが実施された。こうした70年代における産地性業種対策と不況地域中小企業対策において，地域視点をもつ中小企業施策のルーツを見て取ることができる。

1980年代に入ると，政府の「1980年代中小企業ビジョン」で発表されたように，中小企業に対する問題性の意識はより一層弱まり，むしろ，中小企業は「活力ある多数」として積極的に評価されるようになった。同じく，地域間の格差や過密・過疎の問題認識も後退し，この安定成長期は「地方の時代」の標語や「田園都市」構想に示されたように，地域固有の良さを再認識する機運が高まった。それから国は，「技術立国構想」のもと，産業構造の知識集約化と定住構想を結びつけ，産・学・住の調和したまちづくりを目指し，「高度技術工業集積地域開発促進法（テクノポリス法）」を制定（83年）した。新産業都市法のケースと同様，地方自治体による誘致合戦が行われ，全国に26地域が指定された。ただ，地方におけるハイテク企業の立地は進まず，その後テクノポリス法も廃止（98年）された。

(5) 転換期・バブル経済期（1985年〜90年）

日本経済は，二度のオイルショックを産業構造の転換と企業の減量経営により乗り切った。しかし，1985年のプラザ合意によって円高が急速に進み，輸出に依存していた日本経済は大きな打撃をうけた（円高不況）。円高の影響を回避するために生産拠点を海外に移す企業も多くなり（海外直接投資の増加），「産業の空洞化」問題が懸念されるようになった。前川リポート（86年）にも示されたように，規制緩和・市場開放と国内需要（内需）の拡大が課題とされた。一方で，円高不況対策としての低金利政策は，企業の設備投資に活かされるだけでなく，株式や土地の購入といった財テクを促すことにもなった。株価と地価が経済の実態をはるかに超えて上昇し，1980年代後半からのバブル景気をもたらした。

この時期の最大の地域問題は，「第四次全国総合開発計画（四全総）」にて掲げられたように，東京一極集中の是正であった。日本経済の国際化・情報化・サービス化の進展により，東京の立地優位性は以前にも増して高まっていた。東京には政府機関・国際機関・金融サービスなど専門的組織などが立地し，ビジネス情報が集まるので，大企業の本社は東京に集中した。そして企業本社の有する中枢管理機能（経営意思決定・人事・財務・法務・広報・マーケティング・研究開発）も東京に集中することとなった。四全総では，国際化時代における「世界都市・東京」を再評価してその活力を波及させるため，「多極分散型国土の構築」が目指され，「交流ネットワーク構想」による開発方式がとられた。重点的な地域開発として，首都圏の再開発と地方農山漁村のリゾート開発が推し進めた。首都圏の再開発とは，首都改造計画（85年）にあるとおり，東京に一極集中していた人口と中枢管理機能をより広域な首都圏で受け容れ，そのための周辺（神奈川・埼玉・千葉など）の業務核都市の開発を民間（大手デベロッパー）を活用して進めていくものであった。首都圏での都市開発ブームは，地方の中枢都市（札幌・仙台・広島・福岡など）へ飛び火して支店経済都市を生んだ。他方，農山漁村のリゾート開発は，「総合保養地域整備促進法（リゾート法，87年）」にもとづき進められた。新産業都市法，テクノポリス法に次ぐ3度目の自治体間競争・誘致合戦が繰り広げられた。大手資本主導の第三セクターが事業主体となり，ゴルフ場・スキー場・リゾートマンションなどの開発が投機性を伴って行われた。結果的に，こうした地域開発政策はバブル景気を煽るものとなった。

この時期の中小企業問題は，地域問題と同様，日本経済の国際化・情報化・

サービス化という激変にいかに適応するかにあった。そこで，円高不況業種や下請けの中小企業，輸出型産地や企業城下町の中小企業に対して，「新事業転換法（86年）」や「特定地域中小企業対策法（86年）」にもとづく新分野進出促進策が実施された。また，「融合化法（88年）」にもとづいて，異業種中小企業の交流促進と交流グループでの共同研究開発の支援も行われた。さらには，中小企業事業団や日本貿易振興会（JETRO）などによる中小企業の海外進出促進支援も矢継ぎ早に実施された。

(6) 平成不況期（1991年～2000年）

1990年代に入り，日本経済のバブル化を懸念した日銀が金融引き締め策に転じると，株価や地価が低落しはじめ，バブル経済は崩壊した。ここからの日本経済は長期にわたる低迷（平成不況）を続けることとなり，「失われた10年」と呼ばれた。日本企業の国際競争力は90年代に入って陰りを見せた。自動車・機械・化学などの分野では優位を保ったものの，IT（情報通信技術）や電機の分野では後れをとってしまった。こうした新たなハイテク分野では市場と技術のスピードが速く，アメリカのシリコンバレーに優位性があった。EMS（電子機器製造の一括受託サービス業）とファブレス企業との連携に象徴される国際的な生産分業も進展し，日本の国内完結型生産体制は崩壊した。日本の大企業体制とそのもとで構築された日本的経営システムが通用しない時代に突入したのである。自信喪失の日本企業では，事業の選択と集中，リストラをすすめ，終身雇用・年功賃金など日本的雇用制度も見直された。こうした雇用不安もあって，日本経済は出口の見えない閉塞感に陥った。

長引く不況は，地域と中小企業に同時に共通の問題をもたらした。それゆえに，地域政策と中小企業政策においても重複する施策が増えていった。80年代半ばからの「転換期」においても，円高対策と「産業の空洞化」を共通問題として，産地・産業集積や商業集積を対象とする重複施策はすでに見受けられた。それは平成不況期にも継続され，「特定中小企業集積活性化法（92年）」「地域産業集積活性化法（97年）」による産地・産業集積支援策，「特定商業集積整備法（91年）」「中心市街地活性化法（98年）」による商業集積支援策が展開された。そして，ついには平成不況さなかの90年代後半，地域政策と中小企業政策はいずれも共通の理念にあった「格差是正」の看板を同時に下ろすこととなった。代わって，「競争とイノベーション」という概念が導入された。根底には，レーガノミクスないしはサッチャリズム由来の新自由主義・市場原理主義，そのもとでの「小さな政府と規制緩和」「民間活力と市場メカニズム重視」「自助努力と競争促進」といった考え方が日本の社会・経済に蔓延していたことがあるだろう。

これまで4回の「全国総合開発計画」を見てきたとおり，地域政策とは，「地域間の格差是正」といった社会政策的性格を理念として建前に置く一方，実態面では国家の産業政策に軸足を置いた国土開発・地域開発であった。そして，いずれの全総も拠点開発主義・工場分散主義を基調とするものであった。特に地方都市の地域開発では，中央集権国家にもとづく大手資本・外部資本による「上から」「外から」の「外来型開発」が施され，結果的に公共事業や企業誘致に全面依存する他律的状況を招き，これが批判にさらされた。こうした外来型開発に対する批判もあって，五番目の計画では全総の考え方を全面的に改めることとなった。そして，98年，「新たな全国総合開発計画（五全総）」として「21世紀の国土のグランドデザイン――地域の自立と美しい国土の創造」が閣議決定された。五全総においては，「多軸型国土構造形成」が掲げられ，「地域の自立促進・イノベーション促進」が主題となり，地域特性を踏まえた産業地域の多様な構成員のイニシアチブによる「内発的発展」を目指すものとなった。

中小企業政策の変容は，政府が1990年に発表した「1990年代の中小企業ビジョン」に見て取れる。そこでは，中小企業に期待される役割として，①競争の担い手，②豊かな国民生活への寄与，③創造的挑戦の場の提供，人間尊重の社会への貢献，④個性ある地域づくりへの貢献，⑤草の根レベルの国際化の担い手，を挙げている。すでにこの段階において，これまでの社会的調整機能を有する中小企業政策体系からの転換が見られる。90年代半ばからは，創業・新規事業の支援策が次々と繰り出された。新規開業率が低下し，開廃業率の逆転が生じ，自営業者が減少していったためである。従来は中小企業の規模を大きくしながら集約して数を減らしていこうといった「適正規模化」政策が中心であった。創業支援とは小さな企業を増やすことになるので，これまでとは正

表終-3　中小企業基本法の新旧比較

<table>
<tr><th></th><th colspan="3">旧・中小企業基本法（1963年）</th><th colspan="3">新・中小企業基本法（1999年）</th></tr>
<tr><td>基本理念</td><td colspan="3">企業間における生産性などの諸格差の是正</td><td colspan="3">独立した中小企業の多様で活力ある成長発展</td></tr>
<tr><td>政策の柱</td><td colspan="3">○中小企業構造の高度化（生産性の向上）
・設備の近代化，事業共同化組織の整備など
○事業活動の不利の補正（取引条件の向上）
・過度の競争の防止，国などからの受注機会の確保，下請取引の適正化など</td><td colspan="3">○経営革新・創業の促進（自ら頑張る企業の支援）
・経営革新の促進（技術・設備・ソフト面の支援），創業の促進（情報提供・研修，資金供給円滑化等）など
○経営基盤強化（経営資源の充実）
・経営資源の確保，連携・共同化の推進，産業集積の活性化など
○環境激変への適応円滑化（セーフティネットの整備）
・経営の安定，事業の転換等の円滑化，共済制度の整備など</td></tr>
<tr><td rowspan="5">中小企業の定義
（いずれも以下，または）</td><td>産　業</td><td>資本金</td><td>従業員数</td><td>産　業</td><td>資本金</td><td>従業員数</td></tr>
<tr><td>製造業・その他</td><td>1億円</td><td>300人</td><td>製造業・その他</td><td>3億円</td><td>300人</td></tr>
<tr><td>卸売業</td><td>3千万円</td><td>100人</td><td>卸売業</td><td>1億円</td><td>100人</td></tr>
<tr><td rowspan="2">小売業・サービス業</td><td rowspan="2">1千万円</td><td rowspan="2">50人</td><td>小売業</td><td>5千万円</td><td>50人</td></tr>
<tr><td>サービス業</td><td>5千万円</td><td>100人</td></tr>
</table>

（出所）中小企業庁資料などをもとに筆者作成

反対の施策といえる。この時期の典型的な創業・新規事業支援策として「中小企業創造活動促進法（95年）」が制定されているが，同法は業種を定めずに個々のベンチャー企業や個人の創業と研究開発等を支援するものであり，すでに中小企業基本法（63年）の枠組みを超えていた。こうした実態面に合わせる形で，1999年，中小企業基本法は抜本的に改正された。新基本法（99年）においては，中小企業像を「画一的な弱者」といったイメージではなく，①新たな産業の創出，②就業機会の増大，③市場における競争を促進，④地域経済の活性化の役割を担う存在と規定しなおす。そして，旧基本法（63年）の基本理念であった「格差の是正（中小企業と大企業の間の生産性・賃金等の諸格差）」から転換し，「多様で活力ある独立した中小企業者の成長発展」を新基本法の政策理念とし，創業と経営革新（イノベーション）の促進を主題に置いた（表終-3）。この理念転換に応じ，実体法に位置づけられる「中小企業近代化促進法（63年）」も「中小企業経営革新支援法（99年）」へと切り替えられた。

このように90年代後半，地域政策と中小企業政策は，いずれも大きな理念の転換があった。どちらも「格差是正」から「競争とイノベーション促進」への転換があったと捉えることができよう。それは，国の産業政策の転換も影響している。戦後から振り返ってみてきたとおり，これまでにも地域政策と中小企業政策は，産業政策に即して展開されてきたところがある。平成不況期に日本の産業政策もまた大きく転換しており，アメリカ・シリコンバレー型のイノベーションを求めるようになった。国は産業政策の転換によって，自動車産業など一つのリーディング産業に牽引される産業発展モデルではなく，イノベーション促進による多極型の産業構造を目指すようになった。たとえば，1994年の産業構造審議会報告書「21世紀の産業構造」においては，12の新規・成長分野が提示された。続く，97年の「新規産業創出環境整備プログラム」，同年「経済構造の変革と創造のための行動計画」では，15の新規産業分野が示された。その中には，情報通信（IT）・バイオテクノロジー・環境関連など，サイエンス・ベースのハイテク型産業が選定された。また同時に，「国の産業政策」から「地域の産業政策」へと重心が移され，地域政策と中小企業政策においていずれも地方自治体の役割を重視することとなった。こうした理念転換の影響は，重複施策であった産業集積対策において顕著な変化が見て取れる。実際，産業集積対策は，従来の地域ぐるみや業種ぐるみの面的・底上げ支援ではなくなり，イノベーティブな中小企業の地域ネットワーク支援，地域の創業・ベンチャービジネス支援，シリコンバレーのような国際競争力のある産業集積の形成支援（産学官連携促進）へとシフトした。

典型例は，99年の「新事業創出促進法」である。同法の目的は，「新規開業率が低く廃業率を下回るなか，経済のダイナミズムを取り戻して雇用機会を確保するため，個人，企業，地域において豊富に蓄積された経営資源を活用し，新たな事業の創出を図ること」である。その骨格は，①創業等の促進，②中小企業技術革新制度（日本版SBIR）の創設，③地域における産業資源の有効活用－地域プラットフォームの整備（テクノポリス法・頭脳立地法を発展的解消して創設）である。地域プラットフォームの整備においては「地域の経営資源を活用した事業環境の整備を実施し，地域特性を踏まえた地域産業の自立的発展を図ること」を目的に置く。都道府県単位に設置された中核的支援機関をハブにして，既存の中小企業支援機関を結び付け，当該地域でワンストップの創業支援・新事業創出支援を実施できる体制が目指された。地域プラットフォーム整備事業は，「イノベーション」を重視した地域産業政策の枠組みで実施されており，新しい中小企業基本法と新たな全国総合開発計画の目指す基本方針を具現化した重複分野のツールと捉えることができる。

(7) 縮小期（2001 年〜2018 年）

2001 年からの小泉内閣では，新自由主義政策による「構造改革」を進め，日本経済の抜本的な再生がはかられた。構造改革の一環として主要銀行（メガバンク）の不良債権処理が早期に進められた（金融再生プログラム，2002 年）。一方で，中小・地域金融機関における不良債権問題は，「貸し渋り」や「貸し剥がし」による地域経済への影響が考慮された（リレーションシップバンキングの機能強化に関するアクションプログラム，2003 年）。「リレーションシップ・バンキング（長期継続する関係のなかから借り手企業の経営者の資質や事業の将来性等についての情報を得て融資を実行する中小・地域金融機関のビジネスモデル）」の機能を強化し，中小企業の再生と地域経済の活性化を図るための各種の取組みを進めることによって，不良債権問題も同時に解決していくことが目指された。また，構造改革では「小さな政府」が志向され，地方分権化を促す「三位一体の改革」が行われた。2002 年から 2007 年までの一時期，日本経済は景気回復期となるが，それは円安と世界的な好況による輸出の拡大が牽引したものであり，個人消費の伸びは緩慢で「実感なき景気回復」といわれた。むしろ「構造改革」のあとに残されたのは，所得格差の拡大，非正規雇用者の増大，地方の衰退といった負の遺産であった。2008 年，アメリカのサブプライムローン問題に端を発する世界金融危機があり，それが日本経済にも波及し，金融のみならず製造業にも大きな影響を与えた。少子高齢化の進行により，日本の生産年齢人口は 1995 年をピークにすでに減少に転じていたが，総人口も 2008 年をピークに減少に転じた。2012 年からの第 2 次安部内閣では「アベノミクス」とよばれる政策を掲げ，「量的・質的金融緩和」や「マイナス金利」という金融緩和策が導入されたが，デフレ経済からの完全な脱却に至らず，部分的な成果にとどまっている。

21 世紀の日本経済は人口減少下の縮小期に入り，これまで以上に生産性向上やイノベーション促進といった課題が重視されるようになった。国の産業政策としては，90年代後半からの流れを加速させ，イノベーションを柱とした国際的産業競争戦略と地域活性化戦略の好循環による経済成長が目指された（2004年の産業構造審議会「新産業創造戦略」，2006年の「新経済成長戦略」）。中小業問題と地域問題においても同様の認識を持ち，その課題を統合的に解決するため，先端分野の新産業を多極的に創造する地域産業政策が進展していった。地域プラットフォーム整備事業に続く，その象徴的な政策が「地域クラスター政策」である。2001年から，経済産業省の「地域再生産業集積計画（産業クラスター計画）事業」，文部科学省の「知的クラスター創成事業」，両者の総称である「地域クラスター政策」が展開され，「日本版シリコンバレー・モデル」の創出が目指された。当初，産業クラスター計画では，「公共事業や企業誘致に依存しない真の空洞化対策のため，世界に通用する新事業を創出する産業クラスターを各地で形成し，地域経済の牽引役となる」ことを基本的な考え方として示していた。経済産業省が自己評価を行った「産業クラスター研究会報告書（2005）」によれば，産業クラスターについて，「産学官連携及び企業間連携といった水平的なネットワークによって，互いの経営資源を活用した新事業が次々と生み出されるような，イノベーティブな事業環境が生まれ，この結果として比較優位を持つ産業が核となって産業集積が進む状態」と定義している。同様の文脈で中小企業のイノベーティブな異分野ネットワークによる新事業分野開拓に期待し，「新連携支援」を目玉とする「中小企業新事業活動促進法」が2005年に制定された。なお，同法は，「中小企業創造活動促進法（95年）」「中小企業経営革新支援法（99年）」「新事業創出促進法（99年）」を統合して一本の法律としたものであり，改正後の新中小企業基本法の本来の狙いに相応しい施策として仕上がっている。

さて，産業クラスター計画事業であるが，これは中小企業政策と地域政策を接合した地域産業政策の典型事例といえるため，以下，もう少しレビューしていく（詳しくは長山［2011］）。「第Ⅰ期の産業クラスター計画（2001～2005年度）」における全19プロジェクトの対象分野は，IT，バイオ，環境・エネルギー分野，ものづくりの大きく4分野に分けられる。「第Ⅱ期の産業クラスター計画（2006～2010年度）」では全17プロジェクトの対象分野が挙げられているが，いずれも国の産業政策のターゲットに対応したものであった。国の産業政策では，IT・バイオなどハイテク分野の新産業をターゲットに支援して国家競争力を高めていく。産業クラスター計画事業では，こうした国の産業政策に即して，地域における産学官連携やベンチャー企業支援策を講じ，新産業を創出していく。つまり，産業クラスター計画事業は，国が企画立案した産業政策を地域で実行するというスキームとなっていた。そこでの地域の単位は，全国各地にある国（経済産業省）の出先機関「経済産業局」が管轄する超広域エリア（道州制に近い地域ブロック）となっていた。旧態依然とした国と地方の分業関係，構想と実行の分離がそこにも見て取れる。仮に，国に忖度して，地域の特性や既存資源を無視し，親和性やシナジーのないハイテク分野に傾斜したならば，これまでの国家主導型地域産業政策に見られた「外来型開発」と何ら変わらない。

産業クラスター計画事業は2010年に「事業仕分け」で廃止され，その後は自律的発展期と位置付けられ，「民間・自治体等が中心となった地域主導型クラスター」として活動を移行された。ただ，国からの直接的な支援が終了した時点において，「産業クラスター」という用語はもはや賞味期限切れとなり使われなくなった。2009年から民主党政権に代わり，その下で「新成長戦略」が閣議決定されるが，産業政策のターゲットこそ違えども従来の枠組みと大きく変わるものではなかった。その後，地域産業政策としては，「産業クラスター」に代わって，「地域イノベーション」という名称を用いた各種施策・事業が実施されるようになった。地域イノベーションの促進にあたっては，「中小企業地域資源活用促進法（07年)」や「農商工等連携促進法（08年)」のように，中小企業の「新連携支援」を発展させた内容の施策・事業も見られた。それらは産業クラスター計画事業と同様，事業計画の認定を経済産業局が担うことになっていた。このように「地域イノベーション」関連の支援施策が対象とする「地域」とは，都道府県単位ないしはそれを超えた広域なリージョンと捉えることができる。

この時期で特筆すべきことは，「中小企業憲章」が閣議決定（2010年）されたことである。「中小企業憲章」の基本理念では，「中小企業は，経済やくらしを支え，牽引する」とし，中小企業の普遍的な存在意義を示す。さらに，「中小企業は，社会の主役として地域社会と住民生活に貢献し，伝統技能や文化の継承に重要な機能を果たす，国家の財産ともいうべき存在」とし，その経済的・社会的役割に対する考えを表した。また，「憲章」には，「中小企業の声を聴き，どんな問題も中小企業の立場で考えて政策につなげる」といった「行動指針」も明記されている。ここから「憲章」の位置づけは，既存の中小企業政策の枠組みを超えた，省庁横断の総合的な国民的経済社会の枠組みを示すものといえる。

(8)　現政権の進める「地方創生」と今後の政策課題

地域政策においても，省庁横断の総合的な枠組みとして，首相官邸・内閣官房では「まち・ひと・しごと創生本部（以下，地方創生本部）」が設置され，2014年に「まち・ひと・しごと創生長期ビジョン（以下，長期ビジョン）」および「まち・ひと・しごと創生総合戦略（以下，総合戦略）」が取りまとめられ閣議決定された（図終-1）。この「地方創生」政策立案の背景には，「ストップ少子化・地方元気戦略（以下，増田レポート）」および「消滅可能性都市リスト」による提言がある。増田レポートでは，日本の人口減少の流れを東京一極集中の問題と一体的に捉えた点に特徴がある。概して，出生率は地方に比べて大都市圏の方が低い。東京都の出生率は1.13と47都道府県で最も低い（2013年全

図終-1　「地方創生」ビジョンの概要

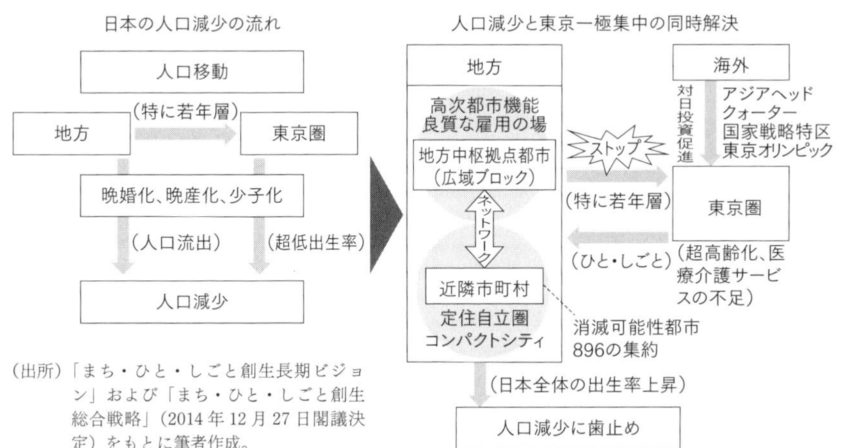

（出所）「まち・ひと・しごと創生長期ビジョン」および「まち・ひと・しごと創生総合戦略」（2014年12月27日閣議決定）をもとに筆者作成。

国 1.43)。一方で，地方から東京圏（東京都・神奈川県・埼玉県・千葉県合計）への人口移動は進んでおり，東京圏への転入超過数は約 10 万人（2013 年）であり，その大半は 20–24 歳，15–19 歳の若年層が占めている。超低出生率の東京圏に若年層が移動することにより，日本全体の出生率が引き下がり，ひいては日本全体の人口減少が加速する。そこで，「人の流れ」を東京圏から地方へと逆回転に変え，国民の「希望出生率（1.8)」を実現することにより，日本の人口減少に歯止めをかけようというのが増田レポートの提言である。

この提言を踏まえて国（地方創生本部）が策定した「長期ビジョン」では，①「東京一極集中」の是正，②若い世代の就労・結婚・子育ての希望の実現，③地域の特性に即した地域課題の解決，といった基本的視点を 3 点挙げた。そこでは地方と東京圏を対立構造と捉えずに，地方と東京圏がそれぞれの強みを活かして日本を創生すること，わけても東京圏は世界をリードする「国際都市」として発展し日本経済の成長エンジンとなることが期待されている。国の「総合戦略」では 2020 年の東京オリンピックを 1 つの区切りに今後 5 カ年の目標や施策を提示している。具体的には，①地域産業の競争力強化などにより地方における安定した雇用を創出する，②地方移住の推進や企業の地方拠点強化・地方大学の活性化などにより地方への新しいひとの流れをつくる（東京圏から地方の転出入を 2020 年に均衡させる)，③「しごと」が「ひと」を呼び「ひと」が「しごと」を呼び込む好循環を支える「まち」の創生には地域連携ネットワークによる経済・生活圏の形成，すなわち連携中枢都市圏（広域ブロック）や定住自立圏の確立が挙げられた。たとえば，地方中枢拠点都市（政令指定都市および人口 20 万人以上の中核市のうち，昼夜間人口比率が 1 以上の都市）に政策や資源を集中させ，そこに近接する集約化・コンパクトシティ化した小規模市町村をネットワーク化することが想定されている。

以上のような国（地方創生本部）の長期ビジョンと総合戦略・総合計画を勘案し，地方自治体（都道府県および市区町村）においても，地域の特性を踏まえた「地方人口ビジョン」と「地方版総合戦略・総合計画」を策定している。その際，地域の産官学金労（産業界・行政・大学・金融機関・労働団体）や住民代表も含めた多様な主体が参画して策定することが求められた。市区町村という基礎自治体（特に地方中枢拠点都市）においても，「地方版総合戦略・総合計画」

を策定し，「しごと」の観点から地域産業政策の主体的な展開を促す仕組みとなっている。名実ともに，内発的発展の理念に即した基礎自治体主導の地域産業政策の展開が期待された。ただ，やはり実態は，国（地方創生本部）が示した「しごと」に関する重点政策，すなわち「ローカルイノベーション」を範とする傾向が見て取れる。「ローカルイノベーション」政策の主は，「日本型イノベーション・エコシステム」の形成である。そこで言う「イノベーション・エコシステム」とは，「行政・大学・研究機関・企業・金融機関などの様々なプレイヤーが相互に関与し，絶え間なくイノベーションが創出される，生態系システムのような環境・状態」のことを指している。それはもちろん「シリコンバレー・モデル」が念頭にあり，政策としては「産業クラスター政策」との既視感がある。そのためか，基礎自治体（特に地方中枢拠点都市）の「しごと」に関する「地方版総合戦略」には，過去に実施してきた産業クラスター計画等を継承し，地域エコシステムによるローカルイノベーション戦略として再スタートを切る事例が散見される。違いは「地域」の範囲であり，これまでの都道府県単位ないしはそれを超えた広域な「リージョン」ではなく，基礎自治体単位の狭域な「ローカル」を地域産業政策の主戦場と捉えなおした点にあろう。

一方，「ひと」と「まち」に関しては，連携中枢都市圏（広域ブロック）という考え方にある。ローカルイノベーションにより「しごと」を創出した地方中枢拠点都市を「人口のダム」に見立て，地方の広域ブロック内で人口の流出に歯止めをかけようとしている。ここでの「コンパクト＋ネットワーク」という考え方は，「国土形成計画法（2005年）」にもとづく2015年の「新たな国土形成計画（全国計画）」においても，「対流促進型国土」構想として示されている。しかしながら，すでに国の「総合戦略」の第1期5カ年計画（2015～2019年度）の1つ，「2020年までに東京圏と地方の間の転出入を均衡させる」という目標は断念せざるを得ない状況にある。東京圏への人口集中はむしろ加速し，転入超過数は13.6万人（2018年）となってしまったからだ。戦後から振り返ってきてきたように，「過密・過疎」および「東京一極集中化」問題は，あらゆる政策資源を投入してきたものの，依然として解決の目途さえついていない。

ただ，現在は，「人口減少時代」「小さな政府」「ゼロ成長経済」「コンパクトな地域づくり」という「縮小期」にある点で，これまでとは前提条件が大きく異なっている。確かに，こうした「縮小期」においては，「地方創生」のような総合性の視点を持ち，基礎自治体単位（特に地方中枢拠点都市）でも地域産業政策を展開する仕組みが求められよう。問題は，個々の地域の立場から主体的に基礎自治体主導で地域産業政策を構想し実行できるか，という点にある。それには，基礎自治体のみならず，下からの草の根レベルの自発的な地域的協働の仕組みづくりが肝要となろう。その際，「中小企業憲章」の基本理念にあるとおり，地域の経済とくらしのバックボーンといえる中小企業者の役割は益々大きくなるだろう。基礎自治体単位の地域産業政策においては，地域イノベーションを促進するベンチャー企業よりもむしろ，地域社会の多様な課題を解決する「小さな起業家」「地域コミュニティビジネス」に期待するところが大きい。地域社会の多様な課題を解決する主体（小さな起業家）形成は，基礎自治体単位での地域ぐるみの面的な支援がよい。支援対象の多さと政策的資源の制約から，こうした「小さな起業家」の支援は，国・経済産業局および都道府県単位では困難であろう。何よりも，地域社会の課題（ニーズ）は，地域住民の身近な問題に拠るため，基礎自治体単位で解決すべきことである。こうして地域の範囲を基礎自治体区分の狭域なものと捉えていくと，中小企業問題と地域問題がより一層重複し複合化されていくに違いない。そうなれば，本章のように，中小企業政策と地域政策の統一的な理解や学びが欠かせなくなってくる。こうした統一的な理解をもってすれば，今後の基礎自治体単位における地域産業政策として，地域の多様な課題を解決するコミュニティビジネス起業家叢生の「地域プラットフォーム」形成支援策という一案が提示できるようになろう（詳細は第 10 章）。一方，国としては，基礎自治体単位で地域産業政策を構想・実行できる環境を整備すべきであろう。その意味で言えば，「地方創生」における国の支援として最も有効なツールは「地域経済分析システム（RESAS)」の導入であったのかもしれない。RESAS を活用して基礎自治体では政策立案の前工程である地域経済データの分析を効果的に進めているからである。無論，現場の問題は現場を這って見ないと分からない。いずれにしても，今後は基礎自治体単位において，内発的発展の理念のもと，中小企業振興と地域振興を統合化した施策や条例づくりが政策の潮流となってくるだろう。

研究コーナー：地域プラットフォームの理論

ここでは「地域プラットフォーム」という曖昧な概念について，本章の政策論を踏まえての検討を若干してみる。本章で取り上げた「新事業創出促進法(99年)」の「地域プラットフォーム整備事業」とは，当該地域における創業支援・新事業創出支援のワンストップな総合支援体制であった。また，前章（第10章）の事例分析では，鎌倉の「カマコン」について，創業機運醸成とコミュニティビジネス創出を促進・支援する仕組みと捉え，それを「地域プラットフォーム」という用語を使って表現した。いずれも「プラットフォーム」とは，「場」や「空間」，「仕組み」や「制度」といった文脈で用いられている。ただ，昨今において，「プラットフォーム」といえば，「プラットフォーム・ビジネス」を想起させる特別な意味を持つものであり，読者の解釈だけに任せれば，誤解を招く恐れがあろう。

今や，プラットフォームといえば，アメリカ・シリコンバレー発のGAFA（グーグル（Google），アップル（Apple），フェイスブック（Facebook），アマゾン（Amazon））や，中国発のBATH（バイドゥ（Baidu），アリババ（Alibaba），テンセント（Tencent），ファーウェイ（Huawei））のようなIT巨大企業のビジネスモデルを指すことが多い。このモデルの特徴の1つは，ある分野の市場を創設・支配し，先行者利益を「1人勝ち」する点にある。それは利用者が増えるほど製品やサービスの価値が高まるといった「ネットワーク効果（外部性）」が働くためである。本書（第1章，第2章）では，「集積の外部経済（マーシャル，1890)」など集積メリットについてすでに学んでいるので，ネットワーク効果について理解しやすいだろう。ただ，違いも大きく，前者では，現実空間における企業と企業の取引関係についての理論であったが，後者のプラットフォーム・ビジネスではサイバー空間における個人と個人の関係性にまで議論が拡がっている。ここでいうネットワーク効果とは，「データ経済」「シェアリングエコノミー」さらには「第4次産業革命」とも言われる時代だからこそ働くものである点に留意したい。

もう少し，プラットフォーム・ビジネスの構造について，特にECサイト

（電子商取引）に絞って言えば，「規模の経済」と「範囲の経済」の両面を統合してネットワーク効果を発揮しているものと捉えられる。EC サイトでは，消費者（ユーザー）が大勢集まれば，サイトに出店する店舗（ネットショップ）も増え，また出店数が増えれば，サイトを利用する消費者数も増えるといった点で，消費者と店舗の 2 つの経済主体の間に正の相互依存関係，シナジーがある。サイトの片面では多数の消費者と需要の拡大による「規模の経済」が働き，もう片面では多様な商品・サービスを供給する多様な店舗が 1 カ所に集まることで「範囲の経済」が働く。さらにはサイバー空間ならではの「収穫逓増の法則」を働かせ，消費者と店舗の自己増殖的な好循環が持続する「エコシステム」となれば，当該サイトの価値は指数関数的に増大する。

このようにプラットフォーム・ビジネスは，需給をマッチングする市場機能を有しているといえる。ただ，現代経済における市場には失敗があり，市場の不確実性はますます高まっている。本書（第 2 章，第 3 章）では，すでに「柔軟な専門化（ピオリ＆セーブル，1984)」の概念，取引コスト（探索と情報，交渉と意思決定，監視と危険負担に関する費用）を削減する「フレキシビリティ論」を学んだ。そこでのサードイタリア・モデルは，産地と市場の物理的な距離に伴っての「情報の非対称性」に対し，産元商社に類するリンケージ企業の取引ガバナンス機能や，産地の地域的共同体・産業コミュニティにもとづく「市場の社会的構築」により応じたとされる。これに関連して，本書（第 6 章）では，「ソーシャルキャピタル（パットナム，1993)」や「ゲートキーパー（アレン，1977))」の概念を取り上げ，産業集積およびネットワークと取引コストの問題に迫っている。EC サイトのサイバー空間におけるユーザーとネット店舗との間の「情報の非対称性」は，現実空間の企業間の取引関係に比べてはるかに大きいものといえる。この問題に対し，EC サイトでは「評価（レビュー）システム」や補償制度・ネット決済制度などにより解決策を講じている。こうした仕組みによりサイトの信用力を高め，サイトの価値を増大させる。サイトを運営するプラットフォーマーは，ある分野の市場を創設し，公共性のあるインフラを提供しているようにも見える。

従来，プラットフォームといえば，鉄道駅，車台，OS（Windows のような基本ソフト）など何らかが上に載る基盤を意味しており，特定分野のインフラ機能を有するものであった。近年流行りのプラットフォーム・ビジネスにおいても，階層的な「レイヤー構造」という同様の特徴を持っている（根来，2017）。ECサイトの場合，プラットフォーム運営者が創設した基盤サイトの上でプレイヤー（ユーザーとネット店舗）が売買する。シェアリング型の場合，基盤サイトの上でプレイヤー（個人と個人）が貸借する。プラットフォーマーは，基盤サイトを作り，その上で取引するプレイヤーを仲介（マッチング）する。さらには，サイト上のプレイヤーの取引情報を収集・蓄積し，「ビッグデータ」を獲得する。プラットフォーマーは，AI（人工知能）の深層学習（ディープラーニング）機能を活用してこのビッグデータを解析し，基盤サイトの価値をさらに高める新たな商品・サービスを開発する。この時点でプラットフォーマーにとってのサイト上のプレイヤーは「データ」に置き換わる。そして，サイト上のネット店舗とサイト運営のプラットフォーマーとの間の収益性の格差は拡大する。本書（第4章）では，「下請け制」の議論についてすでに学んでいるので想像しやすいだろう。ここでは，ユーザー（個人）もいつしか当該サイトに強く依存し，「自発的な服従」となる状況がさらに加わる。

昨今のプラットフォーマーの勢いは凄まじく，AIとビッグデータを活用して，サイバー空間のみならず現実空間にまでビジネスを拡げ，業種業界の垣根，国境も容易に超えている。本書においても，業種業界の垣根を超える企業間関係について「産業クラスター：第7章」の概念を取り上げ，国境を超える企業間関係について「グローバル価値連鎖（GVC）モデル：第3章」の概念を紹介している。ただ，ここでいうプラットフォーム・ビジネスは，企業間の取引関係だけではなく個人と個人の関係，大衆とデータを対象としているので留意したい。プラットフォーマーは，大衆の生活スタイルをスマートに変革する未来志向の社会的イノベーションをもたらしつつある。実は，日本政府も同じような未来社会のコンセプトを「ソサエティ5.0（Society 5.0）」として第5期科学技術基本計画において描いている。内閣府によれば，ソサエティ5.0とは，「サイバー空間と現実空間を高度に融合させたシステムにより，経済発展と社会的課題の解決を両立する人間中心の社会」であり，狩猟社会（Society 1.0），農耕社会（Society 2.0），工業社会（Society 3.0），情報社会（Society 4.0）に続く新たな社会を指す。国家が目指す未来のスマートな社会は，プラットフォーム・ビジネスの社会的イノベーションによって具現化されるということなのだろうか。確かに，中国では，政府がプラットフォーマーと協調し，あらゆる分野の現実空間においてスマートな社会への変革が先行している。14億人のデータを使って実証実験を繰り返し，標準化された基盤をトップダウンでスピーディに社会に実装することができるのが中国の優位性といわれる。一方これに対し，プラットフォーマーは民主主義を脅かす存在として，先進国では危惧されている。

このように「プラットフォーム」という用語は，本書のこれまでの文脈とは齟齬がある。それでも敢えて「地域プラットフォーム」という形容矛盾な用語を使ったのは，巨大グローバル企業（プラットフォーマー）と国家との対立や協調を通じた社会変革とは違う，オルタナティブなもう1つ別の経路を示したいという考えによる。それはソサエティ5.0で描かれた「経済発展と社会的課題の解決を両立する人間中心の社会」づくりに向けて，「地域」と「中小企業」という固有性と多様性のある存在を主役とする経路である。実際，本書（第5章の墨田区，第6章の台東区，第10章の鎌倉市）では，地域を基盤とした中小企業や起業家等の協働学習により，地域固有の経済的社会的な課題を解決する多様な主体形成の事実発見があった。地域を基盤とした起業学習には，創業支援のワンストップな総合支援体制に重ね，起業無関心者から起業希望者・準備者・初期起業家へと連なるロールモデルが階層的な「レイヤー構造」のように見て取れた。ここでのレイヤー構造は，巨大ITプラットフォーマーのそれとは違い，起業学習する主体とそのアイデンティティがいくつもの時代を変遷して当該地域で形成されたものである。こうした地域は「実践知の地層」のような歴史性と階層性を兼ね備えた起業学習の基盤（プラットフォーム）となる。

しかしながら，多くの地域では，プラットフォームと呼べるような，起業家を持続的に輩出する仕組みにまで至っていない。シリコンバレーを政策的に再現する「地域エコシステム（西澤ほか，2012）」という選択肢もあるが，それは大学発ベンチャーの集積とハイテク産業の形成支援が主であり，都道府県ないし広域ブロック単位で実施する国家イノベーション政策といえる。本章で提言する基礎自治体（市町村）単位で進める地域産業政策とは，地域の起業学習の基盤の上において，地域固有の多様な課題（テーマ）を解決する主体を形成・

育成するものである。その主体は広義の「アントレプレナー」である。多くの地域において欠けているのは，IT プラットフォーム・ビジネスでも決定的に重要な「ネットワーク効果（外部性）」であろう。第 10 章の鎌倉の事例が参考になる。起業学習のテーマの多様性と実践コミュニティの多様性，それらを地域という基盤の上に載せる中間支援機関の存在がポイントである。さらにそこでのネットワーク効果を高めるためには，基礎自治体による地域産業政策・創業支援が必要となる。基礎自治体は，「民主主義の学校」といわれる地方自治のもと，地域の「アントレプレナーの学校」を支える中間支援機関をバックアップし，起業学習を軸とした地域の総合政策（経済・産業，教育，環境，医療・福祉，まちづくり）を実施すべきである。「創業支援を総合政策とする（堀，2018)」ことでネットワーク効果をより高める。「地方創生」のゴールに即せば，地域が人や企業を集める磁力の強い基盤（地域プラットフォーム）となることは，財政面の観点からしても基礎自治体にとって最重要の課題となろう。

本章（研究コーナー）では，「地域プラットフォーム」の概念を政策論（地域政策・中小企業政策）として検討してきた。巨大グローバル IT 企業のプラットフォーム・ビジネスを引き合いに出すことで，かえって読者を混乱させ，蛇足となった面も否めない。ただそれでも，敢えて「プラットフォーム」という概念を紹介したかといえば，本書で取り上げた「産業集積論」など既存の理論との違いがどこにあるのか一緒に考えてもらいたいからだ。先人がつくりだした理論の背後には，その当時に起こった現実の経済的社会的事象があり，そこから何らかの法則性を解明し一般化したものが多い。理論は過去の事象にもとづくので陳腐化する。ただ，今起こっている現実の複雑な事象を解明する際の手がかりとなってくれる。既存の理論とのギャップ，違いを分析していくことが研究の醍醐味である。既存の理論で解けない事象こそが「面白い」研究のテーマとなる。何が面白いのか，どこが面白いのか，違いが分かるには，既存の理論や概念を学んでおく必要がある。それが研究の出発点である。

【参考文献】

安東誠一［2008］「日本の地域政策」中村剛治郎編著『基本ケースで学ぶ地域経済学』有斐閣ブックス。

岡田知弘・川瀬光義・鈴木誠・富樫幸一［2007］『国際化時代の地域経済学（第３版）』有斐閣アルマ。
清成忠男［2009］『日本中小企業政策史』有斐閣。
植田浩史・桑原武志・本多哲夫・義永忠一・関智宏・田中幹大・林幸治［2014］『中小企業・ベンチャー企業論（新版）』有斐閣コンパクト。
黒瀬直宏［1997］『中小企業政策の総括と提言』同友館。
鈴木誠［2019］『戦後日本の地域政策と新たな潮流——分権と自治が拓く包摂社会』自治体研究社。
中小企業庁編［1999］『中小企業政策の新たな展開』同友館。
中小企業庁編［2000］『新中小企業基本法——改正の概要と逐条解説』同友館。
中小企業事業団・中小企業研究所編［1985］『日本の中小企業研究』有斐閣。
中小企業事業団・中小企業研究所編［1992］『日本の中小企業研究 1980–89』同友館。
中村剛治郎［2000］「地域政策」田代洋一・萩原伸次郎・金澤史男編『現代の経済政策（新版）』有斐閣。
長山宗広［2004］「地域産業の活性化に向けて———地域産業政策，地域金融機関の地域振興支援」浜松信用金庫・信金中央金庫総合研究所編『産業クラスターと地域活性化』同友館。
長山宗広［2011］「産業クラスター政策」永山利和編著『現代中小企業の新機軸』同友館。
長山宗広［2012］『日本的スピンオフ・ベンチャー創出論——新しい産業集積と実践コミュニティを事例とする実証研究』同友館。
西澤昭夫・忽那憲治・樋原伸彦・佐分利応貴・若林直樹・金井一頼［2012］『ハイテク産業を創る地域エコシステム』有斐閣。
根来龍之［2017］『プラットフォームの教科書』日経 BP 社。
フーコー，M.（田村俶訳）［1977，原著 1975］『監獄の誕生－監視と処罰』新潮社。
フーコー，M.（慎改康之訳）［2012，原著 1969］『知の考古学』河出書房新社。
堀潔［2018］「オランダにおける小規模起業の増加—我が国起業政策への示唆」『商工金融』第 68 巻 11 号。
三井逸友［2011］『中小企業政策と「中小企業憲章」——日欧比較の 21 世紀』花伝社。
渡辺幸男・小川正博・黒瀬直宏・向山雅夫［2013］『21 世紀中小企業論（第３版）』有斐閣アルマ。

人名索引

事項索引

さ 行

た　行

な　行

は　行

ま・や行

ら・わ行

欧　文

《執筆者紹介》

長山宗広（ながやま・むねひろ）編著者　はしがき・序章・第8章・第10章・終章

編著者紹介欄参照。

奥山雅之（おくやま・まさゆき）第1章

1966年　生まれ。

2015年　埼玉大学経済科学研究科博士課程修了。博士（経済学，埼玉大学）。

現　在　明治大学政治経済学部准教授。

主　著　「需要縮小期における和装産業の取引変容と集積――リスク増大と分業構造変化が集積に与える影響」『地域活性研究』Vol.9，地域活性学会，2018年。

「中小企業によるグローカルビジネス・マネジメントに関する一考察――国際戦略行動分析の視点と理論的枠組」『経営教育研究』Vol.21，No.2，学文社，2018年。

『中小企業のイノベーションII――事業創造のビジネスシステム』（共著）中央経済社，2003年。

山本篤民（やまもと・あつたみ）第2章

1973年　生まれ。

2002年　駒澤大学大学院経済学研究科経済学専攻博士課程満期退学。

現　在　日本大学商学部准教授。

主　著　『現代の産業・企業と地域経済』（共著）晃洋書房，2018年。

「中小企業の維持・発展と地域経済の活性化に向けて――地場産業の中小企業を中心に」『日本中小企業学会論集』第37号，同友館，2018年。

『21世紀中小企業のネットワーク組織』（共著）同友館，2017年。

遠山恭司（とおやま・きょうじ）第3章

1969年　生まれ。

1997年　中央大学大学院経済学研究科経済学専攻博士後期課程単位取得退学。

現　在　立教大学経済学部経済政策学科教授。

主　著　「中小企業における直接輸出ビジネスモデルの一考察――プラットフォームと標準化」『中小企業季報』2018年第4号，大阪経済大学，2019年。

『日本自動車産業の海外生産・深層現調化とグローバル調達の変化』（共著）社会評論社，2017年。

「国際競争下におけるイタリアの地域産業の変容」『日本政策金融公庫論集』第14号，日本政策金融公庫総合研究所，2012年。

長谷川英伸（はせがわ・ひでのぶ）第4章

1982年　生まれ。
2013年　兵庫県立大学大学院経営学研究科博士後期課程単位取得退学。
2015年　博士（経営学，兵庫県立大学）。
現　在　玉川大学経営学部国際経営学科准教授。
主　著　『現代中小企業のソーシャル・イノベーション』（共著）同友館，2017年。
『時代の車窓から見た中小企業』（共著）晃洋書房，2012年。

中島章子（なかじま・あきこ）第5章

1986年　生まれ。
2015年　駒澤大学大学院商学研究科商学専攻博士後期課程単位取得退学。
現　在　駒澤大学経済学部非常勤講師。
主　著　「都市型中小企業研究の現代的意義――東京都墨田区を中心とした印刷業の事例から」『日本中小企業学会論集』第38号，同友館，2019年。
「「働き方改革」にみる中小企業の人材に関する一考察――中小企業による自発的な人材確保・育成活動の促進を目指して」『商工金融』第69巻5号，商工総合研究所，2019年。

許　伸江（きょ・のぶえ）第6章

1973年　生まれ。
2005年　慶應義塾大学大学院商学研究科経営学・会計学専攻博士課程単位取得満期退学。
博士（商学，慶應義塾大学）。
現　在　跡見学園女子大学マネジメント学部マネジメント学科准教授。
主　著　『産業クラスターの進化とネットワーク――ファッション産業クラスター「東大門市場」と「原宿」の比較制度分析』税務経理協会，2018年。
「デザインと起業による地域産業の活性化――徒蔵（カチクラ）地域のまちづくりイベントの事例」『日本中小企業学会論集㉝』日本中小企業学会，2014年。
「東トーキョーエリアの地域活性化の現状と課題――モノづくりとまちづくりをつなぐ「徒蔵（カチクラ）」地域の取組み」『跡見学園女子大学マネジメント学部紀要』第15号，跡見学園女子大学マネジメント学部，2013年。

河藤佳彦（かわとう・よしひこ）第7章

1959年　生まれ。
2004年　大阪商業大学大学院地域政策学研究科地域経済政策専攻博士後期課程修了。
博士（地域政策学，大阪商業大学）。
現　在　専修大学経済学部経済学科教授。
主　著　『市民参加による自治体産業政策：基礎自治体における取組みを中心として』同友館，2019年。

『地域産業政策の現代的意義と実践』同友館，2015 年。
『地域産業政策の新展開：地域経済の自立と再生に向けて』文眞堂，2008 年。

吉田健太郎（よしだ・けんたろう）第 9 章

1976 年　生まれ。
2010 年　横浜国立大学大学院環境情報学府博士後期課程単位取得満期退学。
　　　　博士（経営学，埼玉大学）
現　在　駒澤大学経済学部教授。
主　著　『中小企業の国際化と現地発イノベーション』同友館，2020 年。
　　　　『中小企業のリバース・イノベーション』（編著）同友館，2018 年。
　　　　『地域再生と文系産学連携』（編著）同友館，2014 年。
　　　　The Flowchart Approach to Industrial Cluster Policy（共著）., Palgrave Macmillan Press., 2008.

《編著者紹介》

長山宗広（ながやま・むねひろ）

1970年 生まれ。
1992年 中央大学法学部卒業。同年より全国信用金庫連合会（現，信金中央金庫）入会。外国業務部，広島支店を経て，1997年～2007年の約10年間，総合研究所に在籍（主任研究員）。この間，中小企業総合研究機構出向，産業企業調査，中小企業経営改善支援・地域振興支援を担当。中小企業診断士資格取得。2007年より駒澤大学経済学部准教授。
2007年 横浜国立大学大学院環境情報学府博士後期課程単位取得満期退学。
博士（経営学，中央大学）
2014年 在外研究（上海対外経済貿易大学客員教授）
現 在 駒澤大学経済学部教授，駒澤大学現代応用経済学科ラボラトリ所長。
日本中小企業学会理事，日本地域経済学会理事。
主 著 『日本的スピンオフ・ベンチャー創出論――新しい産業集積と実践コミュニティを事例とする実証研究』同友館，2012年（平成24年度中小企業研究奨励賞本賞受賞／平成24年度日本経営学会賞受賞）。
『現代中小企業の新機軸』（共著）同友館，2011年。
『地域振興と中小企業』（共著）ミネルヴァ書房，2010年。
『日本中小企業研究の到達点』（共著）同友館，2010年。
『産業クラスターと地域活性化――地域・中小企業・金融のイノベーション』（共著）同友館，2004年（平成17年度中小企業研究奨励賞準章受賞：経済部門）。

先進事例で学ぶ
地域経済論×中小企業論

2020年 4月15日 初版第1刷発行 （検印省略）
2020年11月20日 初版第2刷発行

定価はカバーに
表示しています

編著者 長 山 宗 広
発行者 杉 田 啓 三
印刷者 森 元 勝 夫

発行所 株式会社 ミネルヴァ書房
607-8494 京都市山科区日ノ岡堤谷町1
電話代表 075-581-5191
振替口座 01020-0-8076

モリモト印刷

ISBN 978-4-623-08787-7
Printed in Japan